KB040498

우리 설화

돋을새김 푸른책장 시리즈 **016**

우리 설화 [개정판]

초판 발행 2010년 5월 4일
개정 1쇄 2017년 10월 30일

엮은이 | 김문수
발행인 | 권오현

펴낸곳 | 돋을새김
주소 | 서울시 종로구 이화동 27-2 부광빌딩 402호
전화 | 02-745-1854~5 팩스 | 02-745-1856
홈페이지 | http://blog.naver.com/doduls
전자우편 | doduls@naver.com
등록 | 1997.12.15. 제300-1997-140호

인쇄 | 금강인쇄(주)(031-943-0082)

ISBN 978-89-6167-235-1 (03900)
Copyright ⓒ 2010, 김문수

값 12,000원

돋을새김
푸른책장
시 리 즈

0 1 6

우리 설화

| 김문수 엮음 |

돋을새김

새 도끼자루는
헌 도끼자루를 거울삼아 경계함이니
대개 과거의 흥망은
실로 미래의 교훈이 되옵니다.

-'고려사' 중에서

우리 민족의 시조 단군왕검

하늘을 다스리는 환인의 손자이자 환웅의 아들로 기원전 2333년 고조선을 건국하였다.
단군은 제사장의 의미를 가졌고 왕검은 정치적 지배자인 임금을 말한다. 단군왕검이란
제정일치 사회의 우두머리를 뜻하는 말이다.

강화군 마니산 참성단
단군이 천제를 지내던 곳이라 전해진다.

지리산 삼성각
환웅과 환인, 단군을 모신 사당이다.

가락국의 시조 김수로왕과 허왕후

하늘이 내린 가락국의 왕을 찾아가 배필이 되라는 부모의 명에 따라 아유타국 공주 허황
옥은 붉은 배를 타고 2만 5천 리 항해 끝에 가락 땅에 닿았다. 가락국 시조 수로왕은 허
황옥을 반가이 왕후로 맞이하였다.

익산쌍릉

백제 말기의 굴식돌방무덤으로 백제 무왕에 오른 서동과 선화왕비의 능으로 추정된다.
200미터를 사이에 두고 북쪽의 것은 대왕묘, 남쪽의 것은 소왕묘라고 한다.

부여 성흥산성(가림성)

백제의 수도 부여를 수호하기 위해 금강 하류 대안에 축조되었다. 동성왕 23년(501)에 가
림성 성주로 임명된 백가는 정국의 중심에서 밀려난 데 대한 양심을 품고 반란을 도모했
다. 이로써 동성왕을 죽이는 데는 성공했으나, 그 자신도 무령왕에 의하여 목이 베였다.

황룡사 9층 목탑 조형도

황룡사 9층 목탑은 80미터에 이르며 이 탑의 기둥에는 부처의 진신사리가 있었다고 전해진다. 이 탑을 건설하면 주변국들이 신라를 섬길 것이라 하여 643년에 시작하여 3년에 걸쳐 완성하였다.
고려 고종 25년(1238) 몽고 침입 때 절과 함께 소실되었다.

온달장군상

고구려의 온달장군은 단양 영춘면 아단성에서 신라군의 화살을 맞아 전사하였다. 장례를 치를 때 관이 땅에서 떨어지지 않자, 평강공주가 나와 "살고 죽는 것은 이미 결정되었으니 마음 편히 떠나소서."라고 하자 비로소 땅에서 떨어져 장례를 치를 수 있었다고 전해진다.

태조 왕건

태조 왕건은 후고구려 궁예 세력을 물리치고 군사들의 추대를 받아 새 왕위에 올랐다.
고구려의 뒤를 잇는다 하여 국호를 고려라 정했으며, 송악으로 수도를 이전하여 정치
적·군사적 기반을 다졌다.

태조 이성계

태조 이성계는 조선을 건국하고, 무학대사의 의견에 따라 수도를 한양으로 정했다. 정도
전과 더불어 법치체제를 정비했으며 억불숭유정책으로 새 왕조의 기반을 다졌다.

　우리는 내 모습을 보기 위해 거울을 이용합니다. 그러나 그 거울은 내 속까지 비춰 주지는 못합니다. 내가 누구인지, 내 정신은 어떻게 형성된 것인지를 알기 위해 우리는 다른 거울을 보아야 합니다.

　그 거울이 바로 야사野史와 야담野談입니다.

　'야사'는 원래 조상들의 입에서 입으로 전해져 지금까지 이어져 내려온 우리의 역사이고 '야담'은 아득한 옛날부터 우리 조상들이 살아오면서 꾸며낸 이야기입니다. 때문에 민족의 역사와 문화를 알려면, 그리고 우리 조상들이 어떤 생각을 품고 살아왔는지를 알려면 야사와 야담이라는 거울이 필요합니다. 그 거울에 비친 선조들의 마음과 삶의 방식은 곧 나의 마음이자 나의 삶이기도 합니다. 현대를 살아가는

우리 민족 모두에게 중요한 거울입니다.

이 책을 펴내는 목적은 그 '거울' 노릇을 하게끔 하기 위해서입니다.

이 책에는 모두 50여 편의 얘기들이 실려 있습니다. 우리나라의 역사가 길고 그 문화가 찬란했기 때문에 수많은 야담과 야사가 전해져 내려오고 있지만 이 책에 싣기 위해 가려 뽑은 이야기들은 흥미를 느낄 수 있어야 하고 읽고 나서 얻는 게 있어야 한다는 점을 최우선적으로 고려하였습니다. 재미있게 읽히면서 우리나라 역사를 알 수도 있고 우리 선조들의 삶이 어떠했는지, 또 얼마나 지혜롭고도 명랑했는지를 알 수 있는 '얘기'들이어야 한다는 것에 중점을 두지 않을 수 없었다는 것입니다.

끝으로 실제 그 시대에 살았던 인물인가를 알기 위해 『삼국사기三

國史記』, 『삼국유사三國遺事』, 『고려사高麗史』, 『동국통감東國通鑑』, 『국사대사전國事大事典』 등을 참고했고 이야기들을 가려 뽑기 위해서는 『청구야담靑邱野談』, 『대동야승大東野乘』 등 여러 책들도 꼼꼼히 뒤져야 했음을 밝혀 둡니다.

편저자 씀

차례

고조선

고조선의 건국

『위서魏書』(중국 위나라 일대의 역사를 기록한 책)에 이렇게 기록되어 있다.

"2천 년 전에 단군왕검檀君王儉이 아사달(阿斯達: 지금의 평양 부근의 백악산)에 도읍을 정하고 나라를 세워 조선朝鮮이라 불렀는데 중국의 요堯 임금과 같은 시기였다."

또 『고기古記』(단군에 대한 가장 오래된 기록)에는 다음과 같이 기록돼 있다.

"옛날에 환인桓因의 서자 환웅桓雄이 있었는데 항상 인간 세상을 탐내어 다스리기를 원했다. 아버지가 아들의 뜻을 알고 삼위태백산三危太白山을 내려다보니, 인간 세계를 널리 이롭게 할 만하여 이에 천부인(天符印: 신의 위력과 영검의 상징이 되는 물건) 셋을 주어 내려가 세상을 다스리게 했다. 환웅은 3천여 명을 거느리고 태백산(太白山: 지금의 묘향산) 산마루의 신단수(神檀樹: 신단에 있는 나무) 아래로 내려와서 그곳을 신시(神市: 신이 다스리던 때의 도시)라 일컬었다. 이분을 환웅 천왕天王이라 한다. 그는 바람, 비, 구름을 맡은 신을 거느리고 곡식, 수명, 질병, 형

벌, 선악에 대한 일을 맡아 다스리고 모든 사람의 360여 가지 일을 주관하여 온 세상을 다스려 교화시켰다.

이때 곰 한 마리와 호랑이 한 마리가 같은 굴속에 살고 있으면서 늘 환웅에게 사람이 되게 해 달라고 간절히 빌었다. 그래 환웅은 신령스런 쑥 한 다발과 마늘 스무 통을 주면서 '너희가 이걸 먹고 1백 일 동안 햇빛을 보지 않으면 사람으로 변할 것이다.'라고 했다. 곰과 호랑이는 그것을 받아먹었다. 그리고 21일 동안 조심했다. 곰은 여자로 변했으나 조심을 하지 못한 호랑이는 사람이 되지 못했다.

웅녀熊女는 혼인할 사람이 없었으므로 날마다 신단수 밑에서 애 배기를 빌었다. 환웅이 이에 잠시 사람으로 변해서 웅녀와 결혼해 드디어 아들을 낳았는데 그가 곧 단군왕검이다. 그는 요堯가 즉위한 지 50년 만에 평양성에 도읍을 정하고 비로소 나라 이름을 조선이라고 일컬었다. 그 뒤 도읍을 백악산 아사달로 옮겨 그곳을 궁홀산弓忽山 또는 금미달今彌達이라 부르기로 했다. 나라를 다스린 지 1천5백 년 만에 주周나라 무왕武王이 즉위한 해에 기자箕子를 조선에 봉했다. 이에 단군은 장당경(藏唐京: 황해도 구월산 기슭)으로 옮겨 갔다가 그 후에 돌아와 아사달에 숨어 살면서 산신이 되었는데 그때 나이는 1908세였다고 한다."

당나라 『배구전裴矩傳』(중국 당나라 시대의 책)에 이런 말이 있다.

"고구려는 본디 고죽국(孤竹國: 지금의 해주)이었는데 주나라에서 기자에게 봉하면서 조선이라 부르게 되었다. 한나라가 이를 3군郡으로 나누어 다스렸는데 이 3군은 현도玄菟, 낙랑樂浪, 대방(帶方, 北帶方)이다."

『통전通典』(당나라 정치 책)에는 이런 대목도 있다.

"『한서漢書』에는 진번眞番, 임둔臨屯, 낙랑樂浪, 현도玄菟 등 4군으로 되어 있는데 여기에는 3군으로 되어 있고 그 이름도 같지 않으니 무슨 까닭인가."

가
락

가락의 건국

이 '가락의 건국'은 『삼국유사』에 실린 「가락국기駕洛國記」의 일부를 전재轉載한 것이다. 그 「가락국기」의 서두에 밝히기를 "고려 문종文宗 때 대강(大康: 요나라 연호로 서기 42년임) 연간에 금관(金官: 지금의 김해) 지주사(知州事: 고을 책임자)인 문인文人이 지은 것인데 그 대략을 여기 싣는다."라고 돼 있다.

천지가 처음으로 열린 이후 이곳에는 아직 나라 이름이 없었고 따라서 임금이니 신하니 하는 칭호도 없었다. 그럴 때 아도간我刀干, 여도간汝刀干, 피도간彼刀干, 오도간五刀干, 유수간留水干, 유천간留天干, 신천간神天干, 오천간五天干, 신귀간神鬼干 등 아홉 간干이 있었다. 이들은 모두 추장으로 백성들을 통솔했는데 총 1백 호戶에 7만 5천여 명이었다. 그리고 또 이들은 거의 산과 들에 모여 살면서 우물을 파서 마시고 밭을 일구어 곡식을 먹었다.

중국으로 쳐서 후한後漢의 세조世祖 광무제光武帝 18년(42) 3월 계욕일(禊浴日: 액땜을 위해 개울에 나가 목욕하며 술을 마시는 날)에 그들이 있는 데서 멀지 않은 구지봉(龜旨峯: 엎드린 거북 모양의 산봉우리)에서 이상한 소리가 났다.

2~3백 명쯤 되는 사람들이 몰려가 모였다. 그런데 사람 말소리 같기는 했으나 그 모습은 보이지 않았다. 또 말소리가 들려왔다.

"여기에 사람들이 있느냐?"

9간들이 대답했다.

"우리들이 와 있습니다."

또 말소리만 들려왔다.

"내가 있는 곳이 어디냐?"

"구지봉입니다."

9간들이 대답했다. 그러자 계속 말소리가 들려왔다.

"하늘이 내게 명하여 여기에 나라를 세워 임금이 되라고 하셔서 내려온 것이니 너희들은 산꼭대기 흙을 파면서 이렇게 노래 불러라! '거북아, 거북아! 머리를 내밀라. 만일 내밀지 않으면 구워 먹으리!' 노래 부르며 춤추고 뛰어라!"

9간들은 그 말을 좇아 모두들 기뻐하며 노래 부르고 춤을 추었다. 그러고 있을 때 하늘에서 드리우고 있는 자줏빛 끈에 무언가가 매달려 땅에 닿았다. 빨간 보자기에 싸인 금빛 상자였다. 그 상자를 열어 보니 해처럼 둥근 황금알 여섯 개가 들어 있었다. 모두들 놀라 기뻐하며 다 함께 연신 절을 했다. 그러고 나서 알이 든 상자 뚜껑을 닫고 원래대로 보자기에 싸서 소중하게 모셔 아도간의 집으로 돌아왔다. 그러고는 상 위에 받쳐 놓은 뒤 모두들 각기 집으로 돌아갔다. 그런 지

반나절이 지나 밤이 되고 그 이튿날 아침에 여러 사람이 다시 모여 상자를 열어 보니 알들이 모두 여섯 아이로 변해 있었다. 용모가 매우 출중한 사내 아기들이었다. 그 아기들을 모두 걸상에 앉히고 모인 사람들이 절을 올리고 하례하며 극진히 공경했다. 그 아기가 하루하루 다르게 자라서 10여 일이 지나자 키가 9척(1척은 약 30센티미터)이나 되어 마치 은殷나라 천을(天乙: 탕왕)과 같았고 용처럼 생겨서 한漢나라 고조 같았으며 채색된 듯한 팔八자 눈썹은 당唐나라 고조 같았고 두 겹으로 된 눈동자는 우虞나라 순舜과 같았다. 그중 하나가 그 달 보름에 왕위에 올랐다. 세상에 처음으로 나타났다고 하여 수로(首露: 으뜸으로 높다는 뜻도 됨)라 했으며 혹은 수릉(首陵: 죽은 뒤의 시호)이라고도 했다. 나라 이름을 대가락大駕洛 또는 가야국伽倻國이라 했다. 곧 6가락 중의 하나이다. 나머지 다섯 사람도 각각 갈 곳으로 가서 다섯 가야의 임금이 되니 동쪽은 황산강黃山江, 서남쪽은 창해滄海, 서북쪽은 지리산(원전에 地理山이라 되어 있으나 智異山임), 동쪽은 가야산伽倻山 그리고 남쪽은 나라의 끝이었다.

대가락국의 왕은 임시로 왕궁을 짓게 하고 그곳에 거처를 정했는데 질박하고 검소한 것을 숭상했으니 지붕에 이은 이엉을 자르지도 않았고 흙으로 쌓은 층계는 겨우 3척에 지나지 않았다.

즉위 2년(43), 정월에 이렇게 말하였다.

"내가 도읍을 정하려 하노라."

왕은 이내 임시로 지은 왕궁을 나와 남쪽 신답평(新畓坪: 옛날부터 묵혀 오던 터에 새로 일군 밭)에 이르더니 사방의 산세까지 살피고 나서 좌우 신하들에게 말했다.

"이 땅은 비좁기가 마치 여뀌 이파리 같지만 산천이 수려하고 서기가 어려 가히 16나한(十六羅漢: 석가의 16제자)이라도 살 만하구나. 더구나 1에서 3을 이루고 3에서 7을 이루니 7성(七聖: 수신행隨信行, 수법행隨法行, 신해信解, 견지見至, 신증身證, 자해탈慈解脫, 구해탈俱解脫)이 살 만한 곳으로 여기가 아주 적합하구나. 그러니 여기에다 도읍을 열어 장차 잘 사는 것이 어떠냐?"

그리하여 1천5백 보(1보는 약 2미터)가 되는 성곽과 궁궐의 전당 및 여러 관청, 무기고, 곡식 창고 등의 터를 잡아 놓은 뒤에 왕궁으로 돌아왔다. 두루 나라 안의 장정 인부와 건축가 등 여러 기술자들을 선발해 그달 20일에 성 쌓는 일부터 시작하여 3월 10일에 공사를 끝냈다. 그리고 궁궐과 집들은 농한기를 이용해 짓도록 했다. 그리하여 그해 10월에 비로소 시작해 이듬해 2월에야 완성되었다. 이제 좋은 날을 가려 새 궁궐에 거둥하여 모든 정사를 처리하고 그 밖에 백성들을 위한 여러 일을 돌보았다.

그 무렵 어느 날, 갑자기 완하국(琓夏國: 지금의 일본 어떤 섬이라 추정) 함달왕含達王의 부인이 산월이 되어 알 하나를 낳았다. 알이 사람으로 변했다 하여 이름이 탈해脫解인데 바다로부터 가야 땅에 상륙해 왔다.

그는 키가 3척인데 머리 둘레는 1척이나 되었다. 그가 수로왕에게 다가와 당당하게 말했다.

"나는 왕의 자리를 빼앗기 위해 왔소!"

수로왕이 대답했다.

"하늘이 내게 명령하여 왕위에 오르게 한 것은 장차 이 나라를 안정시키고 백성들로 하여금 편케 살게 하기 위함인데 감히 그런 하늘의 뜻을 저버리고 남에게 왕위를 넘겨줄 수 없거니와 또 어찌 내 나라와 내 백성들을 너에게 맡긴단 말이냐?"

"그럼 술법으로 싸워서 결정하자!"

탈해의 제의에 수로왕은 서슴지 않고 승낙했다.

잠시 후, 탈해가 먼저 매로 변신하자 수로왕은 독수리가 되었다. 그러자 탈해가 재빨리 참새로 변했는데 수로왕은 송골매가 되어 뒤쫓았다. 순식간에 벌어진 일이었다. 탈해가 본모습으로 돌아오자 수로왕도 그렇게 했다. 탈해가 항복하여 엎드려 말했다.

"이번 술법 겨루기에서 매가 독수리에게, 참새가 송골매에게 잡혀먹히지 않은 것은 대체로 성인聖人이 산목숨 끊는 것을 저어하는 어진 마음 때문이었습니다. 내가 왕과 왕위를 다툰다는 것은 실로 부질없는 짓입니다."

탈해는 말을 마친 뒤 수로왕에게 절로 하직하고 궁궐에서 나가 교외 나루터에 멈춰 있던 중국에서 온 배를 타고 수로를 따라 나아갔다.

수로왕은 탈해가 머물러 있으면서 난리를 일으킬까 두려워 급히 수군 5백 명을 보내 뒤쫓게 하니 탈해는 계림(鷄林: 신라) 땅 안으로 올라 달아났으므로 수군은 그냥 돌아왔다. 이 기록은 신라의 기록과 많이 다르다.

건무 24 무신년(48) 7월 27일, 9간이 수로왕에게 아뢰었다.

"대왕께서 여기에 내려오신 뒤 아직도 좋은 배필을 얻지 못하셨습니다. 신들이 아주 좋은 배필을 여럿 구할 터이오니 그중에서 가장 마음에 드는 분을 궁궐에 들여 왕후로 삼으심이 어떠실는지요."

수로왕이 대답했다.

"짐이 이곳에 내려온 것은 하늘의 명령이었소. 왕후를 맞는 것 또한 하늘의 명이 있을 것이니 그대들은 염려치 마오."

이렇게 말하고 난 왕은 유천간에게 명령하여 가벼운 배와 빠른 말을 준비해 망산도(望山島: 도성의 남쪽 섬)로 가 기다리게 하고 신귀간에게는 승첩(乘帖: 도성과는 좀 떨어진 곳)으로 가도록 했다.

수로왕의 명을 받은 신하들이 목적지에 당도했을 때, 배 한 척이 붉은색 돛을 달고 남에서 이곳 북쪽을 향해 다가오는 것이 보였다. 그래서 망산도에 있던 유천간이 횃불을 올리니, 육지에 닿은 배에서 사람들이 몰려 내리더니 앞다투어 달려오기 시작했다. 승첩에서 그것을 본 신귀간이 말을 달려 대궐로 가 그 사실을 수로왕께 고했다. 그러자 왕은 매우 기뻐하며 곧 명했다. 목련木蓮으로 된 키를 바로 잡고 계수

나무 노를 저어 속히 그리로 가 그녀들을 맞아 곧장 대궐로 모시라고.

그 왕명대로 했으나 배 안에 있던 왕후가 될 여인이 말했다.

"내 그대들을 모르고서 어찌 경솔하게 따라갈 수 있단 말이오?"

유천간이 돌아와 그 말을 전하자 수로왕은 그 말이 옳다며 유사(有司: 비서격인 관원)를 데리고 거동해 대궐에서 서남쪽으로 60보쯤 떨어진 산기슭에 임시 궁전을 세워 놓고 기다렸다. 왕후가 될 여인이 산 밖의 별포別浦 나루에서 뭍에 올라 높은 언덕에 이른 뒤 입었던 비단바지를 벗어 산신령께 폐백으로 바쳤다. 데리고 온 잉신(媵臣: 시집갈 때 따르는 시종) 둘의 이름은 신보申輔와 조광趙匡이었고 그들의 아내는 모정慕貞, 모량慕良이었다. 그들이 데려온 노비는 모두 20명이고 가져온 비단과 의상, 금은, 주옥, 구슬로 만든 패물들은 일일이 다 기록할 수가 없었다. 왕후가 될 여인이 점점 수로왕이 있는 데로 가까이 오자 왕이 나가 맞아 함께 장막으로 친 궁전으로 들어가니 잉신 이하 여러 사람들은 뜰아래서 뵙고 즉시 물러났다.

왕은 유사에게 명하여 잉신 내외들을 안내하게 했다. 그리고 말했다.

"사람마다 방을 하나씩 주어 편히 쉬도록 하고 노비들은 한 방에 5~6명씩 거처케 하여 편히 지내도록 하라."

그리고 나서 난초로 만든 음식과 해초로 만든 술을 주고 아름다운 무늬로 채색된 자리에서 자게끔 했다. 게다가 옷, 비단, 보물 등을 많이 주어 군인들로 하여금 보호케 했다.

왕은 왕후와 함께 침전에 들었다. 그때 왕후가 조용히 말했다.

"저는 아유타국(阿踰陀國: 인도에 있던 고대 왕국)의 공주로 성은 허許, 이름은 황옥黃玉, 나이는 열여섯입니다. 금년 5월 본국에 있을 때, 부모님께서 말씀하시길 '우리가 어젯밤 꿈에 함께 상제上帝를 뵙게 됐는데 가락국의 왕 수로를 하늘에서 내려보내 왕위에 오르게 했더니 그 사람됨이 매우 신령스럽고 성스럽다. 나라를 새로 다스리고는 있지만 아직 배필을 정하지 못했으니 그대들은 모름지기 공주를 보내서 그 배필을 정하라 하시고는 하늘로 올라가셨다. 꿈을 깬 뒤, 지금까지도 상제의 말씀이 귀에 쟁쟁하다. 너는 지금 곧 우리와 작별하고 그곳을 찾아가라.'고 하셨습니다. 그래서 저는 배를 타고 멀리 증조(蒸棗: 신선이 있는 곳의 좋은 과일)를 찾고 하늘로 가서 번도(蟠桃: 3천 년에 한 번 열린다는 복숭아)를 찾아 모양을 가다듬고 이제 감히 대왕을 뵙게 되었습니다."

수로왕이 대답했다.

"나는 나면서부터 자못 성스러워서 공주가 멀리서 올 것을 미리 알고 있었기 때문에 신하들이 왕비를 맞으라는 청을 했으나 듣지 않았소. 그런데 이제 이렇듯 현숙한 공주가 스스로 왔으니 짐으로서는 매우 다행한 일이오."

왕과 왕비는 드디어 동침을 하며 두 밤과 하루 낮을 지냈다. 그러고 나서 왕비가 타고 온 배를 돌려보내려는데, 뱃사공이 모두 15명으로 그들에게 각각 쌀 10석과 포목 30필씩을 주어 본국으로 돌아가게 했다.

8월 1일, 왕은 왕후와 함께 수레에 올라 대궐로 돌아왔다. 잉신 내외들도 나란히 수레에 탔으며 중국에서 나는 여러 가지 물건들도 모두 수레에 싣고 대궐에 도착했다. 정오가 가까운 때였다. 왕후는 중궁에 거처토록 하고 잉신 내외와 그들에게 사사로이 소속된 사람들은 비어 있는 집에 나누어 거처케 했다. 나머지 따라온 자들은 20여 간 되는 빈관賓館 한 채를 사람 수에 맞도록 나누어 편안히 거처케 했다. 이들에게 날마다 물건을 풍부하게 주도록 하고 그들이 싣고 온 보배로운 물건들은 궁궐 안 창고에 간직해 두어 왕후의 사철 비용으로 쓰게 했다.

어느 날, 왕은 신하들에게 말했다.

"9간들은 여러 관리의 어른인데 그 지위나 명칭이 모두 소인小人이나 농부들의 칭호와 같으니 그건 높은 벼슬 명칭이 못된다. 만일 다른 나라 사람들이 그것을 알면 반드시 웃음거리가 된다."

드디어 이를 고쳐 아도我刀를 아궁我躬, 여도汝刀를 여해汝諧, 피도彼刀를 피장彼藏, 오도五刀를 오상五常으로 고쳤다. 유수留水와 유천留天은 위 글자는 그대로 두고 아래만 고쳐 유공留功, 유덕留德, 신천神天은 신도神道로 고쳤으며, 오천五天은 오능五能, 신귀神鬼는 음을 바꾸지 않고 글자만 신귀臣貴라 고쳤다. 또 계림의 직제를 취하여 각간角干, 아질간阿叱干, 급간級干 등의 계급을 두고 그 밑의 관리는 주周나라 법과 한漢나라 제도로 나누어 정했다. 이는 옛것을 고쳐서 새것을 취하고 관직을 나누어 설치한 법이었다.

이렇게 나라를 정돈하고 다스려 백성들을 마치 자식처럼 사랑하니 엄숙하지 않아도 위엄 있고 엄하지 않아도 잘 다스려졌다. 더구나 왕후와 함께 거처하는 것은 마치 하늘에 땅이 있고 해에 달이 있으며 양陽에 음陰이 있는 것과 같아서 그 공로는 도산塗山이 하夏를 돕고(도산씨의 딸이 하나라 우왕에게 시집가서 왕을 크게 도움) 당원唐媛이 교씨嬌氏를 일으킨 것(요 임금의 두 딸이 순에게 시집가 그 자손 교씨의 시조가 됨)과 같았다. 왕후는 그해 곰을 얻는 꿈을 꾸고 나서 태자 거등공居登公을 낳았다.

영제靈帝 중평中平 6년(189) 3월 1일, 왕후가 157세로 타계했다. 백성들이 마치 땅이 꺼진 듯이 슬퍼하여 구지봉 동북쪽에 장사 지냈다. 그리고 백성들을 자식 사랑하듯 했음을 잊지 않기 위해 처음 배에서 내렸던 도두촌渡頭村을 주포촌主浦村, 비단바지 벗었던 곳을 능현綾峴, 붉은 기가 들어온 곳을 기출변旗出邊이라 했다.

잉신 신보와 조광은 둘 다 정승을 지냈는데 이 나라에 온 지 30년 만에 두 딸을 낳았고 그들 내외는 12년을 더 살다 죽었다. 나머지 노비들은 온 지 7~8년이 되어도 자식을 얻지 못하다가 오직 고향 그리는 슬픔만 안고 고향 쪽으로 머리를 둔 채 죽으니 그들이 거처하던 빈

관은 텅 비고 아무도 없게 되었다.

　왕후가 죽자 왕은 매양 외로운 베개에 의지하여 오랫동안 슬퍼하
다가 10년이 지난 헌제獻帝 4년(199) 3월 23일, 158세로 승하했다. 온
백성들이 마치 부모 잃은 것처럼 비통해 함이 왕후 때보다 한층 더했
다. 드디어 대궐 동북쪽 평탄한 곳에 빈궁殯宮을 세우니 그 높이가 한
길이요, 둘레가 300보인데 여기에 장사 지내고 이름하여 수로왕릉이
라 했다.

　　(「가락국기」의 뒷부분은 많이 더 남았으나 건국과 관련된 이곳까지만 소개함.)

가야금에 얽힌 이야기

가실왕嘉實王은 지금의 경북 고령 일대에 있던 대가야大駕耶의 마지막 임금이다. 그는 일국의 국왕으로 나라를 다스리는 일 이외에도 음악적 재능이 풍부했다.

어느 날, 임금은 멀리 중원(中原: 지금의 중국 땅)으로부터 들어온 쟁(箏: 징과 비슷함)을 한참 들여다보다가 이런 생각을 했다.

'세상에 숱한 나라들은 제각기 말이 다르고 생각이나 감정도 다르다. 풍속도 다르고 생활도 다르다. 그러니 노래도 다른 것인데 어찌 이 쟁으로 우리 노랫가락에 맞출 수가 있는가. 그러니 우리에게 맞는 악기가 필요하다. 어디 한번 만들어 보자.'

임금은 조정에서 벼슬은 하지 않지만 노래에 그 실력이 뛰어난 우륵于勒을 불러들였다. 그리고 그에게 자신의 생각을 말하고 함께 우리의 악기를 만들자고 제안했다. 우륵도 대찬성이었다. 그래서 처음에는 서로 자기가 만들 악기를 생각해 내고 그것을 그림으로 그리기로 했다.

"한 열흘쯤이면 되겠지? 그때는 같이 의논하여 고칠 것, 보탤 것 등 여러 가지를 결정하기로 하세."

임금은 임금대로, 우륵은 우륵대로 각자 열흘 동안 깊이 생각하여 그것을 그림으로 그렸다. 그리고 궁궐 안에서 자리를 같이했다. 오랜 논의 끝에 둘의 그림을 하나의 그림으로 고쳤고 목공을 불러 그림대로 만들라고 지시했다. 목공이 말했다.

"소신이 다른 모든 것들은 그림대로 만들 수 있지만 이 여러 줄들은 제 힘으로는 만들기 어렵사옵니다."

임금이 크게 끄덕이고 나서 생각에 잠겼다. 우륵이 임금의 말을 기다리다 자기가 먼저 말했다.

"제 이웃에 길쌈을 아주 잘하는 여인이 있사온데 그 여인은 실을 아주 잘 다룹니다."

임금이 어려운 문제를 해결한 기쁨에 웃음까지 지으며 말했다.

"그럼 그 여인에게 맡겨 보세. 나는 궁중에 갇혀 있다시피 하니 그런 데는 어둡지. 우륵공이 다 알아서 하시게."

목공이 폐하 앞에서 물러날 기미를 보이자 우륵이 그를 멈춰 있게 한 뒤 말했다.

"폐하께서 말씀하신 넉 줄보다는 열두 줄로 하는 게 더 좋을 듯합니다."

"줄이 너무 많지 않은가?"

"많기는 하옵니다만 그 춘하추동만으로는 사람들 마음을 움직이기엔 부족합니다."

"······?"

"모든 계절마다 초, 중, 말이 있잖습니까. 봄만 예 들어도 초봄, 한창인 봄, 늦은 봄이 있듯이 사철이 모두 그렇습니다. 봄에 지저귀는 새도 바람 소리도 그렇게 다른 걸로 아옵니다. 하오니 1년의 네 계절에 초, 중, 말을 합치면 모두 열둘이 됩니다."

"우륵 공의 말이 맞소. 우리 그때는 줄 때문에 넉 줄로 하자고 했는데 줄을 잘 만들 수 있는 사람이 있다니 열두 줄로 해 봅시다."

우륵은 목공에게 넉 줄이 아닌 열두 줄을 걸 수 있게 하라고 자세히 설명하고 그를 돌려보냈다.

그로부터 여러 번 다시 만들고 또다시 만들기를 거듭한 끝에 오동나무 몸통에다 굵기가 각기 다른 명주줄을 얹는 것으로 결정이 되었다. 모두 열두 줄이었다. 악기 이름은 당연히 '가야금'이었다.

우륵은 무릎 위에서 잠시도 가야금을 내려놓지 않았다. 새 악기 가야금에 맞는 새로운 곡을 만들기 위함이었다. 그러나 골몰할 수가 없었다. 나라의 정세가 점점 기울어지고 있기 때문이었다. 그러나 그것은 어떤 한 사람의 힘이나 걱정으로 해결될 일이 아니었다.

우륵은 다시 마음을 다잡고 앞으로 어찌 될지 장담할 수 없는 대가야 곳곳의 아름다운 풍광과 물소리, 새들의 노래, 바람 소리까지도 열심히 또 열심히 가야금 열두 줄에 담아 나갔다. 그러고 나서 대가야의 도성을 하직했다. 가실왕조차도 만나지 않은 채로.

그의 발길이 옮겨진 곳은 국원(國原: 지금의 충주)이었다. 우륵은 본시 국원 땅의 한 자락인 성열현(省熱縣: 지금의 청풍) 사람이었다.

우륵이 국원에 머물고 있을 무렵, 신라의 진흥왕은 국토를 넓히고 그곳을 차례로 순행하다가 낭성(娘城: 청주 근방)에 이르러 묵고 있었다. 그곳 사람들은 소문이 자자한 우륵이라는 금琴의 명수가 국원에 머물고 있음을 진흥왕에게 알리고 그를 불러 그 곡조들을 연주케 해 들어 봄이 어떻겠느냐고 아뢰었다. 왕은 쾌히 승낙하고 급히 사신을 보내 우륵을 초청했다.

우륵은, 비록 신라의 왕이지만 현명하다는 것을 이미 들어 알고 있는 데다 자기를 알아주어 초청을 했으니 응하지 않을 까닭도 없다고 생각했다. 그래서 제자인 이문泥文에게 가야금을 들리어 낭성으로 갔다. 그리고 가야금을 타 보였으며 이문에게 시켜 자기가 만든 새들의 노래 '까마귀', '메추리' 등 여러 곡조도 가야금에 올리게 했다. 진흥왕의 칭찬은 대단했다.

진흥왕은 궁궐로 돌아와서도 우륵의 가야금 솜씨가 잊히지 않아 악곡이나 악기에 관심이 많은 젊은이들 중에서 법지法知, 계고階古, 만덕萬德 세 사람을 뽑아 우륵에게 보내 배우도록 했다.

물론 우륵은 이들을 기꺼이 받아들였다. 그러고는 얼마 동안 관찰

한 뒤에 법지에게는 노래 부르는 것을, 계고에게는 가야금 타는 것을, 만덕에게는 춤추는 것을 가르쳤다. 그들은 스승 우륵 밑에서 몇 년을 열심히 배우고 신라로 돌아갔다. 이런 연유로 대가야는 망했어도 가야금은 신라의 악기, 고려의 악기, 조선의 악기 그리고 한국의 악기가 되었다.

지금도 대가야의 중심 터전이었던 고령에는 금곡琴谷이 있고 충주에는 탄금대彈琴臺가 있으니 이 모두가 우륵과 가야금의 유적지이다.

신
라

신라의 건국

마한馬韓의 동쪽에 진한辰韓이 있었다. 그리고 그 남쪽에는 변한弁韓이 있었다. 이를 삼한三韓이라 한다.

진한은 6촌村으로 이루어졌다. 그 첫째는 알천양산촌閼川楊山村으로 우두머리는 평平이었다. 둘째는 돌산고허촌突山古墟村으로 우두머리는 소벌도리蘇伐都利요, 셋째는 무산대수촌茂山大樹村으로 우두머리는 구례마仇禮馬였다. 넷째 자산진지촌觜山珍支村의 우두머리는 지백호智伯虎, 다섯째 금산가리촌金山加利村의 우두머리는 지타紙沱, 여섯째 명활산고야촌明活山高耶村의 우두머리는 호진虎珍이었다.

이 여섯 우두머리가 모여 즐겨 놀던 어느 날, 이런 얘기가 나왔다.

"우리가 각기 제 마을 우두머리 노릇은 열심히 하고들 있소. 그러나 우리 여섯 마을을 합친다면 더 큰 힘을 낼 수가 있고 그 전체를 다스리는 임금을 둔다면 백성들이 어떤 어려운 일에나 서로 도와 큰일을 이룩해 낼 것이오."

"옳소. 내 생각도 그러하오."

다른 우두머리들도 찬성의 표시로 고개를 끄덕여 댔다. 그런데 그 때, 무산대수촌의 우두머리인 구례마가 남쪽을 가리키며 말했다.

"저길 보시오."

그가 가리킨 곳은 나정蘿井이라는 우물가였는데 하늘로부터 이상한, 상서로운 빛이 뻗쳐 내리고 그 끝에 흰 말 한 마리가 꿇어앉아 연신 절하는 시늉을 하고 있는 것이 아닌가. 여섯 우두머리들이 그곳으로 달려가자 흰 말은 크게 한 번 울더니 하늘로 올라갔다. 그 자리에는 큰 알 한 개가 놓여 있었다.

"보통 알이 아니네."

"그렇네."

그들은 그 알을 아주 조심스럽게 들어 올려 껍질을 벗겼다. 그러자 더욱 놀라운 일이 벌어졌다. 아주 잘생긴 옥동자가 나온 것이다. 그들은 그 옥동자를 받들어 모시고 동천東泉으로 가 목욕을 시켰다. 그러자 옥동자의 몸에 서광이 어리더니 모든 길짐승과 날짐승이 몰려들어 춤을 추고 노래를 했다.

여섯 우두머리들은 한동안 상의를 한 끝에 옥동자의 이름을 혁거세赫居世라 정했다. 그리고 박처럼 생긴 알에서 태어났으므로 성은 박朴이라 했다. 소문은 금세 사방으로 퍼졌다. 여섯 고을 사람들이 모두 몰려나왔다.

얼마쯤 날이 지나자 백성들은 모두 '하늘이 내리신 아들이니 반드시 그 배필도 귀하게 내려 주실 거야.'라고 말했다. 과연 그 말대로 하루는 사량리沙梁里의 알영정閼英井 우물가에 한 계룡鷄龍이 나타나 왼쪽 옆구리로 여자아이를 낳았다. 그런데 그 입이 닭의 부리처럼 생겨 그 아이를 거둔 노파가 월성月城 북쪽 냇물로 안고 가 그 부리를 떼어 냈다. 그러자 참으로 어여쁜 여자아이가 되었다. 이런 일이 있어 그 냇물 이름을 발천撥川이라 이름 하였다. 여자아이는 해가 갈수록 아름다워지고 총명해졌다.

한편 여섯 고을 사람들은 우두머리의 지시에 의해 모두들 힘을 합쳐 남산 서쪽 모퉁이에다 터를 닦고 궁궐을 지어 박혁거세를 모셨다. 그리고 태어난 우물 이름을 딴 '알영'도 그곳에 모시게 되었다. 그때 두 분의 나이 13세였으며 첫 임금이 된 박혁거세는 나라 이름을 서라벌徐羅伐로 정했다. 그때는 기원전 57년이 되는 해였다.

석우로

    불가근불가원不可近不可遠이라는 말이 있다. '가까이할 수도 없고 멀리할 수도 없다.'는 뜻이다. 우리에게 있어 왜倭라는 나라가 그렇다. 지리적으로 인접한 나라이니 멀리할 수가 없고 그들이 틈만 나면 크고 작은 여러 일들로 우리에게 피해를 주니 가까이할 수도 없는 게 사실이다. 아득한 신라 때도 그랬다. 신라 백성들 모두에게 '왜倭'는 분노의 대상이었다.

    첨해이사금(沾解尼師今: 신라의 12대 왕) 7년(254)에 왜국의 사신이 왔다. 임금은 그 연락을 받고 마음이 편치 않았다. 또 무슨 귀찮은 요구를 할지 모르기 때문이었다. 그래서 접견을 않고 그 소임을 서불감(舒弗邯: 재상)에게 일임했다. 석우로는 석씨昔氏 왕족일 뿐만 아니라 몇 번이나 왜군을 물리치는 공을 세우기도 했고 무엇보다도 용맹했다. 그러니 어느 모로 보나 나라의 대표로 모자람이 없었다.

    30대의 혈기 왕성한 석우로는 왜국 사신을 만나기 위해 집을 나서며 아들 글해訖解를 불렀다. 아들을 시종에게 업혀 데려가려는 것이었다. 어머니를 따라 나온 아들에게 그가 말했다.

"글해야, 너 오늘 아버지랑 함께 가서 왜놈이라는 이상한 짐승 구경하자."

뭔 말인지 냉큼 알아듣지 못한 아들에게 그가 다시 말했다.

"무섭진 않아. 꼭 우리 사람처럼 생겼는데 키가 아주 작고 온몸에 털이 숭숭 난 그런 짐승이지. 아버지 앞에서는 꼼짝도 못해. 자아, 구경 가자!"

남편의 말에 그 부인은 불안한 마음을 감추지 못했다. 그녀는 조분(助賁: 신라의 11대 왕)의 딸이요, 지금 임금에게는 조카딸이었다.

"여보, 나랏일을 보러 가시는데 어린것을 데려가도 되겠어요? 왜놈들은 급하고 성을 잘 내는 놈들이라던데……."

"허허, 걱정 마오. 활이나 칼 가지고 하는 전쟁이 아니라 내 말로써 왜국 사신 분통을 터뜨려 놓으러 가는 거니까."

이렇게 말을 끝내기가 바쁘게 시종에게 글해를 업게 하여 대문을 나섰다.

사관使館에 들어서자 이미 왜국 사신 갈나고葛那古와 서너 명의 수행원들이 기다리고 있었다. 석우로와 갈나고 사이에는 통역관이 자리하여 두 대표 사이에 오가는 대화를 가감 없이 전달했다. 왜국 사신 갈나고의 얘기인즉, 우리 왕실의 따님을 자기 나라 왕의 며느리로 삼고 싶다는, 그래서 왕의 분부를 전하고 그 일을 성사시키러 왔다는 것이었다.

애기를 다 듣고 난 석우로가 잔뜩 화난 목소리로 말했다.

"도대체 왜국에는 왕자가 몇 명이나 되는데 걸핏하면 며느릿감을 구하러 오며 또 그 나라에는 모든 종자들이 딸을 못 낳소?"

"한 20분 계신데 우리가 신라 왕실에서 신부를 구하는 것은 귀국의 왕실 색시들이 인물도 좋거니와 음식 솜씨가 뛰어나서 그러는 것입니다."

갈나고의 애기를 듣고 난 석우로가 화를 벌컥 냈다.

"아니, 우리나라 공주님을 데려가 부엌일에나 부려 먹겠다는 뜻이오?"

"여자라면 음식을 만드는 것은 당연하며 공주도 역시 여자니까 마땅히 음식을 만들어야 한다고 생각합니다."

"그래서 우리나라 공주님을 왜국의 며느리로 맞겠다는 생각이라면 공주님은 물론 일반 백성들의 딸도 데려갈 수 없소. 아니 우리나라의 암캐도 왜국의 며느리로 들이게 할 수 없소! 알겠소?"

"……."

생각지도 못했던 반응에 갈나고는 벙어리가 되고 말았다. 그러나 석우로는 계속해서 소리를 질러 댔다. 그는 우선 통역을 향해 말했다.

"내가 이제부터 하는 말, 한마디도 빠뜨리지 말고 그대로 전하라. 왜국 사신 갈나고는 잘 듣고 네 나라 임금에게 그대로 전하시오. 내가 머지않아 왜국 왕을 잡아다가 우리나라로 끌고 와 소금 굽는 막일꾼으로 부려 먹을 것이며 또 그 왕비는 우리 집 부엌데기로 부려 먹을 것이오!"

갈나고는 통역자의 입술에 눈을 박은 채 시시로 그 얼굴색이 바뀌더니 나중에는 새파랗게 질려 부르르 떨기까지 했다. 그러다가 차고 있는 칼자루에 손이 갔으나 결국은 그 손마저 힘없이 떨어뜨리고 말았다. 맹장猛將 석우로가 왜군의 침입을 격퇴하여 여러 차례 공을 세웠다는 것을 잘 알고 있었던 것이다. 갈나고가 아무런 대응도 못한 채 쩔쩔매고 있을 때 석우로는 아들 글해에게로 가서 고개를 숙여 말했다.

"저놈이 바로 아까 집에서 말했던 왜놈이라는 짐승이니 잘 봐 둬라."

그러더니 껄껄껄 웃었다. 결국 그렇게 되어 왜국 사신 갈나고 일행은 목적을 이루기는커녕 더 이상 신라에 머물지도 못하고 그날로 돌아갔다.

이런 일이 있은 지 한 달쯤 뒤의 일이었다. 왜국은 장군 우도주군于道朱君에게 전선 몇십 척을 주어 신라를 치게 했다. 석우로에게 당한 수모를 씻고자 그 죄를 묻겠다는 것이었다. 그런데 석우로는 그때까지 병력을 증강치 못한 상태였으므로 이번에는 왜군을 막지 못해 쉽사리 왜군이 금성(金城: 궁궐이 있는 수도)을 포위하기에 이르렀다. 이렇게 포위되기 전 첨해 임금은 이미 유촌柚村으로 가서 피해 있었다. 석우로가 임금에게 아뢰었다.

"이번 일은 신의 잘못으로 일어난 것입니다. 그러니 신이 맡아서 처리하겠사옵니다. 신이 직접 왜국 장수 우도주군을 만나 보겠사옵니다."

임금은 서불감의 얘기에도 걱정을 풀지 못했다. 섶을 지고 불로 뛰어드는 격이 아닌가 싶었던 것이다. 석우로가 웃으며 다시 아뢰었다.

"신이 몸소 왜장 우도주군을 만나 겉으로는 사죄하는 척, 웃음으로 가게 해 보겠사옵니다. 만약 실패하더라도 신에게 죄를 묻겠다고 온 것이니 신의 목숨만 내놓는다면 나라도, 또 죄 없는 백성들도 피해를 보지 않게 되는 것이옵니다."

석우로는 수십 명의 군사를 거느리고 적진으로 향했다. 왜 진영에서는 이미 석우로가 맹장인 것을 알고 겁을 내어 수행하는 군졸 없이 단신으로 군막에 들어와야 한다고 말했다. 그는 기꺼이 군졸들을 자리에 그대로 있게 하고 왜장에게로 갔다. 그의 옆에는 왜군 진영의 통역관만이 따랐다. 왜장 우도주군 앞에 버티고 서서 그가 말했다.

"내가 신라의 서불감 석우로다."

"나는 우도주군이네."

"그렇군. 그런데 섬나라 사람들은 속이 좁은 것 같군."

"무슨 말인가?"

"내 농담 한 마디에 병졸을 1만 명이나 데리고 험한 바닷길을 건너 왔으니 하는 말이네."

왜장은 아무런 대꾸도 없이 묵묵히 서 있다가 주위에 손짓으로 신호를 보냈다. 그러자 무장한 왜군들 수십 명이 몰려들어 석우로를 결박했다. 그러고는 이내 막사 바깥으로 끌고 가 쌓아 놓은 장작더미 위에 눕혔다. 그리고 그 위에 불을 질렀다. 그렇게 석우로를 죽인 왜장 우도주군은 이튿날, 원수를 갚았다고 만족해 하며 진을 풀고 제 나라로 돌아갔다.

왜군 철병 후 석우로의 아내 명원 부인은 가신들을 풀어 남편의 유골을 수습하려 했으나 어디에 묻혔는지 도저히 찾을 길이 없었다. 그녀가 남편의 무덤도 쓰지 못한 채 눈물로 세월을 보내던 중 첨해 임금이 승하했다. 석씨昔氏가 왕통을 이어받은 지 4대째에 첨해 임금을 마지막으로 김씨金氏가 새로 왕통을 잇게 되었다. 새 임금은 미추(味鄒: 신라의 13대 왕)였다.

임금이 바뀌자 왜국에서는 그동안 소원했던 국교를 회복하려고 사신을 보내게 되었다. 사신의 대표는 우도주군이었다. 그 소식을 들은 명원 부인은 새로 왕후에 오른 친동생을 보기 위해 입궁한 차에 임금께 부탁했다.

"엊그제 왔다는 왜국 사신들을 저희 집에서 사사로이 접대케 해 주시옵소서."

"무슨 연유로?"

나라에 찾아온 왜국 사신을 사사로이 접대하겠다는 데에는 필시 무슨 곡절이 있겠거니 싶어 이렇게 묻자 명원 부인이 대답했다.

"저세상 사람이 된 지도 오랜 세월이 흘렀지만 남편의 유해를 찾을 길이 없어 아직 분묘도 만들지 못했습니다. 유골을 어디에 묻었는지 알고 싶사옵니다. 사신들을 접대하면 그들도 사람인지라……."

"잘 알았소."

임금의 윤허를 받은 명원 부인은 집으로 돌아와 잔치 준비를 서둘렀다.

이윽고 잔칫날이 되었다. 우도주군을 비롯한 다섯 명의 사신들이 신라 귀족의 대저택에 안내되었다. 그들을 위한 진수성찬이 이미 다 차려져 있었다. 그런데 그 상에 우도주군의 자리는 없었다. 정사正使인 우도주군의 자리는 따로 안채에 마련되어 있었다. 그 방에는 명원 부인이 별도로 시중을 들게 되었는데, 우도주군은 서툴기는 하지만 다른 사람이 통역을 하지 않아도 신라 사람들과 의사소통은 될 만큼 신라의 말을 할 수 있기 때문에 불편함이 없었다.

원래 미인인 데다 아직 젊음을 유지하고 있던 명원 부인은 왜사가 자리에 앉기를 기다리고 있다가 금주전자를 들어 손수 왜사의 술잔을 채웠다. 그리고 자신의 잔에도 술을 따라 먼저 마셔 보이고 나서 술을 권했다. 독이 없음을 증명해 보인 것이다. 그리고 상에 차려진 여러 음식과 안주에 관해 이런저런 얘기를 들려주고 난 끝에 덧붙여 말했다. 자신은 8년 전에 세상을 뜬 서불감 석우로의 안사람인데 유골을 찾지 못해 무덤을 만들지 못하고 있다, 우리나라 풍습에 안사람들은 죽은 남편의 유해를 안장시키기 전에는 외출도 맘대로 못하고 더구나 다른 남자들을 만날 수조차 없다, 여자구실 즉 사람 대접을 받으며 살기 위해서는 반드시 남편의 유골을 찾아야 하는데 사신 일행 중 다른 사람을 시켜서라도 꼭 좀 도와 달라는 얘기였다. 우리말이 서툰 데다 술기운까지 거나해진 그인지라 아주 쉬운 말로 가려서 했음에도 몇 번씩 되풀이 얘기해야만 했다.

우도주군이 말했다. 이번 사행使行 길에 같이 온 사람 중에는 아는 사람이 없고 오직 자기만이 아는데 그때 왜군이 진을 쳤던 곳이 어딘지 알 수가 없다, 그곳에만 간다면 유해를 묻은 곳은 어렵잖게 찾을 수 있다는 얘기였다. 우리말을 할 때 'ㄹ' 받침을 못하는, 혀짤배기 왜인의 말인지라 간신히 알아들은 명원 부인이 그에게 다시 말했다. 그렇다면 사랑채에서 술을 드시는 다른 일행들의 흥을 깰 염려도 있고 하니 혼자서 우리 집 하인들이 안내하는 곳으로 갈 수 있느냐고 물었다. 좋다고 했다.

명원 부인은 하인들에게 횃불과 삽이나 곡괭이 같은 농기구를 갖추게 하여 글해로 하여금 앞장서게 했다. 그리고 우도주군과 나란히 그 뒤를 따랐다.

8년 전 왜군이 진을 쳤던 자리에 다다르자 우도주군은 이곳저곳을 살피더니 걸음을 옮겨 어느 장소로 향했다. 두 하인이 횃불을 들고 따라가 근처를 비추었다. 그러기를 서너 차례 반복한 뒤 어느 바위 앞에 우뚝 섰다. 하인들이 횃불을 들고 가 근처를 비추었다. 그가 크게 고개를 끄덕이는 모습을 명원 부인도 볼 수 있었다. 그녀는 그에게서 잠시도 눈길을 거두지 않았다. 이번에는 그가 횃불을 받아 들더니 바위 주변을 꼼꼼하게 살펴보았다. 그러고 나서 횃불을 돌려주며 바위 밑을 파라는 시늉을 했다. 연장을 든 모든 하인들이 몰려가 그가 가리킨 곳을 파기 시작했다. 명원 부인도 글해를 데리고 방해가 되지 않을 가까운 거리에서 지켜보고 있었다.

　한 자쯤 파 내린 곳에서 갑옷을 장식했던 쇠붙이가 나왔다. 명원 부인과 글해의 입에서 동시에 안도의 숨이 뿜어 나왔다. 그리고 곧 유해들이 나오기 시작했다.

　"서불감 나리의 유해입니다."

　"여기 또 나왔습니다."

　하인들은 더 열심히 팠다. 한참 동안에 수습된 유골은 저 많은 것들이 한 사람의 몸에 다 들어 있었을까 할 만큼 많아 보였다.

　한 하인이 말했다.

　"마님, 이제 다 수습된 것 같습니다."

　명원 부인이 엄한 목소리로 꾸짖듯 말했다.

"더 넓고, 더 깊이 그리고 저쪽 편으로 길게 파. 서둘러!"

명원 부인은 자기가 지시한 대로 관 하나를 충분히 넣을 수 있는 구덩이가 다 되어 가자 아들 글해와 힘깨나 쓰는 하인 너덧을 횃불이 비치지 않는 뒤로 데리고 가 은밀히 일렀다. 뭔가 지시를 받은 그들은 구덩이 파던 사람들이 다 올라오기 무섭게 왜국 사신에게 달라붙어 그의 다리와 팔을 각기 한꺼번에 들어 올려 구덩이 속으로 내동댕이쳤다. 여태까지 판 구덩이를 왜국 사신의 몸뚱이가 꽉 채웠다. 왜국 사신이 다급한 목소리로 외칠 때 글해가 흙을 크게 한 삽 떠서 구덩이를 메우기 시작했다. 그러자 모든 하인들이 일시에 달려들어 구덩이를 메웠다. 금세 야트막한 봉분이 이뤄졌다.

왜국 사신 우도주군을 생매장하고 난 이튿날, 이번 사행使行의 우두머리를 잃은 일행은 자기들에게도 어떤 위험이 닥칠지 모른다고 생각하고 도망치듯 자기네 나라로 가고 말았다.

두 달 후 대로한 왜왕은 군사를 일으켜 신라를 치게 했다. 그러나 그때는 신라도 국방력이 막강해진 때여서 내침한 왜군을 어렵잖게 물리칠 수 있었다.

설씨녀

설씨녀薛氏女는 신라 진평왕眞平王 때의 여자이다. 그녀는 율리栗里라는 마을의 한 민가에서 태어나 외동딸로 자랐다. 비록 형편은 어려웠지만 아름다운 얼굴에 모든 행실이 올발라 이웃 사람들, 특히 총각들이 탐을 냈다. 그러나 워낙 흠결이 없는 규수인지라 사모는 하면서도 감히 수작을 건다든가 허튼짓을 할 생각조차 하지 못했다.

그런 그녀에게 근심거리가 하나 생겼다. 늙은 아버지가 정곡正谷이라는 곳에 가서 적을 방어하는, 수자리를 살게 되었기 때문이었다. 그녀는 늙고 병든 아비지를 변방으로 보내는 것이 가슴 아팠다. 자기가 사내였다면 아버지 대신 수자리를 살 수가 있을 것이고 아버지에게 그런 임무가 주어지지도 않았을 것이었다.

설씨녀의 그런 사정을 제일 먼저 알아챈 사람은 사량부沙梁部의 가실嘉實이라는 총각이었다. 그 또한 가난하지만 마음가짐은 올곧은 사람이었다. 그는 일찍부터 설씨녀를 사모했던 많은 총각들 중 하나였는데 그때까지 말도 못 꺼내고 속으로만 끙끙대고 있었다. 그러던 중

마침 설씨녀의 늙은 아버지가 수자리 살러 변방으로 가게 되었음을 알고 '바로 이때다!' 싶어 그녀를 찾아갔다.

가실이 말했다.

"내가 이렇듯 볼품없이 보여도 의지도 굳고 나름대로는 용감한 사내라고 생각하오. 그래서 감히 자청해서 말하는 것이오. 내가 낭자의 아버님을 대신하여 수자리를 살러 가겠소!"

설씨녀가 말했다.

"말씀은 매우 고맙지만 어떻게 그런 신세를 질 수가 있겠습니까. 저로서는 이 자리에서 즉답을 드릴 수 없습니다."

그러자 가실이 한층 더 강력하게 밀고 나갔다.

"종군從軍은 남자라면 당연히 해야만 하는 나랏일이오. 낭자의 아버님도 피할 도리는 없소. 그렇다고 아무런 대책을 세우지 못하고 늙고 병든 몸으로 변방에 가셔서 수자리 사시다 무슨 변고라도 생긴다면 낭자의 장래는 어찌 되겠소."

설씨녀는 가실이 자신의 속을 들여다보고 나온 듯 말을 해 할 말을 잃고 있다가 가까스로 한마디했다.

"오늘 마침 아버님께서 출타 중이시라……. 그럼 내일 이맘때 다시 한 번 더 오셔서 아버님과 말씀 나눠 보세요."

"그럼 내일 올 테니 낭자가 미리 내 뜻을 좀 전해 주시오."

가실이 떠난 뒤 설씨녀는 어서 빨리 기쁜 소식을 전하려고 아버지가 들어오기를 기다렸다. 그러면서 혼잣말로 쉴 새 없이 중얼거렸다.

'이게 꿈은 아니지? 이런 기쁜 일이 생기다니! 그런데 그 총각이 왜 그런?'

출타에서 돌아온 아버지가 설씨녀에게 자초지종을 다 듣고 나서 엉뚱한 질문부터 했다.

"그 총각 언제부터 아는 사이냐?"

"네? 무슨 말씀을 그렇게……. 전에 밖에서 한두 번 본 사람 같기는 하지만 직접 대면해 얘길 나눈 건 오늘이 처음이에요. 그 총각이 집으로 찾아왔더라고요."

"음, 그래 그 총각이 네 맘에 들기는 하던?"

"생긴 건 뛰어나지 않지만 언변이며 마음 씀씀이가 그러니 좋은 사람 같아요."

아버지는 무슨 생각에 깊이 잠겼다가 무겁게 입을 열었다.

"그래 알았다. 내일 만나 얘길 들어 보자."

말을 마치고 아버지는 자기 방으로 들어갔다.

이튿날이었다. 가실은 정해진 때를 맞춰 찾아왔다. 이번에 설씨녀는 부엌에서 아버지와 총각이 나누는 얘길 듣고 있었다.

"내 딸아이한테 듣자 하니 젊은이가 나를 대신해서 수자리를 살겠다고 한다니 늙어 병약한 나로서는 기쁘기에 앞서 미안하기 그지없네. ……대가는?"

"네?"

가실은 의외의 질문에 당황했다. 그러자 노인이 말했다.

"젊은이는 이미 내 집 형편을 잘 알 테니 재물을 대가로 바라는 것은 아닐 테고……."

"아, 재물이라니요? 절대로 그게 아닙니다!"

"미안하이. 내 자네 은혜에 보답을 해야 하겠어서……. 만일에 말일세. 젊은이가, 그대의 생각에 내 딸아이가 어리석고 가난한 집 딸이라고 피하지만 않는다면 그 아일 아내로 삼아 주시게. 그럴 수는 있나?"

가실은 갑자기 벌떡 일어서더니 큰절을 한 뒤 말했다.

"감히 먼저 말씀 올리지는 못했습니다만 그건, 그건 바로 제 소원이었습니다."

"허허허, 그랬군. 애야, 어디 있느냐? 어서 나와라!"

부엌에서 아버지와 가실의 얘기를 듣고는 얼굴이 빨개진 설씨녀가 수줍음을 감추지 못한 채 두 사람 앞에 섰다. 그런 딸에게 가실이 말했다.

"낭자, 혼인을 승낙해 주시오. 간청합니다."

설씨녀가 가느다란 목소리로 '네' 하고 대답했다. 그러자 이번에는 아버지가 서둘러 말했다.

"애야, 혼인 날짜는 언제가 좋겠느냐?"

빙긋거리는 가실의 얼굴을 잠시 쳐다본 뒤 설씨녀가 말했다.

"혼인은 인륜지대사인지라 창졸히 행할 수는 없는 일입니다. 저는 이미 굳은 마음으로 허락했으니 그 마음 죽는 한이 있더라도 변치 않을 것입니다. 부디 그대가 수자리에 갔다가 교대되어 돌아온 뒤에 날을 잡아 혼례를 치르게 해 주십시오. 그래도 늦지 않습니다."

말을 마친 설씨녀는 제 방으로 들어가 거울을 가지고 나왔다. 그녀는 그것을 가실에게 주어 두 쪽으로 깨뜨리게 했다. 그 한 쪽씩을 가실과 나누어 신표信標로 삼고 수자리에서 돌아온 뒤 합치자고 말했다.

가실은 수자리로 떠나기 전 자기의 말을 끌고 설씨녀에게로 와서 말했다.

"이 말은 좋은 종자이니 훗날 반드시 요긴하게 쓸 수 있을 것이오. 지금 나는 걸어서 가야 되는 몸이라 대신 기를 사람이 없소. 그래서 두고 가니 뒷날 요긴하게 쓰시오."

가실이 수자리 살러 떠났다. 그러나 떠난 지 3년이 넘고 6년이 다 되어 가는데도 돌아오지 않았다. 당시 이웃나라에서 수시로 변방을 공략해 오고 또 나라에 그럴 만한 사유가 생겨 교대를 시키지 못했기 때문이었다. 그러자 아버지가 설씨녀에게 말했다.

"가실과는 3년을 기약했다. 그런데 6년이나 되었으니 이제 다른 데로 시집을 가도 되지 않겠느냐?"

설씨녀의 대답은 완강했다.

"지난 애깁니다만 맨 처음 제가 혼인을 허락한 것은 아버지 마음을 편케 해 드리기 위한 것이었습니다. 가실은 그런 저를 굳게 믿고 수자리에 가 추위와 더위 그리고 굶주림으로 고생을 하고 있는 것입니다. 더구나 국경에서 적을 마주하고 있어 한시도 무기를 손에서 놓을 수도 없으며, 마치 호랑이 입 가까이에 몸을 두고 있는 것처럼 늘 두려움에 떨어야만 하는 신세입니다. 그런 사람에게 신의를 저버리고 언약을 깨뜨린다면 어찌 그게 사람의 도리입니까. 저는 아버지 말씀에 따르지 않을 테니 앞으로는 절대로 그런 말씀을 하지 마세요!"

설씨녀의 뜻이 이렇듯 굳건함에도 늙은 아버지는 판단력이 흐려져 딸 몰래 이웃 마을 청년과 혼사를 약속하여 날짜까지 정하고는 사람들을 잔치에 초청했다.

마른하늘에 날벼락이라도 칠 때처럼 크게 놀란 설씨녀는 도망을 치려 했으나 이미 그럴 수도 없었다. 그녀는 몸을 숨기기 위해 마구간으로 들어갔다. 거기에서 가실이 두고 간 말을 보자니깐 더욱 서럽고 눈물이 났다.

바로 그때였다. 밖이 갑자기 소란스러워졌다. 웬 사람이 와서 자기가 가실이라며 설씨녀를 찾는다는 것이었다. 설씨녀는 몸을 숨기고 있던 마구간에서 뛰쳐나갔다. 그녀가 봐도 가실이 아니라 딴 사람이었다. 수척하고 초췌해진 모습이며 남루한 옷이 영락없는 거지꼴이었다. 가실이 품속에서 깨진 거울 반쪽을 꺼내 설씨녀에게 내밀었다. 수

자리 떠날 때 신표로 나누어 가진 바로 그 거울이었다. 설씨녀가 가실
에게 와락 달려들어 안기며 흐느껴 울자 모였던 모든 사람들의 눈에
서도 눈물이 그치지 않았다.

거문고 갑을 쏴라

비처왕(毗處王 또는 소지왕 炤智王: 신라의 21대 왕)이 왕위에 오른 지 10년(488)의 일이었다. 왕이 천천정天泉亭에 거둥할 때 까마귀와 쥐가 와서 울더니 쥐가 사람처럼 말했다.

"이 까마귀가 가는 곳을 살피시오."

(혹은 신덕왕이 흥륜사에 거둥하여 향을 피우려 할 때 여러 쥐들이 꼬리를 물고 있음을 이상히 여겨 돌아와 점을 치니, 이튿날 맨 먼저 우는 까마귀를 찾으라 했다는데 이는 틀린 얘기다.)

왕이 기병에게 명령하여 뒤쫓게 했다. 기병이 남쪽 피촌(避村: 지금의 양피사촌壤避寺村)에 이르렀을 때 돼지 두 마리가 싸우는 게 이상하여 한참 구경하다가 문득 까마귀가 간 곳을 잃어버리고 길을 헤매고 있었다. 그때 한 노인이 못 속에서 나와 글을 올렸다. 겉에 '이것을 열어 보면 두 사람이 죽고 열어 보지 않으면 한 사람이 죽는다.'고 씌어 있었다. 기병이 급히 와 왕에게 바치자 왕이 말했다.

"두 사람이 죽는 것보다는 한 사람이 죽는 게 낫겠다."

일관日官이 아뢰었다.

"두 사람은 백성이요, 한 사람은 왕입니다."

왕은 그 말이 옳다고 생각하고 뜯어보았다. 그러자 안에는 '거문고 갑을 쏴라.'라고 씌어 있었다. 왕은 곧장 궁궐로 가 거문고 갑을 쏘았다. 그 안에는 내전內殿에서 분향수도焚香修道하는 중과 궁주宮主가 간통하고 있었으므로 두 사람이 베임을 당했다.

이로부터 나라의 풍습에는 매년 정월 첫째 해일(亥日 : 돼지날), 첫째 자일(子日 : 쥐날), 첫째 오일(午日 : 말날)에는 모든 일에 조심하여 감히 움직이지 않았다. 또 15일을 오기일烏忌日이라 하여 찰밥을 지어 제사 지내는 것이 지금까지도 행해지고 있다. 항간에서는 이것을 달도(怛忉 : 돼지·쥐·말날에 조심하는 것)라 하는데 이것은 슬퍼하고 근심해서 모든 일을 금하고 꺼린다는 뜻이다.

또한 노인이 나와서 글을 바친 못을 서출지書出池라 이름 붙였다.

꽃을 바친 노래

성덕왕聖德王 때의 일이었다.

순정공純貞公이 강릉(지금의 명주) 태수로 부임하는 길에 바닷가에서 점심을 먹게 되었다. 곁에는 바위들이 병풍처럼 바다를 두르고 있어 그 높이가 천 길이나 되고 그 위에 철쭉꽃이 아름답게 피어 있었다.

순정공의 부인 수로水路가 그 꽃을 보고 곁에 있는 사람들에게 말했다.

"저 꽃을 꺾어다 내게 줄 사람이 없는가?"

"저기는 사람이 갈 수 없는 곳입니다."

바위산이 험하여 누구도 가려 하지 않았다.

그때였다. 암소를 끌고 지나던 늙은이가 수로 부인의 말을 듣고 그 꽃을 꺾어 와 노래 가사까지 지어 부인에게 바쳤다. 그 헌화가獻花歌는 이러했다.

자줏빛 바위 끝에 잡고 있던 암소 고삐 놓게 하시고

나를 부끄러워하지 않으시거든

저 꽃 꺾어 바치오리다.

그 늙은이가 누군지 아는 사람은 아무도 없었다.

다시 이틀을 편히 가다가 임해정臨海亭에서 점심을 먹고 있는데 바다에서 갑자기 용이 나타나 수로 부인을 끌고 바닷속으로 들어가 버리고 말았다. 순정공이 발을 구르다 땅바닥에 주저앉아 어쩔 줄을 모르고 있는데 또 한 노인이 나타나 말했다.

"옛말에 이르기를 여러 사람의 말은 쇠도 녹인다 했으니 지금 그 바다의 용인들 어찌 여러 사람들의 입을 두려워하지 않겠소! 그러니 이곳 사람들을 모아 노래를 지어 부르면서 지팡이로 땅을 두드린다면 부인을 다시 볼 수 있을 것이오."

순정공이 그 말대로 했더니 용이 부인을 모시고 나와 도로 바쳤다.

그는 부인에게 바다에 들어갔던 일을 물었다.

"칠보궁전七寶宮殿의 음식은 맛있고 향기로우며 또 깔끔하기 이를 데가 없어 인간들이 먹던 음식과는 전혀 달랐습니다."

부인이 대답했다. 그러는 그녀의 옷에서 나는 향기도 세상에서 맡을 수 있는 향기가 아니었다.

수로 부인은 용모가 매우 뛰어나 매양 깊은 산이나 큰 못을 지날 때 여러 번 신물神物에게 붙들려 갔다.

이때 여러 사람들이 부르던 해가海歌의 가사는 이런 것이었다.

거북아, 거북아! 수로 부인을 내놓아라.
남의 부인을 빼앗아 간 죄 얼마나 크냐?
네 만일 거역하고 내다 바치지 않으면,
그물로 잡아 구워 먹으리라!

박제상의 충절

내물왕奈勿王이 타계했으나 나이 어린 태자가 왕위에 오를 수 없었다. 이에 문무백관文武百官이 한자리에 모여 논의한 결과 왕족인 이찬 (伊湌: 벼슬 이름) 대서지大西知의 아들 실성實聖을 왕으로 삼았다. 그는 화친정책에 따라 고구려에 볼모로 가 있다가 9년 만에 돌아왔고 그 이듬해(402)에 왕위에 오른 것이다.

그해 왜국으로부터 사신이 와 친선 국교를 맺는 조건으로 왕자를 볼모로 요구했다. 이에 실성왕은 내물왕의 막내아들 미해美海를 왜국으로 보냈다. 내물왕에 의해 자기가 고구려에서 9년 동안이나 볼모로 지내야만 했던 것에 대한 일종의 보복 심리가 작용하기도 했을 것이다. 10년 후, 이번에는 고구려 장수왕長壽王이 사신을 보내 친선 국교의 징표로 볼모를 요구해 왔다. 이번에도 내물왕의 왕자, 즉 미해의 형인 보해寶海를 고구려로 보냈다. 이제는 내물왕의 맏아들 눌지訥祇가 남았는데 장차 그의 보복이 염려되어 죽여 없애려 했다. 그래서 고구려에 있을 때 아주 절친하게 지냈던 무사武士에게 비밀스럽게 편지를 보냈다. '이 편지를 받는 즉시 그대는 길을 떠나 신라로 오시오. 그러면 내가 영접사를 보낼 터이니 그를 만나게 되거든 두말없이 죽여 버리시오.'라는 내용이었다. 그리고 영접사로 눌지를 보냈다.

고구려 무사는 눌지와 만났을 때 그를 죽이지 않았을 뿐만 아니라 실성왕에게 받은 편지 내용까지 알렸다. 눌지는 고구려 무사에게 은혜를 잊지 않겠노라고 감사하고 그와 헤어졌다. 그리고 도성으로 돌아와 한칼로 실성왕을 시해하고 스스로 왕위에 올랐다. 그때가 실성왕 16년(417)이었다.

왕위에 오른 눌지왕은 나날이 두 동생들의 안부가 궁금하고 보고 싶어 견딜 수가 없을 지경이었다. 어느 덧 왜국에 미해가 볼모로 간 지는 17년, 보해가 고구려에 볼모로 간 것은 7년이 흘렀다.

어느 날, 왕은 벌보말(伐寶末), 구리내(仇里乃), 파로(波老) 등 어진 세 분을 초청해 자신의 괴로움을 토로했다.

"짐의 두 아우가 왜국과 고구려에 볼모로 가 있는 것은 그대들도 잘 알고 있을 것이오. 이토록 오랜 세월을 못 보고 지내는 내 고통은 말할 수가 없소. 어떻게 하면 좋을지 지혜로운 의견을 듣고 싶어서 초청한 것이오."

세 노인 중 하나가 말했다.

"신이 듣건대 삽량주(歃良州: 지금의 양산)의 박제상(朴堤上)이 기운이 장사인데다 아주 용감하고 지혜롭다고들 하옵니다. 그 사람이라면 능히 할 수 있을 것이옵니다."

다른 두 노인도 동감임을 표했다. 그래서 왕은 박제상을 불러들였다. 그는 왕의 얘기를 다 듣고 나서 말했다.

"신이 알고 있기로는 임금의 근심은 신하된 자의 욕이요, 임금이 욕을 보면 그 신하는 죽어야 한다고 합니다. 일의 어렵고 쉬움을 따지는 것은 신하된 자가 취할 일이 아닙니다. 신이 비록 능력은 없사오나 근심을 덜어 드리겠습니다."

박제상은 정식으로 사신의 예를 갖추어 고구려를 향해 떠났다. 그는 고구려로 들어가 장수왕을 만났다.

"신이 일찍이 듣건대 두 나라 사이에는 서로 친선하는 성의와 신의가 있음으로써 족할 것이라 하였습니다. 때문에 서로 볼모를 주고받는 것이란 도의가 타락된 말세末世의 일에 지나지 않는다고 사료되옵니다."

장수왕은 웃음으로 계속 듣고만 있었다. 박제상이 말을 이어 나갔다.

"일이 그러하오니 신의 본국 임금께서 귀국에 볼모로 와 있는 아우를 생각하시고 형제의 애틋한 그리움을 참지 못하시고 애를 태우십니다. 대왕께서 큰 덕을 베푸시어 그리운 정을 풀게 해 주신다면 그 은혜 영원히 잊지 않을 것이며 또 두 나라는 그로 인하여 무궁한 화평을 누리게 될 것이옵니다."

장수왕은 박제상의 임금을 위한 진정성을 느끼고 그 자리에서 왕제 보해를 데려가라고 허락했다.

박제상이 보해를 데리고 오자 눌지왕의 기쁨은 이만저만 크지 않았다. 그래서 박제상에게 칭찬을 아끼지 않으며 이렇게 덧붙였다.

"왜국의 미해도 돌아올 수 있다면 그 기쁨은……."

"말씀하시지 않아도 신은 이제 곧 왜국으로 떠날 작정이었사옵니다. 그러나 고구려와 같은 대국과는 다른 섬나라인지라 고구려와는 다른 방법을 강구해야 할 것이라고 생각되옵니다. 결코 순탄치는 않을 것이옵니다."

"무슨 특별한 방법이라도 생각해 두었소?"

"나라를 배반한 죄를 짓고 도망쳐 온 것처럼 행동할 작정이옵니다. 그러하오니 임금께서는 신이 왜국으로 떠난 후 신의 가족을 잡아 가두옵소서."

"아무리 거짓이라 해도 어떻게 그럴 수가 있소?"

"그래야만 일을 성사시킬 수 있사옵니다. 하오니 부디 신이 말씀드린 대로 해 주시옵소서!"

박제상은 잠시 집에 들러 왜국에 볼모로 가 있는 왕제를 구하기 위한 한 방편으로 거짓 죄인 행세를 해야 함을 일러두고 율포栗浦에서 배를 타고 왜국으로 떠났다.

왜왕을 만난 박제상이 말했다.

"신은 본래 신라 백성인데 임금이 신의 부형을 죄인으로 몰아 죽이고 신까지도 죽이려 해 도망을 쳐 왔습니다. 모쪼록 거두어 주시기 바랍니다!"

이렇게 거짓으로 고하자 맨 처음에는 의심을 받았으나 백제에서 온 사람이 '신라왕이 박제상의 가족을 옥에 가두었다.'고 소식을 전했기 때문에 거짓이 탄로 나지 않고 왜국 왕의 신임까지 얻게 되었다. 때문에 그는 감시당하지 않고 자유롭게 지낼 수 있었다. 서로 말이 통해 자주 만난다는 핑계도 먹혀들어 미해 왕제와도 가깝게 지낼 수가 있었다.

하루는 왜왕을 만나 자기가 안내를 할 테니 배를 준비하여 신라를 치라고 꾀기도 했다. 그런 유혹에도 넘어가는 듯했고 더욱 그를 믿고 살 집까지 주어 편히 지내도록 했다.

기회를 노리고 있던 어느 날 새벽, 박제상은 미해에게로 갔다. 그는 미해를 흔들어 깨웠다.

"드디어 때가 왔습니다. 떠나셔야 합니다."

"오늘, 지금요?"

"안개가 자욱합니다. 전에 얘기했던 강이라는 사람이 기다리고 있습니다. 어서요!"

그들은 새벽안개 속을 헤치며 계림 사람 강구려康仇麗가 기다리고 있는 곳으로 달렸다. 강구려는 이미 와 그들을 기다리고 있었다. 박제상은 미해를 그 사람 쪽으로 밀며 말했다.

"그대만 믿소. 안전하게 모시오!"

"왜, 박공은 안 가오?"

"같이 간다면 우리 셋의 목숨을 장담할 수 없소. 나는 남아서 놈들이 눈치채지 못하게끔 해야 할 일이 남았소. 어서 가시오. 어서!"

박제상은 말을 채 맺지도 못하고 되돌아 달려 미해의 거처로 갔다. 그리고 미해가 잠들어 있는 척 그의 이부자리 속으로 들어가 머리까지 파묻었다.

일어날 때가 지나도 미해가 일어나지 않자 놈들은 몇 번이나 방문을 열어 보았지만 자고 있는 줄 알고는 그냥 돌아가곤 했다. 얼마쯤 지나자 또 놈들이 방문을 열었다. 아침식사 시간도 지났다며 흔들어 깨우다가 그래도 일어날 기미가 없자 머리까지 덮인 이불을 제치면서 외마디 소리를 질렀다.

놈들은 급히 왜왕 앞으로 박제상을 끌고 갔다. 그러나 이미 미해가 탄 배는 뒤쫓기 어려운 처지일 터였다. 그래서 박제상은 속으로 적잖이 안심을 하고 있었다.

"듣자니 네가 미해를 신라로 보냈다는데 그게 맞는 말이냐?"

"……."

"너는 내 신하가 되겠다고 했잖느냐! 그러고는 미해를 신라로 보내다니, 그게 내 신하로서 할 일인가!"

"나는 신라의 신하지 왜국의 신하가 아니오! 신라의 왕자가 신라를 찾아가는 것은 당연한 일이오."

"이놈! 그동안의 은혜를 모르다니! 너는 지금 왜국의 내 앞에 있으니 내 신하다!"

왜왕은 다락같이 화를 냈다.

"다시 묻겠다. 지금 미해는 어디 있느냐?"

"내가 어찌 알겠소. 잘은 몰라도 우리 신라 땅 가까운 바다 위에 있을 것이오."

"그럼 다시 묻겠다. 너는 누구의 신하냐?"

"나는 신라 눌지왕의 신하요."

"지금이라도 늦지 않았다. 네가 내 신하라고만 하면 네 죄를 용서할 뿐만 아니라 후한 상까지 주겠다! 누구의 신하냐?"

"왜국에서 주는 상보다 나는 신라에서 주는 극형을 더 원하오. 차라리 죽어 신라의 개나 돼지가 될지언정 나는 왜국의 신하가 될 생각은 전혀 없소!"

화가 머리끝까지 치솟은 왜왕이 빼어든 칼로 박제상의 허벅지를 찌르며 물었다.

"이래도 신라의 신하냐?"

"그렇다. 신라 눌지왕의 신하다!"

왜왕은 철판을 벌겋게 달구어 오라고 하여 그 앞에 세우고 물었다.

"네가 내 신하라고만 하면 저 불판 위에 오르지 않게 될 것이다. 너는 누구 신하냐?"

"나는 백 번 죽어도 신라의 신하다!"

철판 위에 세워졌을 때도 박제상의 대답은 여전했다. 왜왕은 더 이상 그를 꺾을 수 없어 장작더미에 올려놓고 태워 죽였다.

왕제 미해는 박제상이 그렇게 죽고 난 뒤 어렵사리 신라 땅에 상륙할 수 있었다. 박제상의 은혜로 17년 만에 밟아 보는 고국의 땅이었다.

눌지왕은 기쁜 나머지 근심을 털어냈다는 뜻의 '우식곡憂息曲'을 지어 불렀고 박제상의 죽음을 슬퍼하여 그 은혜에 조금이라도 갚음이 될까 하여 대아찬大阿湌 벼슬을 추증하는 한편 그의 부인에게는 국부인國夫人 칭호를 내렸다. 그래도 박제상의 부인은 언젠가는 남편이 돌아올 것이라고 믿으며 저 멀리 왜국이 보이는 치술령鵄述嶺에 올라 기다렸다. 그러던 어느 날 그곳에서 죽으니, 왕은 그 자리에 사당을 짓고 치술령 신모神母로 모셨다. 세간에서는 누가 지은 노래인지도 알 수 없는 애달픈 '치술령곡'이 불리기 시작하더니 널리널리 퍼져 나갔다.

방아타령

신라 자비왕慈悲王 때 박문량朴文良이란 사람이 있었다. 그는 눌지왕의 두 아우, 보해와 미해를 볼모의 몸에서 구출했던 충신 박제상의 아들이다.

그는 일찍부터 조정에서 일했지만 벼슬을 높이는 데에는 아예 생각이 없고 거문고 타기만을 즐겼다. 기쁠 때에는 더욱 즐거워지려고, 슬플 때에는 그 슬픔을 잊으려고 거문고를 끼고 지냈다. 그렇게 지내다가 그는 결국 벼슬을 버리고 한적한 시골로 내려가게 되었는데 그때 곡을 하나 지어 거문고에 올렸다. 그 곡의 가사는 다음과 같다.

하늘이 사람을 내니	天兮縱人 천혜종인
하늘께 매였도다	天兮窮顯 천혜궁현
임금을 잃고 얻음	天兮得君 천혜득군
다 하늘이 맡았도다	天兮失君 천혜실군
얻으나 잃으나 간에	得比市利 득비시리

내 몸 위함 아니러니	失非在傷 실비재상
있거나 가거나를	就豈幸幸 취개행행
굳이 갈 것이 무엇이랴	去豈幸幸 거혜행행
별난 낙이 거기 없나니	樂無別樂 낙무별낙
천명대로 살리라	得天生兮 득천생혜

*한시는 원래 가사歌詞

    그는 농촌 시골로 내려가 낭산狼山 산기슭에 작은 집을 짓고 살았다. 그러고는 늘 그 집 안에 들어앉아 마음의 근심을 거문고로 풀어내며 지냈다. 그러자니 먹을거리나 입성이 궁했다. 언제나 다 떨어진 옷을 누덕누덕 기워 입었다.

    그런 모습의 그를 동네 사람들은 1백 군데도 더 기워서 입는 사람이란 뜻으로 '백결선생百結先生'이라 칭했다.

    또 이런 일도 있었다. 그해 섣달이었다. 이제 얼마 안 있으면 설 명절이라 동네에서는 설빔에 차례 음식을 마련하느라 야단법석인데 백결선생네만은 조용하기 그지없었다.

    그의 아내가 한숨을 내쉬며 말했다.

    "저 다듬이 소리랑 절구질에 방아 찧는 소리도 안 들리오?"

    백결선생이 웃으며 대답했다.

"당신 속상하오?"

"상하지요."

백결선생은 허허 웃고는 말했다.

"여보, 죽고 사는 게 모두 하늘에 달렸소. 그러니 가난도 부귀도 또한 하늘의 뜻인 것이오."

"그런데요?"

"하늘에서 복을 내려 주신다면 나아가 그 복을 막을 필요는 없지만 하늘이 복을 주지 않는데 어떻게 하늘에게 따진단 말이오? 금년 설밑도 그런 것인데 마음 상할 필요가 없단 말이오. 아셨소?"

그의 아내는 묵묵부답이었다. 그러자 백결선생은 거문고를 꺼내 와 앉으며 다시 말했다.

"다른 집에서들 떡방아를 찧어 대니 우리 집에서도 떡방아를 찧읍시다! 하하하."

백결선생이 아내에게로 다가앉으며 거문고로 떡방아 소리를 켜기 시작했다. 밖에서 그 소리를 들으면 깜빡 속아 넘어갈 정도로 떡방아 찧는 소리와 똑같았다.

나중에 그 소리가 거문고로 낸 소리라는 것을 안 동네 사람들이 탄복을 했다. 그러면서 사람들은 이 소리를 일컬어 '대악(碓樂: 방아 찧는 노래라는 뜻)'이라 했다. 오늘날의 '방아타령'도 백결선생의 '대악'이 그 원조라고 한다.

삼태기를 지고 다니는 중

혜공惠空이라는 좀 이상한 중이 있었다. 그는 원래 천진공天眞公이라는 신라 귀족 집에서 심부름하는 계집종의 아들이었다. 그때의 이름은 우조憂助였다.

천진공이 종기가 아주 심해 거의 다 죽게 되어 문병객들이 들끓었다. 그런데 일곱 살짜리 우조는 그걸 모르고 어머니에게 물었다.

"뭣 때문에 사람들이 이렇게 많이 드나들어요?"

"주인어른께서 지금 종기로 거의 돌아가실 지경이야."

"그럼 내가 고쳐 드리면 되겠네요."

"네가 무슨 재주로!"

주인마나님이 주인어른의 병 때문에 한숨을 쉬는 것을 보고 우조의 어머니가 말했다. 그러나 하도 답답하기도 하고 또 행여나 하는 생각으로 우조를 방 안으로 들여보냈다.

우조는 천진공의 병상 아래 앉은 채 아무런 말도 않고 그냥 눈만 감아 내리고 있었다. 그런데 어떻게 된 일인지 종기가 터지더니 고름이 흘러나오고 새살이 나오면서 종기가 서서히 가라앉기 시작했다. 천진공은 우연한 일이라고 생각했지 우조의 힘이라고는 믿지 않았다.

우조가 청년 때에는 이런 일도 있었다. 그는 천진공을 위해 매를 길렀고 천진공은 이를 아주 기특하게 생각했다. 그 무렵, 천진공의 아우가 이웃 고을의 관직에 오르게 되어 인사하려고 왔다가 기르고 있는 매들을 보더니 아주 좋은 놈으로 한 마리 골라 갔다.

얼마쯤 지났을 때 천진공은 어느 날 밤에 잠들기 전 문득 아우에게 준 매가 아깝다는 생각이 들었다. 그래서 내일 아침에 우조를 시켜 그 매를 찾아와야겠다고 생각하고는 잠을 잤다.

우조는 이미 천진공의 그런 생각을 알고서 밤길을 걸어 이웃 고을로 가 매를 찾아왔다. 날이 밝기 바쁘게 우조가 찾아온 매를 천진공에게 갖다 바쳤다. 깜짝 놀란 천진공은 가만히 생각해 보았다. 종기를 낫게 해 준 것, 말도 안 했는데 자기가 맘먹은 것을 알고 미리 매를 찾아온 것 등이 모두 우조의 신통력에 따른 것임을 깨닫게 되었다.

천진공은 우조 앞에 무릎을 꿇고 공손히 말했다.

"성인께서 우리 집에 기탁해 계신 걸 모르고 있었으니 너그럽게 용서해 주십시오. 그리고 앞으로 많이 이끌어 주십시오."

그런 일이 있고 우조는 천진공의 집을 나와 비로소 중이 되었다. 그리고 어느 조그만 절에 기거하며 이름을 혜공이라 고쳤다. 그런데 그는 늘 미친 사람처럼 삼태기 하나를 메고 거리를 쏘다녔기 때문에 사람들은 그를 '삼태기 진 중'이라는 뜻의 부궤화상負簣和尙이라 불렀다. 그가 기거하는 절도 부개사大蓋寺라 칭했다. 이 부개 또한 삼태기라는 말이었다.

부궤화상은 이따금 절 안에 있는 우물 속으로 들어가 두어 달이 지나도록 나오질 않다가 나올 때는 푸른 옷을 입은 신동神童을 앞세워 나오곤 하는데 옷에는 물이 한 방울도 묻어 있지 않았다.

그는 늙자 항사사恒沙寺라는 절에 옮겨 가 기거했다. 지금 경북 영일군에 있는 오어사吾魚寺를 옛날에 항사사라 했다. 동네 이름도 절 이름을 따 항사동이라 했다.

부궤화상이 그 절에 있을 때 원효대사가 자주 그곳에 찾아와 묵으며 불경에 주석을 다는 등 공부를 했다. 부궤화상과 토론도, 질문도 했다. 뿐만 아니라 두 사람은 서로 성질도 비슷해 장난도 곧잘 쳤다.

하루는 원효대사가 절 앞 냇물에서 고기를 잡아먹고 바위 위에다 똥을 누었는데 나온 것은 똥이 아니라 잡아먹은 바로 그 물고기들이었다. 그걸 본 부궤화상이 껄껄 웃으며 말했다.

"그대는 내 물고기를 누네그려."

그런 일이 있고부터 항사사는 오어(吾魚: 내 물고기)라는 뜻의 오어사로 이름이 바뀌었다.

어느 날, 한 화랑이 산천을 유람하다가 어느 산 위에서 시체 한 구를 발견했다. 부궤화상의 시체였다. 그 시체에 구더기가 득시글거리고 냄새가 지독했다.

그 사실을 알리려고 급히 산에서 내려와 성 안으로 들어서니 술이 잔뜩 취한 부궤화상이 노래를 흥얼거리며 가고 있질 않는가. 이 얘기가 퍼지고 또 퍼져 모두들 부궤화상을 신승神僧이라 일컫게 되었다.

고구려

고구려의 건국

고려의 최고 문인이자 관리인 이규보李奎報는 그의 장편 시의 머리글에서 '……내 일찍이 옛날에 만들어진 『삼국사기』에서 「동명왕 본기」를 읽었다. 거기에는 지금 세상에 전해지는 것보다 훨씬 더 지나치게 이상하고 기이한 이야기들이 많이 적혀 있었다. 그래 나는 귀신 이야기나 요술 이야기로 여기고 그냥 던져 버렸는데 이제 다시 꼼꼼히 읽어 보니 그렇지 않다는 것을 느꼈다. 귀신 이야기가 아니라 거룩한 뜻이 담겨 있었다. 그런데 김부식金富軾이 『삼국사기』를 다시 쓰면서 그 기이한 이야기들을 다 빼어 버리고 대강만 추려 적어 우리나라의 근본이 거룩한 것임을 사람들이 모르게 했다. 그래서 나는 이 시로 그 점을 밝히려 한 것이다.'라고 말하였다.

고구려의 건국은 그 아득한 앞의 나라 부여로부터 시작되어야 한다. 부여의 강토는 지금의 압록강과 두만강 북쪽에 넓게 자리 잡고 있었다. 부여왕 해부루가 늙도록 아들이 없어 산천山川에 제사하여 아들 낳기를 빌러 길을 나섰다. 그러던 중 곤연이라는 못가에 이르자 말이 갑자기 멈추어 섰다. 가만히 말을 보니 큰 바위를 바라보며 눈물을 흘리고 있었다. 이상하게 생각한 임금은 사람들을 불러 그 바위를 한쪽 옆으로 굴려 옮기게 했다. 그러자 그 속에서 마치 개구리처럼 생긴 아기가 금빛으로 빛나며 누워 있었다.

임금은 말했다.

"이 아기는 하늘이 내게 내리신 아들이다!"

임금은 그 아기를 소중하게 싸안고 궁중으로 돌아와 금개구리라는 뜻의 이름 '금와金蛙'라 명명했다.

그 무렵, 아란불阿蘭弗이라는 신하가 임금에게 이런 말을 한 일이 있었다.

"며칠 전, 하느님께서 신에게 이렇게 말씀하셨사옵니다. '지금 여기 이 땅에는 내 자손으로 나라를 세우게 할 터이니 너는 네 임금을 모시고 동쪽 바닷가로 나가라. 거기에 가섭원迦葉原이라는 드넓은 땅이 있느니라. 그 들판은 기름져 곡식이 아주 잘 되는 곳이다. 그러니 거기에 도읍을 정하라.'고 하였으니, 이는 곧 하느님의 계시이옵니다."

해부루 임금은 하느님의 계시를 따르지 않을 수가 없어 살던 터를 버리고 새 터전을 찾아 떠났다. 과연 동쪽 바닷가에 드넓은 벌이 펼쳐져 있었다. 해부루 임금은 새 땅에다 나라의 새살림을 차려 동부여라 나라 이름을 바꾸었다.

한편, 해부루 임금이 떠난 후 어느 날 하늘에서 이상한 소리가 울려 내리더니 찬란한 빛을 내뿜는 다섯 마리 용이 수레를 끌고 내려왔다. 그 안에 늠름한 어떤 사람이 타고 있었다. 그를 따르는 1백여 명의 사람들은 흰 따오기를 타고 내려왔고 그들 머리 위에 뜬 구름은 오색찬란했다. 그들이 내린 곳은 해부루 임금이 떠난 터전에 딸린 웅심산熊心山 위였는데 그날로부터 열흘이 지나서 산 아래로 내려왔다. 용의 수레에 탔던 그 늠름한 사람은 새 깃털이 꽂힌 갓을 쓰고 용무늬 칼을 차고 있었다. 그가 곧 하느님의 아들 해모수解慕漱였다.

그 해모수 임금은 아침부터 저녁까지 낮에는 땅에서 여러 가지 나랏일을 처리하고 어두워지면 하늘 궁정으로 올라가 그곳 일을 보았다. 그래서 사람들은 천왕랑天王郎이라 일컫기도 했다.

어느 날, 해모수 임금은 신하들과 함께 산 위에 올라갔다가 바로 아래 웅심연熊心淵 못가에서 노닐고 있는 아름다운 세 아가씨를 보게 되었다. 그 처녀들은 청하(青河: 지금의 중국 송화강) 하백(河伯: 하늘에서 내려온 신)의 딸로 맏이는 유화柳花, 둘째는 훤화萱花, 막내는 위화葦花였다. 임금이 신하들을 향해 말했다.

"저 처녀들 중 누구라도 그 하나를 왕후로 삼았으면 하오. 그러면 장차 자손도 번창할 것인데……."

신하들 중 하나가 대답했다. 그 가까이에 궁궐을 짓고 그 안에 처녀들이 들어가게 한 뒤 그중 한 처녀를 붙잡으면 될 것이 아니냐는 말이었다. 해모수 임금은 그 말에 따라 들고 있던 채찍으로 이리저리 금을 그었다. 그러자 순식간에 처녀들이 있는 자리에 아주 훌륭한 궁궐이 세워졌다.

그 찬란한 궁궐 방 안에는 비단 방석 세 개가 있었고 그 앞 상에는 온갖 맛있는 음식이 가득 차려져 있었다. 갑작스럽게 나타난 빈 궁궐 속에서 세 처녀는 각기 비단 방석에 앉아 음식을 즐기며 유쾌한 웃음과 함께 얘기를 나누고 있었다. 처녀들은 술도 마셨다. 처녀들이 어느 정도 취기가 일었을 때 해모수 임금이 그 방으로 들어갔다. 난데없이 나타난 해모수 임금을 본 세 처녀는 달아났지만 결국 맏이인 유화만은 임금에게 잡히고 말았다.

궁궐에서 빠져나간 두 처녀는 아버지인 하백에게로 가 자초지종을 얘기했다. 맏딸을 붙잡고 돌려보내지 않는 해모수가 괘씸해 하백은 사신을 보내 꾸짖게 했다. 도대체 누군데 이렇듯 무례한 짓을 하느냐고. 해모수가 말했다.

"나는 하느님의 아들 해모수, 유화 처녀와 결혼하고 싶어 청혼하려 한다."

그 말을 들은 하백은 다시 사신을 보내 다음과 같이 전했다.

"그렇다면 중신아비를 세워 청혼을 할 일이지 어째서 내 맏딸, 공주를 억류하는가."

사신으로부터 그 말을 들은 해모수 임금은 유화 공주를 돌려보내려 했다. 그러나 유화 공주는 이미 그동안 깊은 사랑이 맺어졌으므로 돌아가기를 원치 않았다. 그러면서 가지 않으려고 이렇게 말했다.

"만일 우리에게 용의 수레가 있다면 함께 친정으로 갈 수가 있사옵니다."

공주의 말이 떨어지자마자 해모수 임금은 하느님께 용의 수레를 내려 달라고 빌었다. 그러자 용의 수레가 내려왔다. 임금과 공주는 그 수레를 타고 하백의 궁궐로 갔다. 딸과 해모수의 갑작스런 출현이었지만 하백은 예를 갖추어 영접하지 않을 수 없었다.

영접해 들인 뒤 하백이 말했다. 정말로 해모수가 하느님의 아들이라면 못하는 재주가 없을 터이니 그 재주를 부려 보라는 것이었다. 하백은 먼저 물속으로 몸을 던져 잉어로 변하더니 꼬리지느러미를 흔들면서 헤엄을 쳤다. 해모수도 지지 않고 수달이 되어 그 잉어를 잡았다. 하백이 다시 몸을 뒤척이더니 사슴이 되자 해모수는 표범이 되어 사슴을 쫓았다. 사슴은 순식간에 꿩으로 변해 날았다. 해모수도 이내 보라매가 되어 뒤쫓았다.

하백은 어쩔 수가 없어 청혼을 받아들이고 크게 잔치를 베풀었다. 그랬으면서도 하백의 분은 다 풀리지 않았다. 그래서 독한 술을 연거푸 권해 해모수가 담뿍 취하게 만들었다. 그러고는 유화 공주와 함께 큰 가죽부대에 집어넣었고 그것을 다시 꼼짝 못하게끔 틀 속에 가두어 용의 수레에 실었다.

얼마 뒤에 해모수는 술이 깨었다. 그는 유화 공주와 함께 가죽부대와 틀 속에 갇혔음을 알고 공주의 비녀를 뽑아 부대에 구멍을 내어 빠져나왔다. 화가 잔뜩 치민 해모수는 유화를 그냥 그대로 둔 채 하늘로 올라왔다.

하백은 해모수가 하늘로 올라가 버리자 아비를 욕되게 하고 가문을 더럽힌 딸을 벌주기로 했다. 모든 것이 다 예쁜 얼굴 탓이라며 신하를 시켜 입술을 잡아당겨 석 자나 되게 뽑아 놓았다. 그랬어도 화가 풀리지 않아 하백은 딸에게 계집종들을 딸려 우발수優渤水 가로 귀양을 보내고 말았다.

한편, 동부여에서는 해부루 임금이 세상을 떠나자 이미 그동안 자라난 금와가 뒤를 이어 임금이 되었다.

금와 임금의 신하 중에 부추扶鄒라는 어사(漁師: 어부들의 감독관)가 있었는데 그가 어느 날 임금께 이상한 보고를 했다.

"요즘 이상하게도 누군가가 통발 속에 든 고기를 도둑질해 가는데 그게 사람인지 뭔지 도대체 알 수가 없나이다."

임금이 말했다. 그물을 쳐서 잡으라고. 어사는 임금의 지시대로 그물을 쳤다가 힘껏 끌어당겼다. 그러나 그물은 힘없이 찢어지고 말았다. 그래 이번에는 쇠그물을 쳐서 있는 힘껏 잡아당기자 놀랍게도 한 여자가 돌 위에 걸터앉아 나왔다. 뭍으로 끌어내 보니 더욱 놀라운 일이 벌어졌다. 입술이 너무 길어 말을 못하는 그런 여자였다. 그래서 그 입술을 세 번에 걸쳐 잘라 내고 나니 그제야 말을 할 뿐만 아니라 그 얼굴이 어찌나 예쁜지 다시 한 번 놀라지 않을 수가 없었다. 어사는 곧 그 여자를 궁궐로 데려가 금와 임금께 바쳤다.

여자의 이름은 유화라 했다. 금와 임금은 그녀를 맞아들여 별궁에 살게 했는데 또다시 이상한 일이 벌어졌다. 항상 유화가 있는 곳으로만 햇빛이 비쳐 들었다. 그러던 얼마 뒤 그녀는 겨드랑이 밑에서 다섯 되들이 큰 알 하나를 낳았다. 임금은 물론 모든 신하들이 상서롭지 못하다 하여 마구간에 내다 버렸다. 그러자 말들이 밟지 않고 피했다. 그 알을 다시 산에다 버렸다. 이번에는 모든 짐승들이 혹 깨질세라 잘 보호했다. 다시 가져다 물가에 버리자 이번에는 온갖 새들이 날아와 날개깃을 펴 덮어 주었다. 할 수 없이 다시 가져다 깨뜨려 버리려 했으나 깨어지지도 않았다. 그래 유화 부인에게 돌려주어 잘 보살피도록 했다.

얼마 뒤, 그 알이 저절로 깨어지며 그 안에서 튼튼하고 잘생긴 사내애가 나왔다. 그 아이는 한 달 만에 어머니에게 말했다.

"어머니, 파리들이 날아들어 도무지 잠을 잘 수가 없어 그러니 활과 화살을 만들어 주세요."

유화 부인은 기특하여 뽕나무를 휘어 활을 만들고 쑥대로 화살을 만들어 주었다. 그러자 아기는 벽에 붙은 파리들을 모조리 쏘아 죽였다. 그래서 아기 이름을 주몽朱蒙이라 붙였다. 부여 말로 활 잘 쏘는 사람을 주몽이라 일컬었던 때문이다.

주몽이 일곱 살이 되었을 때 누구도 활쏘기에서 그를 따르지 못했고 15세가 되었을 때는 금와 임금의 아들 칠형제와 더불어 사냥을 해도 제일 많이 잡았다. 하루는 그 칠형제 왕자들이 40여 명의 부하를 거느리고 사냥을 나설 때 주몽도 따라가게 되었다. 왕자들과 그 부하들은 겨우 사슴 한 마리밖에 잡지 못했는데 주몽은 혼자서 수십 마리를 잡았다. 그러자 왕자들이 한꺼번에 달려들어 주몽을 아름드리나무에 꽁꽁 묶어 놓고 그가 잡은 사냥거리들도 모두 거둬 가지고 돌아갔다.

주몽은 아무도 없는 깊은 산속에서 어쩔 길이 없었다. 그러나 그는 하느님의 자손이었다. 해가 점점 지기 시작하자 주몽은 힘을 냅다 써 보았다. 그러자 나무가 뿌리째 뽑히고 말았다. 주몽은 그 나무를 등에 진 채 궁궐로 돌아왔다. 일곱 왕자들도 그렇고 모든 사람들이 너무나 놀라 혀를 내두르며 쑤군거렸다.

이런 일들이 여러 번 있은 뒤 맏아들 대소帶素가 금와 임금에게 말했다. 주몽은 알에서 태어난 데다 힘이나 활 솜씨가 놀라워 장차 환란을 일으킬지도 모르니 그런 일이 일어나기 전에 없애 버리는 게 좋겠다고. 임금도 그런 생각이 없었던 것은 아니나 그렇다고 뾰쪽한 수가 있는 것도 아니어서 좀 더 두고 볼 양으로 주몽에게 말 기르는 일을 맡겼다.

임금의 명에 의해 주몽은 하루 종일 마구간에서 지내야만 했다. 분한 마음을 삭이며 지내던 어느 날, 주몽은 어머니에게 말했다.

"어머니, 제가 하느님의 손자인데 어찌 궁궐 마구간에서 지내야만 합니까! 오랫동안 생각한 것인데 저 남쪽으로 가 따로 나라를 세워 보겠습니다. 그런데 어머니가 계시기 때문에 혼자 떠날 수도 없습니다.

그래 마음이 무겁습니다."

"그래 알았다. 난들 마음이 편할 리가 있겠느냐. 먼 길을 갈 때는 무엇보다도 잘 달리는 말이 필요하니라. 그러니 조금만 더 참고 기다려라. 내 준마 한 필을 골라 주겠다."

말을 마치고 유화 부인은 아들을 앞세워 마구간으로 갔다. 그러고는 채찍을 들어 마구 휘둘러 댔다. 모든 말이 놀라 달아나는데 오직 적토마赤土馬 한 필만이 한 번에 두 길씩 뛰었다. 유화 부인은 그 말을 지목했고 주몽은 그 말을 잡아다 혓바닥에 바늘을 박아 두었다. 그러자 그 뒤부터 다른 말들은 모두 다 기름이 조르르 흐르는데 적토마만은 나날이 여위어 갔다. 혀가 아파 먹을 수가 없었던 것이다. 그러던 어느 날, 금와 임금이 마구간을 둘러보다가 주몽에게 말 기르기에 고생한다며 그 보상으로 여윈 적토마 한 마리를 주었다.

주몽이 적토마를 하사받았을 때 그의 나이 열아홉 살이었다. 그는 적토마의 혀에서 바늘을 뽑아냈다. 그리고 그때부터 잘 먹이기 시작해 훌륭한 말을 만들어 냈다. 그 무렵 사냥대회가 열렸을 때 주몽은 자기 적토마를 타고 나가 1등 상을 타게 되었다. 일곱 왕자들의 시기와 질투는 한층 심해졌다.

날이 갈수록 주몽의 신변에 위험이 커지자 장가를 들이면 좀 덜할까 싶어 예씨禮氏 아가씨에게 짝을 지어 주었다. 이렇게 되자 왕자들은 자못 안심이 된다는 기색이었다.

그러나 그것도 잠시 왕자들은 주몽을 죽일 작정을 세웠다. 그 낌새를 알아차린 유화 부인은 주몽에게 간곡히 말했다. 급히 이곳을 떠나 어디든 가서 새 나라를 세우라고.

어머니와 아내를 두고 떠나야 한다는 것이 괴로웠지만 위험을 모면하는 것이 우선이므로 마음을 굳혔다. 주몽이 데리고 간 사람은 오이烏伊, 마리摩離, 협부陜父 셋이었다. 뜻이 같은 그들은 궁중에서 나와 남쪽으로 말을 달렸다. 그런 그들을 가로막은 것은 엄리대수淹利大水라는 큰 강이었다. 난감하고 초조했다.

"저는 하느님의 손자며 하백의 외손자입니다. 환난을 피해 여기까지 당도했는데 강을 건널 수가 없습니다. 우리를 해치려는 무리들이 추격하고 있습니다. 모쪼록 강을 건널 수 있게 해 주십시오."

소원을 빌고 나서 주몽은 들고 있는 채찍으로 강물을 쳤다. 그러자 강물 속에서 수많은 자라와 물고기들이 떠올라 다리가 되었다. 그 물고기다리를 딛고 강을 건너자 추격해 온 일곱 왕자와 그 부하들도 물고기다리를 건너기 시작했다. 그러나 하느님은 그 다리를 오래 두지 않았다. 물고기다리는 그들을 실은 채 물속으로 가라앉았다.

주몽 일행은 계속 말을 달려 무사히 모둔곡毛屯谷이라는 곳에까지 이르렀다. 그런데 주몽 일행은 거기서 세 사람의 어진 이들을 만나게 되었다. 삼베옷을 입은 사람은 이름이 재사再思, 칡옷을 입은 사람은 무골無骨, 마름으로 옷을 해 입은 사람은 묵거默居라 했다. 그들도 주몽과 뜻을 같이했다. 그러니 6인의 나라가 된 셈이었다.

주몽 일행은 비류강沸流江 상류로부터 사람이 먹는 푸성귀 이파리가 떠내려오는 것을 보고 그곳에 사람들이 살 것이라 짐작하고 찾아가 보았다. 그때 비류국의 송양松讓 임금이 사냥을 나왔다가 주몽 일행과 마주치게 되었다. 송양 임금은 주몽을 보자 그 잘난 얼굴이며 튼튼한 체격에 감탄하여 먼저 말을 걸었다.

"이렇게 외진 곳에서 훌륭한 젊은이를 만나게 될 줄은 몰랐소. 그대는 누구 자손이며 어떤 일을 하오?"

주몽이 대답했다.

"나는 하느님의 자손으로 저 아래 서쪽 나라의 임금이오. 그대는 누구며 또 누구의 자손입니까?"

"나는 이곳 비류국의 임금으로 선인仙人의 자손이오."

송양 임금이 말했다. 그리고 계속해 입을 열었다.

"이 강 주변은 원래 땅이 좁아 두 나라가 될 만하지 않소. 내가 먼저 이곳에다 나라를 세우고 다스려 왔으니 나라를 세운 지 며칠 안 되는 그대가 내 나라에 붙어사는 게 좋을 것 같소. 안 그렇소?"

송양 임금의 얘기를 듣고 보니 괘씸하게 생각되었다. 주몽은 참을 수가 없어 입을 열었다.

"그럴 수 없소! 나는 하느님의 손자이오. 그런데 하느님의 자손도 아닌 그대가 임금 노릇을 하고 있으니 마땅히 그대가 내게 항복해야 도리요. 만일 그렇게 하지 않는다면 그대는 하느님께서 내리는 재앙을 피할 수가 없게 되는 것이오."

"하하하, 그대가 하느님의 손자라니까 그렇다면 나와 활쏘기 시합을 해 봅시다."

"좋소!"

먼저 송양 임금이 사슴이 그려진 그림을 1백 걸음 떨어진 곳에서 쏘았다. 그러나 그 화살은 사슴의 배를 뚫지 못했다. 이번에는 주몽이 옥가락지를 빼어 1백 걸음이 훨씬 넘는 곳에다 걸어 놓고 활을 쏘았다. 그 화살은 옥가락지를 단번에 맞춰 깨뜨렸다. 그러자 송양 임금은 몹시 부끄러웠다. 그렇긴 해도 그 자리에서 항복을 할 수도 없는 일이었다.

송양 임금은 활 겨루기가 끝나고부터 줄곧 생각을 해 봤으나 도저히 재주로는 당할 수 없겠다 싶었다. 그래서 나라를 세운 지 누가 오래됐느냐 하는 문제로 승패를 가리자고 할 생각으로 주몽 임금을 찾아갔다. 그러나 그런 속마음을 알고 있었던 주몽은 궁전을 오랜 옛날에 세운 것처럼 벌레 먹은 나무로 기둥을 세우는 등 여러 가지 궁리를 해 놓았다. 송양 임금은 아득한 옛 궁궐을 보게 되자 그냥 돌아가고 말았다.

이제 주몽 임금이 송양 임금에게 꿀릴 것은 단 한 가지뿐이었다. 그것은 다른 나라 사신들이 오갈 때 사용할 의식용 악기들이었다. 신하 부분노扶芬奴가 말했다. 자기가 비류국 창고에 가 그걸 훔쳐 오겠다고. 그러고는 가깝게 지내는 두 사람과 함께 비류국 창고로 숨어들어 북, 나팔 등을 가져왔다. 그것을 눈치챈 송양 임금은 사신을 보내 조사토록 했다. 그러나 그들이 조사해 보니 빛깔이 변색된 아주 낡아 뵈는 악기였다. 사신들도 머쓱해서 돌아갈 수밖에 없었다. 그러니 비류국에서 가져온 악기들은 주몽 임금의 소유가 되고 말았다.

해가 바뀐 이듬해 여름, 사냥 나갔던 주몽 임금은 흰 사슴 한 마리를 사로잡았다. 그는 그 사슴을 큰 나무에 거꾸로 매달아 놓고 엄하게 말했다.

"사슴아, 네가 이 곤경에서 벗어나려면 하느님께 간절히 빌어 큰 비가 오게끔 해라. 큰물이 나서 비류국 도성이 그 물에 뜨게 된다면 너는 살아서 돌아갈 수가 있고 그렇지 않으면 살아갈 수가 없다!"

주몽 임금의 말이 끝나자마자 사슴은 크게 소리쳐 울어 댔고 곧 비가 내리기 시작했다.

주몽 임금은 곧 사슴을 풀어 보냈고 비는 7일 동안이나 줄기차게 쏟아져 내렸다. 그는 사람들을 불러 질기고 긴 풀을 베어 모아 긴 줄을 만들도록 했다. 그리고 강을 가로질러 건너편에 잡아매게 했다. 그는 오리를 말처럼 올라타고 물속으로 들어가 백성들로 하여금 그 줄을 잡고 뭍으로 나오게 했다. 그러고 나서 들고 있던 채찍으로 강물을 두어 번 치자 물이 팍팍 줄어들기 시작했다. 이제는 송양 임금도 더 이상 버틸 수가 없어 주몽 임금에게 항복하고 말았다.

그런 지 2년이 지난 7월이었다. 골령鶻嶺 위에 검은 구름이 일더니 온 산이 짙은 어둠에 싸였고 그 속에 수천 명의 일꾼들이 모여들어 큰 공사를 시작하는 모양이었다. 7일이 지나자 검은 구름이 개고 안개가 걷히더니 금빛 찬란한 대궐과 아름다운 누각이 여기저기 즐비했다. 그 주위를 굳건한 성곽이 뺑 둘러싸고 있었다.

"이 대궐은 하느님이 날 위해 내려 주신 새 대궐이오. 그러니 하늘에 올릴 제사를 준비하오."

주몽 임금이 이 졸본卒本 땅에 온 뒤로 남녀노소 가리지 않고 모두들 그를 흠모했다. 그중에서도 아주 젊은 과부인 소서노召西奴는 깊은 애정을 가졌다.

그녀는 본래 졸본 부여에 살고 있었던 사람으로 그의 아버지는 연타발延陀勃이라는 부호였다. 아버지가 죽자 재산을 상속받은 그녀는 해부루 임금의 서손(庶孫: 본부인 태생이 아닌 아버지의 아들)인 우태優台에게 시집가서 비류沸流와 온조溫祚 두 아들을 낳고 청춘과부가 돼 외로운 처지였다. 그런 여자이니 잘생기고 늠름한 주몽이 나타나자 온통 마음이 쏠릴 수밖에.

주몽 또한 일곱 왕자들을 피해 어머니와 떨어져 도망 와서 나라의 틀은 세웠다고는 하나 늘 허전했던 터라 소서노 부인과의 만남은 큰 위안이 되었다. 결국 둘은 결혼을 하기에 이르렀다.

소서노 부인은 자기 전 재산을 기울여 나라에서 쓰게끔 했다. 주몽 임금도 자기의 친자식은 아니지만 비류와 온조 둘을 친자식 이상으로 아끼고 보살폈다. 그러면서도 한편으로는 동부여에 두고 온 어머니와 아내 생각으로 마음이 아팠다.

주몽 임금이 새 대궐을 지은 지도 어느덧 10여 년의 세월이 흘렀다. 그리고 나라를 세운 지는 14년, 동부여의 어머니와 아내 소식을 접하게 됐다. 어머니가 세상을 떴다는 소식이었다. 그리고 몇 년 뒤에는 본부인인 예씨 부인과 친아들 유리가 찾아왔다. 주몽 임금의 기쁨은 참으로 컸다.

궁중의 모든 사람과 신하들을 불러 크게 잔치를 베풀고 그 자리에서 예씨 부인을 정실 왕후로 삼고 유리를 태자로 삼는 예식까지도 올렸다. 소서노 부인은 둘째 부인으로 봉하고 비류와 온조는 유리의 다음 왕자로 봉했다.

그 무렵 어느 날, 비류와 온조가 어머니 소서노 부인에게 진지한 표정으로 말했다.

"어머니! 우리 재산은 나라에 다 쏟아부었습니다. 그래도 우리의 운명이 이러한 걸 어떡합니까? 임금께서도 달리 어쩌실 수가 없으셨을 것이라고 이해는 할 수 있습니다. 그러나 이제 우리의 앞날도 생각해야 합니다. 우리 형제는 어머니를 모시고 따로 나가 새 나라를 세웠으면 합니다!"

소서노 부인은 묵묵히 듣고 나서 말없이 고개만 끄덕였다.

어느 날, 삼모자가 주몽 임금 앞으로 나갔다. 소서노 부인의 얼굴을 보는 순간 주몽 임금은 그들에게 듣게 될 이야기가 무엇인지 훤하게 알 수 있었다.

소서노 부인의 입이 열렸다. 군더더기가 없는 명료한 얘기는 자못 단호했다. 주몽 임금은 속으로만 '새 땅을 찾아 내려가 새 나라를 세운다!'라고 몇 번이나 되풀이했다. 그런지 한참 뒤 그는 고개부터 먼저 끄덕이고 나서 무겁게 입을 열었다.

"내가 뭘 어떻게 도왔으면 좋겠느냐?"

이 말은 물음이 아니라 '그렇게 결심을 했다니 윤허하겠다.'는 말이었다.

"저희들은 아무런 도움도 필요 없습니다."

"알았다. 내가 알아서 하마. 정해지는 대로 떠날 날짜를 말하라."

삼모자가 물러난 뒤 주몽 임금은 자신이 동부여를 떠난 후로 절실하게 필요했던 것이 무엇인지 기억을 더듬어 보았다.

떠날 날짜가 정해지자 대궐에서는 이별의 잔치가 또한 크게 벌어졌다. 주몽 임금은 미리 준비한 보석이랑 금붙이가 잔뜩 든 상자를 건넸고 평소에 비류와 온조 그리고 소서노 부인과도 각별히 가까웠던 오간烏干, 마려馬黎 등 10여 명이 넘는 신하들과 노비들로 하여금 삼모자를 수행하며 보살피게 했다.

소서노 모자가 떠난 바로 그해 가을, 단풍이 물들기 시작하는 9월의 어느 날이었다. 하느님께서 졸본 땅에 내려보내신 용을 타고 주몽 임금이 하늘로 올랐다. 40세의 젊은 나이였다. 고구려의 시조 주몽 임금의 시호諡號는 동명성왕東明聖王이라 칭해졌다. 이어 유리 임금이 왕위에 올랐다.

강성대국의 꿈, 아내를 죽이다

초여름 어느 날, 한 소년이 길에서 좀 떨어진 숲 속에 몸을 숨기고 있었다. 그 뒤에는 그의 흰말이 역시 길에서는 눈에 띄지 않는 곳에 매여 있었다. 점점 더 가까워지는 말굽 소리를 듣게 되자 소년의 입에는 웃음이 피었다.

드디어 요란한 행차가 나타났다. 낙랑樂浪의 추장 최리崔理가 분명했다. 여러 대신들의 시위를 받고 대궐로 돌아가는 길이었다. 소년의 손에 잡힌 돌멩이가 휙 날아가 수레를 끄는 말의 뒷다리를 정통으로 맞췄다. 놀란 말이 전속력으로 내달렸기 때문에 옆에 바싹 붙어 따르던 말 탄 대신들이 수레를 멈추게 하려고 달렸으나 헛일이었다.

그 꼴이 우스워 낄낄대던 소년은 자기 말에 올라타고 아직도 저 멀리 옥저沃沮 평야를 달리고 있는 추장의 수레를 향해 바람처럼 달렸다. 대신들의 말은 이미 멀찍이 뒤쳐진 지 오래고 소년의 말만이 수레와 나란히 달렸다.

"멈춰! 노마(駑馬: 둔한 말)야!"

소년이 고함을 치자 수레를 끌고 달리던 말이 멈칫했다. 때를 놓치지 않고 소년은 자기 말에서 수레의 말로 옮겨 탔다. 그러면서 노마의 콧등에 주먹질을 했다. 말이 놀라 우뚝 멈췄다. 그제야 말에서 내린 소년은 추장에게 다가서며 말했다.

"누구신지 참 욕보셨습니다."

아직도 겁에 질린 얼굴로 추장이 말했다.

"고맙구나, 하마터면 큰일 날 뻔했다. 얘야, 넌 누구냐?"

"누구신지는 알 수 없으나 나는 '얘야, 쟤야.' 하고 불릴 그런 사람이 아니올시다. 나는 고구려의 왕자 호동이라 하오."

"아, 그래? 소문대로 아주 호협한 아이구나. 난 낙랑의 왕 최리다."

소년은 크게 한 발짝 물러서며 말했다.

"그러십니까? 누구신지 모르고 그만 결례했습니다."

"괜찮아. 너 아니면 죽게 됐을지도 몰라. 참 고맙다!"

호동은 몇 번이나 극구 사양하는 체하다가 못 이기는 듯 낙랑의 대궐로 들어갔다. 그리고 극진한 대접을 받았다. 며칠을 그런 대접으로 보내면서 호동은 약간은 불편한 마음이 들기도 했다. 고구려에서는 옛날부터 낙랑을 정벌하려는 계획을 세우고 있었기 때문이었다. 그런데 그 계획을 실행치 못하고 있는 것은 낙랑에 신묘한 북과 나팔이 있어서였다. 적의 침입이 있으면 저절로 소리를 낸다는 악기였다.

낙랑에 그 악기가 있는 한 강력한 군사력을 갖춘 고구려라 할지라도 쉽게 공격을 할 수가 없었다. 그렇다고 눈에 든 티 같은 낙랑을 언제까지나 그냥 둘 수는 없는 노릇이었다. 그래 고구려에서는 조정에서나 백성들이 그 신묘한 악기를 없앨 방도를 찾아 왔다. 신통한 방법이 없었다. 그 문제를 해결하기 위해 아무도 몰래 궁궐을 빠져나온 호동은 낙랑의 대궐에까지 들어오는 데 성공을 했다.

그러나 대궐을 아무리 살펴보고 염탐을 해도 그 악기들이 있는 곳을 알아낼 수가 없었다. 그렇다고 언제까지나 남의 나라 대궐에서 묵을 수는 없었다. 호동은 조급했다. 벌써 초여름이 한여름으로 바뀌지 않았는가.

그날 밤, 호동은 궁리에 궁리를 거듭해도 뾰족한 수가 없어 머리도 식힐 겸 밖으로 나와 이리저리 거닐다가 공주전公主殿 앞에 이르게 되었다. 이슥한 밤인데도 공주전은 불이 밝혀져 있었다. 살며시 안으로 들어가 보니 발을 드리운 방 안에서 공주가 잠옷 바람으로 한 시녀와 얘기를 나누고 있었다. 한 발 또 한 발, 가까이 다가서자 말소리를 들을 수 있었다. 가만히 귀를 기울이니 뜻밖에도 자기 얘기를 나누는 중이었다.

"중전마마께서도 왕자님이 언제 떠나신다는 말씀은 없었습니다."

"차라리 빨리 떠나시면, 그래서 눈에나 띄지 않으면 잊어버릴 수도 있으련만……."

"그러시면 아바마마께 말씀을 올려 연분을 맺게 하시어요."

"아무리 왕자님이 좋아도 그렇지 어찌 그럴 수가 있니."

호동은 공주가 자기한테 반한 게 확인된 이상 이제 악기를 찾는 방법을 달리해야 된다고 생각했다. 공주를 통해서 그 신묘한 악기가 있는 곳을 알아낼 작정이었다.

'한 팔매로 새 두 마리를 잡는 거야.'

아침에 왕후와 마주치게 되자 호동이 슬며시 돌려 말했다. 너무 오래 묵어 폐가 많다는 말을 하면서 그 말 속에다 마음에 드는 공주와 헤어진다는 것은 참으로 서운한 일이라는 말도 뒤섞어 넣었다.

그 형식적인 작별 인사는 의외로 큰 효과를 냈다. 그렇잖아도 호감이 가는 호동인데다 큰 사고가 날 뻔한 위기에서 구해 준 은혜도 있는 터라 사위를 삼으려는 마음은 왕도 왕후도 같았다. 때문에 왕후는 호동에게 공주와의 산책을 적극적으로 권유하기에 이르렀다.

왕자와 공주는 언제나 시간이 많아 낮이건 밤이건 단둘이서만 산책을 즐겼다. 하루가 다르게 정도 두터워졌다. 이 둘의 산책이나 여러 행동을 몰래 관찰한 끝에 최리는 고구려 왕자 호동을 낙랑의 부마로 결정해 혼례를 올려 주었다.

호동왕자와 낙랑공주의 신혼은 그야말로 단꿈이었다. 그렇지만 호동에게는 고구려 왕자로 짊어지게 된 짐이 무거웠다. 부왕의 허락도 없이 궁궐을 나와 낙랑공주를 아내로 삼은 일도 역시 무거운 짐이긴 했다.

이 낙랑의 신묘한 악기만 없앨 수 있다면 모든 문제가 해결, 고국으로 돌아갈 수가 있었다. 아니, 사랑하는 아내를 어떻게 하느냐는 무거운 짐이 새로 생기게 된다.

가을로 접어들기 시작했다. 하루는 호동이 공주에게 고구려의 혼인법에 대해 긴 설명을 했다. 그 요지는 부모의 허락을 얻어야 결혼식을 올릴 수 있고 신랑에게 부모가 없을 경우에는 제일 가까운 친척 중의 연장자 허락을 얻어야만 된다는 것, 그렇지 않으면 절대로 신부를 그 가정에서 며느리로 맞아들이지를 않는다는 것, 그런 결혼이 아니면 부부 사이에 아이가 생겨도 그 아이를 손자나 손녀로 인정치 않는다는 것 등이었다. 그런 얘기 끝에 호동이 심각한 얼굴로 말했다.

"우리 고구려 법으로 따지면 그대와 나는 아직 부부가 아니오. 그러니 당연히 그대는 며느리가 될 수 없고 우리 둘 사이에 아이가 생겨도 우리 왕가의 왕손으로 인정되지 않는다오."

"그럼 우린 앞으로 어떻게 되는 거죠?"

"우리가 이 낙랑에서 혼례를 치렀다는 소문이 부왕과 모후의 귀에 들어가기 전에 내가 빨리 고구려로 들어가 사실을 밝히고 부왕의 윤허를 얻어 그대를 며느릿감으로 초청하기 위한 마차를 보내겠소. 그러면 그대가 그 마차로 고구려 궁궐로 들어와 결혼식을 올리는 것이오."

"그럼 고구려로 들어가신단 말예요? 혹 일이 잘못……."

"대사를 앞두고는 불길한 생각이나 얘길 하는 게 아니오. 그러니 그대는 되도록 속히 내 귀국 허락을 얻도록 하오."

공주는 호동의 부탁대로 당장 귀국 허락을 받아 냈다. 그리고 그들은 눈물로 헤어졌다.

호동의 귀국은 요란했다. 온 궁궐, 아니 나라 전체가 떠들썩했다.

"어디를 갔다 이제야 온 것이냐? 뭔 나쁜 일이라도 생겼나 해서 얼마나 걱정들을 했는지 모른다. 그러니 그간의 일을 밝히어라."

"아바마마, 제가 그간 소식을 드리지 못한 것은 나라를 위해서나 저 개인을 위해서나 다 대단히 좋은 일이옵니다. 그리고 그 일이 진행 중이오라 아직은 말씀을 올릴 수 없사옵니다. 하오니 일정 기간까지는 하문하지 마옵소서."

왕자의 말을 들은 부왕은 고개만 주억거렸다. 워낙 왕자는 꾀가 많고 모든 일에 신중히 대처한다는 것을 잘 알고 있기 때문에 그 요구에 쾌히 응했다.

낙랑을 떠난 지 보름이 지나자 공주의 첫 편지가 왔고 그 다음에는 여드레 만에 서너 번, 그것은 다시 하루걸러 한 번씩 오게 됐다. 그런 편지가 수십 통이나 쌓였음에도 일절 기별조차도 끊고 지냈던 호동은 이제는 때가 됐다고 생각하고 공주에게 보내는 편지를 썼다.

'그대여, 그간 얼마나 근심이 컸소? 나는 그대가 보내 준 옥서를 한 통도 빠짐없이 다 잘 받아 봤소. 그대의 옥서를 받을 때마다 답서가 아니라 당장 달려가고 싶었다오. 나의 그런 애타는 심정을 공주도 능히 짐작할 것이오. 내 심정이 그럼에도 기별을 못한 점 용서해 주오. 나는 하루속히 부왕의 윤허를 얻어 공주를 모셔 올 날을 기다리고 기다려 왔소. 그러나 아직도 부왕의 윤허가 내리지 않아 지금 이 글을 쓰는 것조차 공주에게는 민망하기 이를 데 없소. 부왕께서는 윤허를 내리시지 않고 까다로운 조건을 앞세우시오. 그 조건이라는 것을 차마 공주에게 알릴 수도 없고 일은 성사되지 않고 하여 오늘에 이르렀소. 부왕께서 내세우시는 조건, 그 해결치 못할 조건 때문에 공주와 나의 인연이 끊어지는 것이라면 부득이 다음 세상에서나 다시 잇는 수밖에 없을 듯하오. 그대여, 내가 처한 환경이 원망스럽소. 그대 공주여, 부디 안녕하시오.'

이내 공주의 답서가 도착하였다. 뜻한 답서일까 궁금하기 짝이 없었다. 급히 읽어 내려가던 호동의 입가에는 웃음이 번지기 시작했다. 그 답서의 내용은 이러했다.

'부왕이 요구하시는 조건이 무엇인지는 모르오나 만약 들어 드릴 수가 있는 것이라면 그것이 무엇인들 꺼리오리까. 왕자님과 저는 평생을 굳게 약속한, 비록 몸은 둘로 나눠졌다 해도 이미 마음은 하나인데 그 조건이 무엇인지 제가 안다면 저도 힘껏 도와 해결할 수가 있지 않겠는지요. 모쪼록 그 조건이라는 것을 제게 알려 주옵소서.'

호동도 이번에는 이내 답서를 보냈다. 그 답서에는, 낙랑에 비장돼 있는 보물 북과 나팔이 고구려와 낙랑 두 나라 사이에 적대감을 조성한다는 것과 그것이 없어져야만 두 나라에 진정한 화친이 이뤄진다는 것이었다. 또 그것이 없어지기만 한다면 오히려 고구려에서 사신을 보내 먼저 청혼을 하겠다는 것이 부왕의 간절한 뜻임도 아울러 밝혔다. 그리고 맨 마지막에다 이렇게 덧붙였다.

'그 북과 나팔은 낙랑의 국보로 도저히 처치할 수 없는 것이니 나와 공주의 장래도 없는 것이 아니겠소?'

공주의 답서가 온 것은 열흘 뒤였다.

'왕자님, 북과 나팔은 제가 몰래 못 쓰게 만들었사옵니다.'

호동왕자는 그 편지를 읽고 나기가 바쁘게 부왕께로 달려가서 아뢰었다.

"아바마마, 소자가 그간 아뢰지 못했던 나라를 강성하게 할 계책이 이뤄졌습니다."

"그래? 그것이 과연 무엇인지 궁금하구나."

왕자는 길게 설명했다. 그동안에 있었던 일들을 하나에서 열까지 빠짐없이 숨김도 없이.

"반가운 일이기는 하다! 그렇게 됐다면 낙랑공주는 장차 어떻게 할 셈이냐?"

"……."

"아녀자를 농락한 네 책임을 어쩔 것이냐고 묻는 것이다."

"……아바마마. 낙랑공주를 아바마마의 며느리로 들이시겠다고 말씀해 주옵소서."

"기꺼이 윤허하겠다. 나라를 위한 일이긴 하나 아녀자에게 정을 앞세워 농락한 비겁한 사내로 이 세상을 살아갈 수는 없는 것이다!"

바로 그 이튿날, 조정은 낙랑 정벌에 대한 여러 준비들로 분주해지기 시작했다. 정벌군도 편성되었다. 호동 왕자에게 통수권이 주어졌다.

호동왕자의 지휘 아래 대규모의 정벌군이 낙랑 도성 바로 아래까지 진격했으나 그 신묘한 북은 울리지 않았고 나팔도 소리를 내지 못했다. 진격의 함성으로 비로소 고구려군의 침공을 알게 되었다. 대대적인 고구려군의 침공에도 나팔과 북소리가 나지 않았으므로 낙랑군은 일시에 사기가 떨어졌고 그것이 하늘의 뜻이라며 모두들 도망치기에 바빴다.

낙랑의 추장은 그제야 북이 찢어지고 나팔이 망가져 있는 것을 발견할 수 있었다. 그 악기들이 있는 곳을 아는 사람은 궁궐에서 왕과 왕후 그리고 공주였다. 공주의 짓임이 분명해 왕은 공주를 불러내 자백을 받았다. 그리고 왕의 칼이 공주의 목을 쳤다.

호동이 맨 먼저 들어간 곳은 공주전公主殿 안이었다. 그러나 어디에서도 공주를 발견할 수 없었다. 급히 편전을 향해 달렸다. 거기에 공주가 있었다. 흥건한 피 위에, 목이 베인 공주가 누워 있었다. 호동 왕자는 그 머리맡에 나무토막처럼 쓰러져 오열했다.

농사꾼 재상

어느 때나 천재지변이 일어나거나 나라 안이 뒤숭숭할 때 권신權臣들은 기다렸다는 듯이 더 큰 권력을 쥐려고 혈안이 되곤 한다. 고국천왕故國川王 12년 가을에도 그랬다. 가을인데도 눈이 자그마치 6척이나 쌓여 모든 사람들이 놀라고 흉흉한 소문들이 나돌았다.

그런 때 왕후의 친척이자 모든 물품을 관리하는 책임자 어승유於昇留와 간관諫官인 좌가려左可慮가 임금 자리를 노리고 군사를 일으켰다. 어승유와 좌가려의 권속들이 백성들의 토지를 마구 빼앗고 그도 모자라 죽이기까지 했기 때문에 소동이 일어났고 그게 임금 귀에 들어가 두 사람을 잡아 죽이려 했다. 그래 그들이 임금 자리를 노리고 사연나四椽那와 함께 반란을 일으켰다. 그 반란을 수습하는 데 무려 여섯 달이나 걸렸다. 결국 고국천왕은 근위대를 풀었다.

그 사건으로 고국천왕은 크게 깨달은 바가 있었다. 정사란 백성들을 편안하게 하고 여유롭게 살게 하는 것인데 권신들이 그 반대로 움직이니 그들을 믿고 있을 게 아니라 다른 방법을 써야겠다고 생각했다. 그래 전국에 영을 내려 백성들 가운데서 어진 사람을 뽑아 올리면 그중에서 좋은 사람을 가려 쓰겠노라고. 그러자 천거해 올린 사람이 많았다.

그렇듯 많은 사람 중에서 고국천왕이 가려 뽑은 사람은 안류晏留였다. 천거돼 올라온 사람 중에서 가장 뛰어났다. 왕은 당장 그를 국경을 도맡는 자리에 앉혔다. 그렇게 되기란 결코 쉬운 일이 아니었다.

안류는 나라의 막중한 정사를 맡게 되자 고국천왕에게 자기보다 어진 사람을 천거했다.

"폐하, 소신보다 몇 배나 더 훌륭한 자가 있습니다. 그는 압록 서쪽 좌물촌左勿村에 삽니다. 성은 을乙이고 이름은 파소巴素입니다. 선왕(유리왕) 때 대신을 지낸 을소乙素의 아들입니다."

안류의 목소리에는 진정성이 가득했다.

"그대가 천거하는 사람이니 어련할까마는 그래도 그 자의 평소 성격이나 그동안 쌓아 온 행실이 어떤지 궁금하군."

"을파소란 이는 소신처럼 용렬하고 어리석지 않다는 것을 우선 말씀 올리나이다. 그러니 족히 큰 정사를 맡길 만하옵니다. 성격은 강직하여 남의 것을 거저 받는 일이 전혀 없으며 아는 것이 많고 지혜롭사옵니다. 그래서 모두들 존경하지만 세상에 나오는 것을 무척 꺼려 그러니 자연 물정이 어두워 등용되지 않았던 것입니다."

"그렇다면 무엇으로 생활을 하는가?"

"이문이 많이 남는 장사를 하거나 가까이에서 잡을 수 있는 물고기를 내다 팔거나 하질 않습니다. 오직 밭을 일구고 갈아 남보다는 유족한 생활을 합니다. 농사 잘 짓기로도 유명하옵니다."

"결국 농사꾼이란 얘기로군. 그런 사람이 과연 정사를 할 수 있을까?"

고국천왕은 아무리 유능한 사람일지라도 농사짓던 사람이 대신大臣이 된다면 정사에 능력을 발휘할 수 없다고 생각했다.

"폐하, 우리 고구려를 잘 다스리시려면 반드시 이 사람을 불러 써야 하옵니다. 이 사람을 써야만 정사가 쇄신되고 백성들이 안정되고 새로워질 것이옵니다."

고국천왕은 안류의 진정을 충분히 알 수 있었다. 왕은 곧 사신들을 압록 서쪽 좌물촌에 보내 을파소를 만나고 오게 했다.

밭갈이를 하고 있던 을파소는 예물까지 가져온 사신을 보자 의아한 생각이 들었다.

"나라에서 중외대부中畏大夫를 맡기신다 하옵니다."

그리고는 왕의 친서를 전했다. 내용은 이러했다.

'그대가 어질다는 것을 안류 경卿에게 들었노라. 권신과 외척이 정사를 어지럽혀 놓았으니 짐의 뜻을 저버리지 말고 나라를 위해 일해 주기 바라노라. 변변찮은 예물을 보내노니 사양치 말지어다. 벼슬은 중외대부에 우태(于台: 벼슬 이름)를 맡기겠노라. 짐이 일찍이 왕위를 이

어받아 신하와 백성 위에 있으나 덕이 부족하고 재주가 부족해 이치에 맞지 않음이 많았노라. 그대는 감추고 있는 총명과 가르침을 오래도록 쌓은 터이니 오래도록 이 나라와 백성을 위해 복이 될 것이로다. 그러니 그대는 마음을 다하기 바라노라.'

왕의 간절한 서찰이었으나 을파소는 워낙 그릇이 큰 데다 왕이 제시한 벼슬이 나라를 다스리는 데에는 낮은 것이기도 하여 예물을 반환하고 이런 답서를 보냈다.

'신의 재주로는 그런 지엄하신 명을 받아들일 수 없사옵니다. 원컨대 폐하께서는 어진 사람을 구하셔서 더 높은 벼슬에 앉히시고 뜻을 이루시기 바라옵니다.'

보냈던 예물과 답서를 가져온 사신이 아뢰었다. 을파소는 고구려에 있어 결코 작은 인물이 아니며 낮은 벼슬로 불러 쓸 수 없는 사람인 것 같았다는 보고였다.

을파소가 작은 인물이 아니라는 것을 안 왕은 최고위 벼슬로 그를 초빙했다. 역사상 최초의 일이었다. 일이 그렇게 되자 누구나 다 공부를 해야겠다고 결심을 했고 아울러 덕을 쌓아야 된다는 것을 마음속 깊이 새겼다. 그러니 하루아침에 정사가 깨끗해지고 백성들에게는 살 만한 새 세상이 온 듯한 느낌마저 들었다. 그러나 권신들은 좋게 생각할 리가 없었다. 을파소를 원망하는 사람까지 있었다.

왕은 을파소를 등용한 만큼 그를 절대적으로 신임하고 응원했다.

심지어는 그의 신변을 보호해 주기 위해 전국에 이런 영令을 내리기까지 했다.

〈귀인이나 천민을 불문하고 을파소 대신의 명령에 따르지 않고 거역하는 자가 있으면 삼족을 멸할 것이니 모든 신민은 이 점을 명심하라.〉

을파소는 비로소 자기가 은둔해 있을 때 생각해 두었던 포부를 펼치게 되었다.

"사람이란 때를 못 만나면 숨어 있게 되는 것이요, 때를 만나면 벼슬을 사는 것이 당연한 이치이다. 그런데 임금이 이처럼 후대를 해 주시니 어찌 숨어 지내겠는가."

대신 을파소는 늘 이런 말로 친한 사람들을 감동케 했다. 또 밤낮을 가리지 않고 나랏일에 열심이었다. 정치와 교육을 바로잡고 상이나 벌을 함부로 주지 않았다. 언제나 상벌은 신중하게 행했다.

그렇게 1년이 지나자 고구려는 상하가 일치하고 민심이 쇄신되며 태평성대를 누리게 되었다. 또 환자還子도 행해졌다. 환자라는 것은 백성들이 농사를 시작하여 한창 바쁜 초가을까지 양식이 떨어져 고통받는 사람들에게 나라나 관청에서 쌀이나 잡곡을 꿔 주는 것을 말한다. 꿔다 먹은 사람은 추수해 갚으면 된다. 후에 비축미備蓄米로 백성에게 풀어 주고 되받는 제도는 다 을파소가 맨 처음 만든 것을 본뜬 것이다.

이런 것뿐만 아니라 4궁窮(환鰥: 늙은 홀아비, 과寡: 늙은 홀어미, 고孤: 어버이 없는 아이, 독獨: 자식 없는 늙은이)을 일일이 나라에서 먹여 살리도록 하는 정책도 폈다.

우리나라 최초의 노래

유리왕琉璃王은 궁녀들과 봄놀이에 한창이었다. 궁궐 안을 화려하게 수놓은 갖가지 꽃들은 한층 더 술맛을 돋우었다. 아니, 미인인 치희雉姬 옆에 바싹 붙어 앉아 있어서인지도 몰랐다. 그녀의 손은 아까부터 왕의 허벅지 위에 얹혀 있었다.

"짐의 잔이 비어 있구나."

"어머, 죄송하옵니다."

왕은 치희의 맑고도 그윽한 눈을 바라보며 속으로 '목소리도 이렇게 낭랑하고 부드러우니, 어디 흠잡을 데가 없는 아이야.' 했다. 대궐에 들어와 궁인이 되기 전 치희는 한漢나라의 비천한 가정에서 어렵게 자랐지만 이제는 그녀의 용모나 옷맵시 등 여러 가지가 모든 궁녀들의 질시의 대상이었다. 그러나 워낙 왕의 총애를 받고 있기 때문에 궁녀들은 물론 왕비 송宋씨조차도 못마땅한 내색을 하지 못했다.

며칠 전 왕은 재상 부분노扶芬奴와 둘이서만 있는 자리에서 '재상, 짐은 부왕께 대업을 이어받은 것 말고는 치희를 가까이하며 산다는 게 아주 보람된 일이오. 하늘이 내리신 복인 것 같소.'라고 말할 정도였다.

왕은 치희의 허리를 둘러 조이고 있던 팔에 힘을 빼 풀며 말했다.

"재상께도 한 잔 올려야지."

치희가 주전자를 들자 가벼운 손사래로 사양하는 부 재상을 향해 왕이 말했다.

"오늘 봄맞이 잔치는 재상의 제안이었잖소. 이렇게 기쁜 날이 자주 있는 것도 아니니 어서 한 잔 받도록 하오."

궁녀들의 춤, 치희의 노래 등 갈수록 흥에 겨운 분위기가 무르익어 절정에 달했던 잔치도 이제는 차려진 음식이 줄어들 듯 시나브로 맥이 빠지기 시작했다.

얼마 후, 드디어 자연스럽게 잔치가 파해 왕은 치희의 부축을 받으며 침소로 향했다.

"오늘은 특히 네가 짐을 아주 기쁘게 해 주었구나. 고맙다."

왕의 두툼하고 큰 두 손이 치희의 손을 감싸 잡았다. 술에 약한 그녀는 취기 탓인지 문득 아버지를 느끼게 되었다. 헤어지던 날, 아버지는 막일로 거칠어진 두 손으로 치희의 손을 감싸 쥐며 아무런 말도 하지 못했다. 치희도 말없이 눈물만 흘렸다. 그러나 부녀지간에는 수백 마디의 얘기가 오갔던 것과 다르지 않았다.

지난 생각에 왈칵 눈물이 쏟아졌다. 잠시 임금 앞이라는 것조차 잊고 있었다.

"왜? 아니 갑자기 왜 그러느냐? 오늘 짐에게 뭐 서운한 거라도 느꼈느냐?"

치희는 자신도 모르게 능청스런 거짓말을 했다.

"여자들은……. 저어, 성은이 지중하니 감격해 우는 일도 있는 것이옵니다. ……오늘은 폐하를 모시게 되오나 내일은……. 폐하를 모시지 못하게 되는 날도 있으려니 생각이 들어 저도 모르게 그만 눈물을 보여 드렸사옵니다."

"짐은 도대체 알 수가 없구나. 모시지 못하게 되는 날이라니?"

왕은 잠시 생각에 잠겼다. 왕비는 오래전부터 병석에서 일어나지 못하고 있었다. 실은 납다물후納多物侯로 있는 송양宋讓의 딸이 왕비로 간택되어 처음으로 얼굴을 대할 때 이미 혈색이 없었으며 그때부터 지금까지 언제나 건강이 좋지 않았다. 누워 있지 않은 날도 늘 병색이었다. 오늘같이 즐거운 잔칫날에도 왕비는 앓아누워 있었다. 왕은 아무래도 왕비가 오래 살지 못할 것이라고 생각하고 있었다. 그렇게 병석에 누워 있는 왕비의 모습이 떠오르자 왕은 치희의 등을 다정하게 두드려 주며 말했다.

"잠시 짐이 좀 나갔다가 올 테다. 그러니 그동안 마음을 가라앉히고 있어라."

왕이 간 곳은 왕후궁이었다.

왕의 판단에도 왕비는 하루하루가 다르게 병이 깊어지는 듯했다.

"오늘 전의典醫는 몇 번 다녀갔느냐?"

시신(侍臣: 가까이에서 모시는 신하)의 대답은 매일 아침과 점심때 두 차례씩 다녀가는데, 오늘도 때를 어기지 않았다고 했다.

잠이 든 것인지 정신이 혼미해 있는 것인지는 알 수 없었으나 왕비는 눈도 뜨지 못하고 있었다. 그런 왕비 옆에서 한식경이나 들여다보다가 왕은 침소로 무거운 발길을 옮겼다.

그 이튿날 전의가 다녀간다는 때를 맞춰 왕은 왕후궁으로 갔다. 전의는 늘 같은 얘기를 되풀이하다시피 했으나 왕비는 어제와는 사뭇 달리 조금은 기운도 차리는 듯했고 모처럼 폐하를 뵌 때문인지 얼굴도 밝아 보였다. 전의가 물러가고 시신들이 없는 틈을 타 왕비가 말했다.

"폐하, 소첩은 마음을 비우고 하늘의 뜻대로 하겠습니다. 하늘에서 언제 부르실지 알 수는 없사오나 편한 마음으로 그날을 기다릴 것이옵니다."

"왕비, 모쪼록 약한 맘을 먹지 마오."

"폐하, 소첩은 약한 마음을 먹은 것이 아니오라 외려 강한 마음을 먹은 것이옵니다. 하여 감히 올리는 말씀이온데……. 소첩의 청을 들어주시겠사옵니까?"

"지금 청이 있다 했소?"

그때 자리를 잠시 비웠던 시신이 들어왔으므로 왕비는 급히 눈짓으로 내보내고 나서 입을 열었다.

"그러하옵니다. 소첩의 청은 다름이 아니오라……."

"기탄없이 말해 보오. 어서요."

"다름이 아니오라 소첩이 오랫동안 자세히 살펴본 궁인이 하나 있사온데 화희라는 아이이옵니다. 참한 데다 미모도 출중하거니와 총명하고 게다가 덕을 지닌 아이이옵니다. 나이는 스물이 채 안 된 것으로 아옵니다. 하오니 폐하께서 모쪼록 그 아일 귀여워해 주셨으면 하는 것이 소첩의 간절한 청이옵니다."

자기가 죽으면 그 아이를 자기 자리에 앉혀 달라는 청이라는 것을 왕이 깨닫지 못할 리가 없었다.

"이름이?"

"벼 화禾 자에 계집 희姬, 화희이옵니다."

"알겠소. 내일이라도 한번 만나 보겠소."

왕은 왕비가 세상을 뜨게 된 그해 늦가을이 되도록 왕비로부터 그 유언 같은 얘기를 여러 번 들어야 했다. 실로 화희를 만나 얘기도 나누어 보았고 또 궐내의 연회에도 참석케 해 함께 즐거운 시간도 가졌으므로 왕비에게서 화희의 얘기가 나올 적마다 왕은 화희에 대한 칭찬도 늘어놓았다.

유리왕은 왕비의 후한 장례식을 치른 지 석 달 뒤 부扶 재상과 장인 송양 대신의 상주上奏로 후비를 맞아들이기로 결정했다. 장인은 승하하기 전 딸인 왕비의 간곡한 유언이 있었던 듯 화희를, 임금의 깊은 마음을 꿰뚫고 있는 재상은 치희를 후비로 들이라는 상주를 올렸다. 두 젊은 가인佳人으로 인한 임금의 갈등은 오래 지속되지 않았다. 그것을 아는 또 다른 상주가 있었기 때문이었다.

"폐하, 두 분 다 계실(繼室: 후실)로 삼으심이 가한 줄로 아뢰오."

실은 왕도 그럴 생각이 없었던 것이 아니었으므로 재상의 뜻에 따르는 척 둘 다 맞아들였다. 그런데 치희와 화희 둘 사이의 문제가 차츰차츰 벌어져 그냥 두고 볼 수만은 없는 지경에까지 이르렀다. 처음 얼마 동안은 왕의 타이름으로 괜찮았지만 달이 지남에 따라 두 후비 간에 벌어지는 애욕의 질투와 갈등은 왕후궁뿐만 아니라 궁궐 전체로까지 그 어둠의 그림자가 짙어져 갔다.

왕은 어느 날, 좌우를 모두 물리치고 노 재상 부분노를 편전으로 조용히 불러들였다.

"경을 이 밤중에 부른 것은 급한 국사 때문이 아니라오. 사사로운 문제지만 장차 궁궐에 미치게 될 수도 있는 일 때문이오."

왕은 이렇게 허두를 떼고 나서는 더 말을 잇지 못했다. 기다리다 못한 재상이 입을 뗐다.

"소신은 폐하께서 곧 소신을 납시라는 영을 내리실 것을 알고 있었사옵니다. 말씀하옵소서."

왕은 그제야 어버이에게 하소연이라도 하는 듯한 어조로 말했다.

"짐이 부족한 점이 많아 일어난 일이오. 짐이 사랑하는 둘의 불목이 너무 심하니 이 일을 어쩌면 좋겠소?"

이번에는 부분노 재상의 입이 막혔다.

"경은 세상사를 넓게 알고 있잖소. 하니 기탄없이 말하시오."

"선왕께옵서도 이와 비슷한 때가 있었사옵니다."

부 재상은 왕의 생모 유화 부인과 선왕 주몽의 위업을 위해 헌신했던 소서노 부인을 생각하며 어찌 이렇듯 부자가 같은 일로 괴롭힘을 당하는가 싶어 그 얘기는 더 깊이 말하지 않았다. 그리고 말을 돌렸다.

"……소신의 짧은 생각으로는 두 분의 희궁姬宮을 같은 궐 안에 두지 마시고 각각 계시도록 하시는 것도 한 계책일 듯하옵니다."

"경의 계책이 짐의 마음에도 합당하다고 생각이 드오."

부분노 재상의 계책에 따라 왕은 두 후궁을 궁궐에서 그다지 멀지 않은 동쪽과 그 반대 방향인 서쪽 별궁에서 각기 떨어져 지내게 했다. 동쪽 궁에는 화희, 서쪽 궁에는 치희를.

그것으로 왕은 이제 두 왕비 문제로 마음 쓸 일이 없다고 믿었다. 그러나 그렇지가 않았다. 화희는 고구려 태생인데다 돌아가신 왕비까지 인정한 정통성을 마음 깊숙이에 뿌리내리고 있는 반면, 치희는 자기가 먼저 왕의 사랑을 받아 왔으므로 여염에서의 텃세 같은 것을 크게 내세우고 있었다. 때문에 어쩌다 만나면 다투었고 일부러 찾아가서까지 욕설을 퍼부었다. 완전히 물과 기름이었다.

왕은 모든 시끄러운 일들이 잘 풀렸다는 생각으로 모처럼 마음 편히 사냥을 나가기로 해 기산箕山에서 엿새 동안 머물며 사냥을 즐겼다.

사냥에서 돌아와서는 치희의 서쪽 별궁에 머물 차례여서 그리로 갔다. 그러나 치희 빈은 없었다. 시녀의 얘기로는 어제 아침에 일어나 보니 침소가 텅텅 비어 있었으며 옷도 상당한 수가 없었으며 패물함도 없어졌다고 했다. 또 고향이며 그곳에 사는 가족 얘기들을 부쩍 자주 했다는 말도 했다.

서둘러 밖으로 나온 왕은 마부에게 고삐를 잡혀 있는 은빛 백마에 올라 급히 몰았다. 더욱 박차를 가해 북쪽으로, 더 북쪽으로 자꾸 달렸다. 내를 건너고 여러 산모롱이를 돌았다. 공연한 헛수고라는 것을 깨닫고는 말을 쉬게 할 양으로 풀밭에 멈춰 세웠다. 왕 스스로도 피곤함을 느끼고 그늘을 찾아 앉았다. '도망을 가다니!' 마음속으로부터 소용돌이치며 솟는 것은 짙은 외로움이었다. 치희를 곁에 두지 못하는 삶은 차라리 슬픔이었다.

궁궐로 되돌아가려고 일어서려는데 꾀꼬리가 지저귀는 소리가 들렸다. 가까운 나무에서였다. 한 쌍이 가지를 옮겨 다니며 잇달아 지저귄다. 왕의 입에서는 이런 노래가 탄식처럼 흘러나왔다.

펄펄 나는 꾀꼬리야	翩翩黃鳥 편편황조
네 한 쌍은 서로 의지하건만	雌雄相依 자웅상의
홀로 된 이내 몸은	念我之獨 염아지독
뉘와 함께 돌아갈꼬.	誰其與歸 수기여귀

유리왕은 말에 올라 다시 한 번 그 노래를 비탄조로 불렀다.

노 재상의 지략

편전에 재상 부분노扶芬奴가 들었다. 그는 창업 공신으로 부왕의 승하 때까지 측근에서 늘 함께 국사를 의논했던, 군신지간君臣之間이라기보다 형제지간이라는 게 더 옳을 것 같은 그런 사이였다. 그러니 유리왕으로서는 부왕이나 마찬가지인 사람이었다.

"어쩐 일이오?"

"선비에서 사신들이 왔사옵니다."

선비(鮮卑: 북쪽 오랑캐족)라면 무시해도 좋을 귀찮은 나라였다.

"만나 보기 싫은데……"

"하오나 꿩을 열 마리 가지고 왔사옵니다."

"적당히 알아서 처분하오. 그 나라를 쳐 복속시키려는 마당인데 그걸 받기도 그렇잖소?"

"상서로운 새라며 바치러 온 것이옵니다. 모두 살아 있는 것이옵니다."

"그럼 길러 보는 것도 괜찮겠소. 경은 어떤 생각이오? 경이 좋다면 만나는 보겠소."

"신은 한번 만나 보시는 게 큰 해는 안 될 듯하옵니다."

왕은 잠시 생각했다. 선물을 앞세워 은근히 우리나라를 정탐하려는 수작일까 아니면 화친을 하자는 것일까, 왕은 갈피를 잡을 수 없었지만 일단 들여보내게 했다. 사신은 모두 다섯 명으로 꿩 말고도 다른 선물이 적지 않았다. 재상은 그 선물들을 아랫사람에게 맡기고 빈 몸으로 접견실에 안내했다.

왕을 알현한 선비 사신 중 하나가 품속에서 제 나라 왕의 서찰을 꺼내 바쳤다. 선물들 품목이 나열돼 있고 화친을 바란다는 내용이었다. 그리고 덧붙여 자기네 땅이었던 곳을 돌려 달라는 것도 씌어져 있었다. 왕은 다 읽고 나서 큰 소리로 말했다.

"허허, 좋은 선물이로군."

왕은 재상을 불러 아주 조그만 소리로 일렀다. 우선 비단 열 필만 주어 지정한 사관私館에 머물게 한 후 답서를 보내겠다는 말이었다.

사신들이 사관으로 물러나자 왕은 재상과 의논했다.

"저들이 양식이 떨어진 모양이오. 어쩌면 좋겠소?"

양식이 떨어지면 화친을 하자며 사신을 보내고 먹을 게 있으면 군사를 일으켜 침략하려는 선비의 습성을 왕은 잘 알고 있었다.

"한 번 또 속는 셈 치시옵소서."

"그럼 그러지요. 좋도록 답서를 적어 보내시오."

한편, 사관에 머물게 된 사신들은 주인을 불러 말했다.

"주인장, 우리 일행이 거리에 나가 이것저것 구경을 하고 싶은데 누구 안내할 사람 좀 하나 붙여 주시오."

"발품 파는 값만 내신다면 구해 드리지요."

"물론 품값은 후하게 드리리다. 좋은 사람 하나 붙여 주시오."

주인은 미리 대궐에서 나온 사람에게 지시받은 것이 있어 감시하는 척 사신들의 비위를 잘 맞추는 사람을 불러왔다.

"우선 장터 구경부터 합시다."

안내인은 선비 사신들을 장터로 데려갔다. 그러고는 사신들이 탐내는 물건이 있으면 경우에 따라 상인에게 눈짓을 해 공짜로도 주고 반값으로 주기도 했다. 또 어떤 물건은 값을 다 받고 팔기도 했다. 안내인도 대궐 관리로부터 미리 들은 바가 있어 장사꾼들의 눈짓을 보면 그렇게 했다. 선비 사신들은 여염집이 늘어선 동네에도 들렀다. 그러고 나서 비단 열 필과 답서를 받아 제 나라로 돌아갔다.

선비 왕이 물었다.

"그래 지금 고구려의 사정은 어떻더냐?"

"역시 고구려는 알 수 없는 나라이옵니다. 너무 지나치게 친절하기도 하고 사람들이 사는 게 넉넉해 보였습니다. 그러니 쳐들어가면 모든 백성들이 너무 놀라 다 도망칠 것 같기도 하고 반대로 유복한 살림을 지키기 위해 모두가 똘똘 뭉쳐 싸움터로 몰려나올 것도 같고 참으로 알 수 없는 나라입니다."

왕은 사신들의 보고를 듣기 위해 모인 여러 신하들을 둘러보며 다시 물었다.

"어떻게들 생각하는가? 고구려를 쳐야 하는가, 화친을 하는 것이 낫겠는가?"

왕궁 방비를 책임진 장군이 말했다.

"내일이라도 치는 게 상책입니다. 왜냐하면 화친 사절이 다녀간 지 며칠 안 되는데 침략을 하리라고는 꿈에도 생각지 못할 것입니다. 그러니 자연 방비가 허술할 것입니다. 당장 쳐들어가면 승산이 큽니다."

한편 고구려 대궐에서는 노 재상과 왕이 의논에 한창이었다. 그 끝에 노 재상이 길게 늘어놓았다.

"폐하, 아까도 말씀 올린 바와 같이 여러 가지로 봐서 저들이 쳐들어올 것은 분명하옵니다. 그러하오니 우리는 그에 대한 계책이 필요합니다."

"승산 있는 계책이오?"

노 재상이 말한 계책은 어찌 보면 간단한 것이어서 오랜 설명이 필요 없었다. 다 듣고 난 왕이 가볍게 고개를 갸웃거리며 한마디했다.

"만약 잘못된다면 밀리는 척한 것이 진짜로 밀려 나라를 송두리째 갖다 바치는 꼴이 되지 않겠소?"

"저놈들이 기습작전을 펼 때에는 우리에게 기습당한다는 생각은 전혀 하질 못하옵니다.”

“그럼 짐은 경의 계책대로 호위병만 거느리고 국내성을 버리고 남쪽으로 후퇴할 테니 경은 정예부대를 이끌고 당장 출전토록 하오.”

북방 국경수비대는 대대적인 선비 군의 기습에 속수무책이라 후퇴를 거듭해 밤중에 국내성까지 물러나게 되었다. 왕이 그들을 정비해 성을 지키는 부대와 합류시켜 성을 빠져나와 남쪽으로 이동시켰을 때 대규모의 선비 군사들이 국내성을 포위했다.

힘들이지 않고 국내성까지 몰려와 성공적으로 포위한 선비 군의 부대는 일거에 성을 탈환하기 위해 후방에 있는 병력까지 모두 국내성으로 진격하게 했다. 후방에서 전쟁을 독려하던 선비의 왕도 와 있었다.

그때 선비의 도성은 부분노 재상이 이끈 5백 명의 정예병에 의해 손쉽게 무너졌다. 이 소식이 선비 왕에게 전해진 것은 그들이 국내성을 탈환하고 전승의 기쁨에 휩싸여 있을 때였다.

선비 왕이 크게 진노하여 거느리고 있던 장수에게 물었다.

“그게 어찌된 일인가? 우리 궁궐이 불타고 있다니! 확실한가?”

“불타는 걸 직접 본 병사가 전한 것입니다.”

“아니, 그럼 누가 궁궐을 불태웠단 말이야?”

“분명 우리 전 군사들은 후퇴하는 고구려 군을 추격해 왔습니다.”

“고구려가 이 국내성을 쉽사리 포기하고 후퇴한 것도 그렇고, 우리

도성 안의 궁궐이 불탄 것도 그렇고……. 우리 군사 절반은 다시 우리 도성으로 간다! 장군은 철군 병력을 이끄시오!"

선비의 철군이 시작되자 정찰을 나갔던 군사들이 장사꾼 옷차림인 채로 유리왕의 막사로 돌아와 보고했다. 많은 선비 군사들이 북문을 통해 빠져나갔고 국내성 안에 주둔한 선비 군들도 우왕좌왕하는 모습이라는 얘기였다.

보고를 다 듣고 난 왕이 웃으며 혼잣말로 중얼거렸다. '기습을 할 땐 기습당할 건 꿈에도 생각 못한다! 명재상이야, 명재상!' 왕은 껄껄껄, 큰 소리로 웃기까지 했다.

이튿날 저녁답에 또 반가운 소식이 들려왔다. 철군한 선비 군사들이 저들의 도성에서 무참히 살해되고 포로로 잡혔다는 소식이었다.

왕이 물었다.

"부분노 재상은 무사하다던가?"

"그럼 노 재상께서 적국에 가서 싸우신단 말씀이옵니까?"

왕은 잠시 생각한 끝에 여러 장수들을 불러 모았다.

"철군한 선비의 군사들이 제 놈들의 도성에서 살육당하거나 우리의 포로가 되고 있다네. 우리에게 이런 소식이 들리니 국내성 선비 왕도 벌써 다 들었을 거네."

"폐하, 소장이 국경수비대를 이끌고 국내성으로 들어가서 선비 왕을 잡아오겠사옵니다. 그것만이 국경을 방비치 못하고 후퇴를 거듭해

지금 이 지경에 이르게 한 죄를 씻는 소장의 유일한……."

"죄 씻음이라니! 실은 장군도 나와 부 재상의 계책을 도운 공로자이니 앞으로는 절대로 그런 생각은 말게나. 핫하하하."

왕의 유쾌한 웃음의 여운이 채 가시기도 전에 도성 수비대장이 말했다.

"폐하, 도성의 지형이나 여러 사정은 소장이 제일 밝습니다. 하오니 소장이 선두에 서고 다른 장군들이 군사를 이끌고 뒤따라 지금 당장 선비의 군사들을 섬멸하는 것이 상책일 듯하옵니다."

"그렇게 하도록 하지! 우리가 우리의 도성인 국내성에서 개선하는 부분노 재상을 맞이해야 그게 도리지. 자아, 즉시 출격하도록!"

왕명에 의해 전 군이 동서남북 사방을 맡아 국내성 안을 점령하고 있는 선비 군을 공격했고 선비 왕을 생포했다. 그리고 그 이튿날 국내성으로 개선한 부분노 재상이 이끌고 온 선비 포로들 중에는 왕비가 끼여 있었다.

돼지 잡아 준 처녀가……

왕성王城에서 별로 멀지 않은 주통촌(酒桶村: 술통 만드는 마을)에 아주 좋은 처녀가 있다는 소문이 돌고 있었다.

그 처녀가 유명해진 것은 어느 날의 일 때문이었다. 나라에서 기르는 돼지가 울 밖으로 도망을 쳐 관리하는 사람이 잡으려고 쫓아다녔으나 잡지를 못했다. 한참 돼지가 도망간 곳을 찾아 헤매고 있는데 주통촌에 사는 처녀가 나와 어렵잖게 붙잡아 주었다.

돼지 기르는 사람은 고마운 마음에 여기저기 돌아다니며 아주 좋은 처녀가 있다고 소문을 냈다. 그 소문은 드디어 산상왕山上王의 귀에까지 흘러들었다.

'아름다운 얼굴에 슬기롭기까지 해?'

산상왕은 꼭 한번 가 봐야겠다고 벼르다가 하루는 주통촌에 가 그 처녀를 만났다. 사실은 그 처녀를 만나면 나라에서 키우는 돼지를 붙잡아 준 데에 대한 고마움으로 표창이나 하려 했던 것인데 만나 얘기를 나누다 보니 재색才色을 겸비한 처녀였다. 그래서 그날 낮에는 표

창을 하고 밤에 몰래 다시 찾아갔다.

왕이 찾아오자 그 집안에서는 이런 영광이 없다며 두말없이 처녀의 방으로 모셨다. 그러나 처녀가 쉽사리 응하질 않았다.

"아무리 천한 몸이오나 지존이신 왕을 모시면 반드시 임신을 하게 될 터인데 그렇게 되면 어쩌시렵니까?"

처녀는 먼저 이렇게 따지기부터 했다. 그래서 산상왕은 절대로 버리지 않을 것이라고 다짐을 하며 몸을 허락하라고 말했다.

처녀가 다시 말했다.

"그럼 오늘 밤만 주무시지 말고 사흘 밤을 주무셔서 모든 사람들이 다 알게 해 주소서."

결국 산상왕은 기특하게 생각하고 그날부터 내리 사흘 밤을 처녀와 함께 잤다. 그래서 산상왕이 주통촌에서 그렇게 그곳 처녀와 자게 된 것을 나라 안에서 다 알게 되었다.

정말로 그 사흘 밤 일로 처녀는 임신하게 되었다. 그것은 왕비 우씨于氏의 귀에 흘러들었다. 왕비는 원래 질투심이 많아 그 소리를 들으니 견딜 수가 없었다. 그래서 결국은 군사를 풀어 그 처녀를 죽이게 했다.

왕비의 명을 받은 군사들은 어렵잖게 그 처녀를 잡았다. 그러나 처녀는 조금도 놀라지 않았다. 그녀는 태연자약하게 군사들에게 물었다.

"왕명으로 나를 잡으러 왔습니까?"

"아니오."

"그럼 왕비의 명으로 나를 잡으러 왔소?"

"그렇소."

그래도 처녀는 아무렇지도 않은 얼굴로 말했다.

"지금 내 뱃속에는 벌써 여덟 달이나 된 왕자가 들어 있소. 나는 죽어도 괜찮지만 왕자를 죽이는 것은 우리 고구려의 다음 왕을 죽이는 것이오. 그래도 괜찮겠소? 괜찮으면 나를 죽이시오."

처녀의 말이 조금도 틀린 데가 없으니 군사들은 그냥 돌아갈 수밖에 없었다. 돌아가 왕비에게 그대로 보고했다. 왕비도 더 이상 어떻게 할 도리가 없었다. 그래서 품고 있었던 악한 마음을 풀고 말았다.

왕비가 저지르려고 했던 그 끔찍한 일을 산상왕이 알게 되었다. 슬하에 왕자가 단 한 명도 없는 왕은 그 말을 들은 즉시 주통촌으로 말을 달렸다. 그리고 그 처녀를 만나 말했다.

"네가 아이를 가졌다는 말이 정말이냐?"

"폐하, 사실이옵니다."

"그럼 그게 누구 애란 말이냐?"

왕이 이렇게 심한 말을 했어도 그녀는 얼굴색 하나 변하지 않고 또박또박 말했다.

"신첩은 평생에 오라비와도 같은 자리에 앉아 본 일조차 없사오니,

폐하 통촉하시옵소서."

말을 마치고 나서 그녀는 그제야 울음을 터뜨렸다.

"울지 말라. 내 잘못이 크다."

왕은 그녀를 위로하고 돌아가 여러 가지 값비싼 물건을 하사했다.

그런 일이 있은 그해 가을, 주통촌에서 왕자가 태어났다. 그 소식에 산상왕은 너무나도 기쁜 나머지 크게 소리쳤다.

"아, 하늘이 내려 주신 내 맏아들이로다!"

산상왕은 지체하지 않고 주통촌에서 그 처녀와 아이를 데려왔다. 그리고 이어 소후小后, 즉 후궁으로 봉했다. 왕자의 이름은 성 밖에서 돼지를 붙잡아 준 인연으로 얻게 된 아들이라 '교체(郊彘: 성 밖 돼지)'라고 붙여 주었다. 이 아명으로 불리는 아이가 곧 동천왕東川王이다.

이 왕의 아버지 산상왕의 형님이 고국천왕이다. 고국천왕은 왕비 우씨에게 꼼짝을 못하는 이를테면 공처가였다. 아들이 없는 왕이 죽자 아우가 왕이 되었는데 그 사연은 이렇다.

고국천왕이 승하했을 때, 왕비 우씨는 조용히 밖으로 빠져나와 둘째 아우 발기發岐를 찾아갔다. 왕위 계승 문제 때문이었다. 그런데 밤중에 왕비가 찾아가자 별로 반기는 기색도 없이 왜 밤중에 남자를 찾아왔느냐며 무례하게 행동했다. 무안해진 왕비는 그 길로 셋째 아우 연우延優를 찾아갔다. 그러자 둘째 아우와는 딴판으로 반갑게 맞으며 밤길에 상처가 난 손도 치료를 해 주는 등 아주 따뜻하게 대해 주었다. 결국 왕위는 연우 시동생이 계승케 했고 그가 곧 왕위에 올랐다. 그리고 왕비 우씨는 과부인지라 시동생인 산상왕의 왕비가 되었다.

일이 이렇게 되자 화가 난 둘째 아우는 '품행이 좋지 않은 형수와 아우를 벌하겠다.'는 명분으로 군사를 일으켰으나 패하여 요동遼東으로 달아났다가 그곳에서 생을 마쳤다.

미쳤했던 미쳤왕

지금은 중국 땅이 되었지만 압록강 건너편 수실촌水室村은 고구려 땅이었다. 그 고을에 거지꼴을 한 나그네가 나타났다. 그가 마을 사람에게 물었다.

"이곳에서 누가 제일 잘사나요?"

질문을 받은 사람은 그를 아래위로 훑어보고는 마지못해 퉁명스럽게 대답했다.

"왜 그러는지는 모르나…… 저기 저 언덕 위에 있는 큰 집이오."

나그네는 고맙다고 인사하고 그곳으로 갔다. 그 집은 마을에서 제일 부자일 뿐만 아니라 세도가이기도 했다. 주인 이름은 음모陰牟였다.

나그네는 간신히 그를 만나 간청했다.

"떠돌다 보니 굶어 죽을 지경이 되었습니다. 제발 머슴살이라도 하게 해 주십시오."

음모는 꼬치꼬치 캐어물었다. 어디 사람이냐, 나이는 몇 살이냐,

성명은 어떻게 되느냐 등이었지만 그는 '을불乙弗'이라는 이름만 댈 수 있을 따름이었다. 사실 그는 봉상왕烽上王의 일족이었다. 그 임금은 성품이 말할 수 없이 교만할 뿐만 아니라 시기심 또한 많아 그의 숙부인 안국군安國君 달가達賈와 그 아들 돌고咄固를 죽이고 그도 부족하여 돌고의 아들 을불乙弗까지 죽일 작정이었다. 그것을 알게 된 을불은 누더기 옷으로 변장하여 이곳저곳을 떠돌아다니는 신세가 됐던 것이다. 그러니 음모가 묻는 말에 그런 것을 얘기할 수는 없었다.

간신히 음모의 집에서 머슴살이를 하게 되었지만 그가 해야만 하는 일이 참으로 너무나 많았다. 집 안에서 하는 일은 물론이거니와 산에 올라가 나무를 해 오는 일도 매일 같았다. 그렇다고 누구에게 내놓고 신세타령을 할 처지도 못되니 그냥 속만 썩었다. 그래 내 더러운 팔자이거니 하고 참는 수밖에 없었다.

그렇게 지내던 어느 날이었다. 주인 음모가 불러 갔더니 이렇게 말했다.

"뒷담 밖에 못이 있잖으냐? 그 못에서 말이다. 밤새도록 개구리들이 울어 싸는 통에 잠을 이룰 수가 없다. 그러니 당장 오늘 밤부터 돌멩이로 그놈들을 못 울게 해라! 개구리가 울면 절대로 안 되느니라. 알았느냐?"

을불은 주인 앞에서 물러나며 속으로만 중얼거렸다.

'낙이라고는 잠자는 낙밖에 없는데 이제 잠까지 못 자게 생겼구나.

젠장, 이게 다 더러운 내 팔자 탓이지!'

을불은 날이 저물자 부대에 잔뜩 돌멩이를 채워 가지고 못으로 나가 자리를 잡고 앉았다.

날이 저물어 밤이 되자 그야말로 개구리들이 울어 대기 시작했다. 그래 돌멩이를 던졌더니 거짓말처럼 울음소리가 뚝 그쳤다. 그대로 날이 샜으면 좋으련만 개구리들은 이내 다시 울기 시작했다. 또 돌멩이를 던져 개구리들을 울지 못하게 하자 불쌍하다는 생각이 들었다. 혹 자기가 던진 돌멩이에 맞아 죽은 개구리가 있을지도 모른다는 생각 때문이었다.

'죄 없이 맞아 죽는다면 그건 내 신세나 마찬가지가 아닌가!'

을불은 돌멩이 던지는 것을 그만두고 돌아와 잤다. 그래서 잠을 설친 음모에게 아침에 불려가자마자 그만 쫓겨나고 말았다.

이번에 그가 간 곳은 이웃 고을인 사수촌思收村이었다. 을불은 적은 돈이지만 쫓겨 나올 때 받은 돈으로 소금 장사를 시작했다. 그렇게 시작한 소금 장사 일도 두 달이나 되어 갔다.

그 무렵 어느 날, 집주인이 공짜로 소금 한 말을 달래서 줬더니만 한 달도 채 안 되어서 또 공짜 소금을 부탁하는 것이었다. 그래 이번에는 딱 잘라 거절하고 집주인에게 다른 데에 가서 살겠다고 말했다.

집주인이 좀 떫은 얼굴로 말했다. 방값을 못 받게 되었기 때문이다.

"맘대로 하시우. 하지만 오늘은 저물었으니 낼 떠나도록 하시우."

그날 밤, 집주인은 을불이 잠든 틈을 노리고 있다가 소금 가마니에 자기 신발을 깊이 박아 놓았다.

이튿날 아침, 을불은 소금 가마니 위에다 자기 짐까지 얹어 지고 집주인에게 작별 인사를 하고 떠났다. 그렇게 얼마쯤 걷고 있는데 뒤에서 집주인이 달려오며 다급한 목소리로 불러 세웠다.

"왜 그러십니까?"

"가면 곱게 갈 것이지, 이 도둑놈! 왜 남의 물건들을 훔쳐 가느냐!"

"아니, 내가 뭘 훔쳤단 말이오?"

"네놈이 뭘 훔쳤는지 내 똑바로 보여 줄 테니 소금 가마니를 당장 내려놓거라!"

을불은 할 수 없이 지고 있던 소금 가마니를 내려놓고 나서 자기 짐도 다 풀어헤쳐 보였다. 그러자 집주인은 소금을 헤쳐 신발 한 짝을 꺼내어 흔들며 다시 악을 써 댔다.

"이래도 도둑질을 안 해? 이게 도둑맞은 내 신발이야!"

"이게 어떻게 된 일인지 난 전혀 모르는 일입니다."

"가자, 관가로 가서 따지자!"

집주인은 그를 끌고 관가인 압록재鴨綠宰 앞으로 갔다. 을불은 거기서도 누명을 벗을 길이 없어 곤장을 맞고서야 풀려났다. 심하게 매 맞은 몸으로 장사를 할 수 없어 나무그늘 아래서 끙끙 앓고 있다가 거기에 모였던 노인들의 얘기를 들을 수 있었다. 그들의 이런저런 얘기들을 한데 모아 간추리면 봉상왕에 대한 불만이었다. 가뭄이 심해 농사도 흉년인데다 엎친 데 덮친 격으로 나라에서 이것저것 벌인 토목 공사에 백성, 특히 일을 해야 하는 장정들이 굶주린 식구를 두고 궁궐을 고치는 등 급하지도 않은 일들을 하느라고 고생은 고생대로 하고 돈은 한 푼도 못 받으니 앞으로 난리가 나도 단단히 날 것이라는 얘기였다. 그런 얘기를 다 듣고 난 을불이 입을 열었다.

"어르신들, 그럼 어떻게 해야 우리 고구려가 잘사는 나라가 될까요?"

느닷없는 질문에 노인들은 모두 을불 쪽으로 눈을 주다가 거지꼴인 소금 장수에 지나지 않는다는 것을 알고 금세 긴장했던 얼굴을 풀더니 말했다.

"우리가 살 길은 창조리가 어떻게 임금의 마음을 돌리느냐에 달려 있지."

창조리倉助利는 국상(國相: 요즘의 국무총리)이었다.

"그분이 어떤 분인데요?"

을불은 훤히 알고 있으면서도 다시 이렇게 물었다. 그러자 노인들 중에 제일 마른 몸집인 사람이 화를 벌컥 냈다.

"아무리 천한 사람이라도 그렇지 창조리가 누군지 모르다니! 저런 놈은 밥은커녕 숨 쉴 자격도 없는 놈이야!"

노인들은 일시에 일어나더니 그곳을 떠나 버렸다. 그만큼 봉상왕이 나라를 잘못 다스린다는 얘기이기도 했다. 사실 그 무렵, 왕은 창조리가 아무리 왕의 과실을 간언해도 반역자로 몰려고 할 뿐 전혀 귀 기울여 듣지를 않았기 때문에 창조리는 왕을 폐하려고 뜻이 맞는 사람들과 상의를 하고 있는 중이었다. 그들 중에 제일 믿을 만한 사람은 조불祖佛과 소우蕭友였다. 창조리는 왕을 폐위시킨 뒤 그 자리에 앉힐, 왕족 중 오직 한 사람밖에 남지 않은 을불을 찾게 했다. 을불을 찾지 못한다면 봉상왕을 폐해도 아무런 소용이 없기 때문에 조불과 소우는 열심히 찾기 시작했다.

그들은 백방으로 수소문을 하며 돌아다니다가 비류하沸流河에까지 이르게 됐다. 나룻배가 닿기를 기다리던 중 소우가 조불에게 귀엣말을 했다.

"저 사람이 을불 같네."

지만치 떨어진 곳에 서 있는 사내를 가리켰다.

"을불공을 알아볼 수 있는 사람은 자네니까 가서 똑똑히 봄세."

"그러세. 그런데 하도 오래전에 본 얼굴이라……."

그들은 을불에게로 다가가 말했다.

"실례지만 왕손이신 을불공이 아니십니까?"

을불이 소스라치게 놀라며 말했다.

"아니오! 난 미천한, 난 소금 장수요!"

혹 봉상왕이 보낸 자객이 아닐까 싶어 겁을 내고 있는 을불에게 이번에는 조불이 빠른, 그러나 아주 나직한 목소리로 말했다.

"부디 우리를 의심치 마십시오. 우리는 봉상왕을 폐하고 오직 한 분밖에 남지 않은 왕손 을불공을 찾아 왕위에 오르게 할 중책을 맡고 있는 사람들이오."

그제야 잔뜩 굳었던 을불의 얼굴이 펴졌다. 그들은 나루터에서 벗어나 아주 조용한 곳에서 많은 얘기를 나누었다.

을불을 도성 밖 오백남烏佰南이라는 사람 집에 숨겨 둔 조불과 소우는 기쁜 소식을 창조리에게 알렸다. 그들에게는 오직 폐왕할 기회가 오기만을 기다리는 일밖에 남아 있지 않았다. 그 기회를 노리고 있던 어느 날, 왕이 사냥을 떠나게 되었다.

하늘이 내린 절호의 기회라고 생각한 창조리는 자기의 뜻에 찬동하는 사람들은 관冠 위에다 갈잎을 하나씩 꽂게 했다. 창조리가 관 위에 갈잎을 꽂자 소우와 조불도 따라 꽂았고 여기저기서 갈잎을 꽂는 사람들이 늘어났다. 모두가 한마음이었다.

그날 저녁, 봉상왕은 사냥에서 돌아오는 길로 별실에 갇히는 몸이 되었다. 갇힌 왕이 소리를 질렀다.

"내 뒤는 누가 잇는단 말이냐!"

"물론 왕손이오."

"을불이 살아 있느냐?"

창조리는 소우를 시켜 을불공을 데려와 왕 앞에 세웠다.

"이제 잘 알겠소?"

봉상왕은 전혀 희망이 없음을 알고 품고 있던 칼로 자진을 했고 두 왕자도 부왕을 따라 스스로 목숨을 끊었다. 그렇게 되어 개구리에게 돌을 던져야만 했던, 소금 장사를 하다가 도둑 누명을 쓰고 곤장을 맞아야만 했던 미천한 을불이 왕위에 오르니 그가 곧 고구려 제15대 미천왕美川王이다.

공주와 바보

고구려 평원왕(平原王, 평강왕平岡王이라고도 불림)에게는 골치 썩이는 공주가 있었다. 바로 평강공주였다.

공주는 어렸을 때 너무 잘 울어 왕과 왕비의 근심이 컸다. 젖을 떼고서도 울음은 줄지 않았다. 말을 알아들을 나이가 돼서도 마찬가지였다. 그래서 왕은 공주의 울음을 그치게 할 양으로 공주가 들으면 싫어할 말을 해 보았다.

"네가 자꾸만 울어 대서 내 귀에 병이 날 지경이다. 그렇게 자꾸만 시끄럽게 울면 네가 큰 다음에도 지체 높은 집안에 시집을 보내지 않고 바보 온달에게 시집보내겠어."

그래도 공주는 툭하면 울음보를 터뜨렸다. 그럴 때마다 왕은 '네가 크면 바보 온달에게 시집보낸다.'는 말을 했고 그 얘기가 왕의 입버릇이 되고 말았다.

공주는 그렇게 자라서 어느덧 열여섯이 되었다.

왕은 어느 날, 공주에게 말했다.

"우리 왕족이기도 한 지체 높은 고高씨 집안과 정혼을 할 생각이다. 너도 좋겠지?"

공주가 토라진 얼굴로 길게 말했다.

"아바마마께서 늘 말씀하시길 '너는 반드시 바보 온달에게 시집보낼 것이다.' 하셨잖습니까. 그런데 지금은 어인 까닭으로 전에 하셨던 말씀을 바꾸십니까? 백성들도 한 번 입 밖에 낸 말은 어기지 않는데 어찌 그들을 다스리시는 군왕께서 망언을 하실 수가 있습니까! 제가 알기로는 '왕은 희롱하는 말을 않는다.'고 하였습니다. 지금 아바마마께서 하신 말씀은 잘못된 것이오라 저는 그 말씀을 좇을 수 없나이다."

왕은 화를 냈고 왕비와 유모, 다른 궁궐 사람들도 크게 걱정하였다. 왕비가 알아듣게끔 조근조근 여러 차례 설명을 했고 유모도 거들고 했어도 소용이 없었다. 왕이 다시 공주를 불러 겁을 주듯 엄하게 말했다.

"온달은 말이다, 먹을 것이 없어 늘 굶고 다니면서 동냥을 해 자기 어머니를 간신히 살리고 있어. 뿐만 아니라 입을 옷도 없어서 한 번 몸에 걸친 걸 몇 년씩이나 입고 다녀서 구린내보다도 더 지독한 냄새가 나 모든 사람들이 피해 다닌다더라. 그리고 얼마나 바본지 씻을 줄을 몰라 온몸이 까마귀처럼 새까맣대."

"정말 그런 사람이 있나요?"

"바보 온달이 그렇단다."

"어디 사는데요?"

"먹고 자는 곳이 정해져 있질 않아 아무도 모르지. 나라 안에서 그 바보 온달을 모르는 사람은 없어. 그래도 너 그 바보 온달한테 시집갈래?"

"아바마마께서 절 그리로 시집보낸다고 하셨잖습니까."

왕은 화가 치밀어 꽥 고함을 질렀다.

"이렇게도 말귀를 못 알아듣다니, 바보 온달 녀석보다도 너는 더 바보다! 당장 궁궐에서 나갓! 그 바보 온달한테 시집을 가든 말든 이제 난 상관 않겠다. 어서 썩 나갓!"

평강공주는 자기 방으로 와 입을 옷 여러 벌과 금팔찌, 금가락지, 금귀고리 등을 챙겨 가지고 궁궐에서 빠져나왔다. 그러고는 길에서 만난 사람에게 바보 온달이 사는 곳을 물었다. 과연 아바마마의 말씀 대로 바보 온달을 모르는 사람은 아무도 없었다. 그가 사는 집도 생각 보다는 수월하게 찾을 수가 있었다.

집 안에는 눈 먼 할머니만 있을 뿐 아무도 없었다.

"아드님이 온달이지요?"

공주가 물었다.

"그렇다오. 난 앞을 못 보니 냄새만으로도 색시가 귀한 몸이라는 걸 알겠구려. 우리 아들 온달은 가난뱅이에다 입은 옷도 남루해 색시가 가까이할 사내가 못되오."

"지금 어디 있습니까?"

"굶주림을 견딜 수 없어 느릅나무 껍질을 벗기려고 나갔어. 손을 만져 보니 일이라는 건 해 보지도 않은 귀한 집 따님인데 누구한테 속아 여기까지 찾아왔지?"

공주는 온달이 있는 곳을 물어 찾아갔다. 온달은 느릅나무 껍질을 잔뜩 지고 돌아갈 차비를 하고 있는 중이었다. 공주가 찾아온 목적을 말하자 온달은 갑자기 안색을 바꾸며 말했다.

"우리 집은 당신같이 젊고 귀한 여자가 있을 곳이 아니오. 혹 여우 귀신인지도 모르겠네. 내게 가까이 오지 마시오!"

온달은 뒤돌아보는 법도 없이 성큼성큼 집으로 들어가더니 사립문을 닫아걸고는 얼굴도 내밀지 않았다. 공주는 할 수 없이 사립문 밖에서 밤을 새우고 이튿날 다시 집 안으로 들어가 자기가 처한 사정을 자세히 말했다. 그러자 온달의 노모가 말했다.

"내 아들이 몹시 남루하고 가난하여 귀인의 배필이 될 수 없을뿐더러 집 또한 누추하기 짝이 없어 귀인이 거처할 수가 없습니다."

공주가 말했다.

"옛사람들 말에 '한 말의 곡식도 오히려 찧을 수 있고 한 치의 베도 오히려 꿰맬 수 있다.' 했으니 마음을 같이하는 데 그게 어찌 부귀한 사람이라야만 할 수가 있겠습니까!"

이렇게 말하고 나서 지니고 온 금붙이를 모두 팔아서 토지, 집, 노비, 마소, 기물 등을 잔뜩 사들였으며 자잘한 살림살이도 모두 갖추었다.

처음으로 말을 살 때는 온달에게 이런 말도 했다.

"말을 살 때는 절대로 장사꾼이 파는 말은 사지 마세요. 나라에서 부리던 말 중에서 병들고 여위어 내버리다시피 하는 말들이 심심찮게 장터에 나오니까 그런 말 중에서 가장 나은 놈으로 사세요."

온달은 그 말대로 했고 그렇게 산 말을 공주가 정성스레 거두었기 때문에 그 말은 날로 살이 찌기 시작하더니 내로라하는 말로 바뀌었다.

나라에서는 매년 3월 3일에 낙랑의 들판에 모여 사냥 대회를 열었다. 그해에 열린 사냥 대회에서 온달은 공주가 잘 거둔 말을 달려 가장 많은 산짐승들을 잡았다. 그중에서 가장 살진 사슴으로 천지신명께 제사를 올렸다. 물론 그 사슴은 온달이 사냥한 것이었다.

평원왕이 그 제사의 제주였다. 왕은 사냥 성적이 제일 좋은 사람을 불렀다. 온달이 왕 앞에 불려 나갔다.

"폐하, 신 온달이라 하옵니다."

"아니, 아니, 네가 온달이라고?"

옆에 있던 대신이 말했다.

"그렇습니다. 틀림없는 온달이옵니다."

왕은 온달을 따로 부르기로 하고 그 자리에서는 사냥 솜씨 칭찬만

하고 돌려보냈다.

그 무렵, 후주後周의 무제武帝가 군사를 일으켜 요동으로 쳐들어왔으므로 왕은 적을 막기 위해 정예부대를 편성케 했다. 그리고 그 부대에 온달을 편입시켰다.

분격한 고구려 군사들은 목숨을 내걸고 전투에 임했고 그중에서도 온달의 용맹스러움은 눈에 띄게 출중했다. 참전했던 왕은 적군 수십 명의 목숨을 거둔 온달의 분투를 눈여겨보았다.

전승을 축하하는 모임에서 왕이 온달을 불러내 자기 옆에 세워 놓고 큰 소리로 외치듯 말했다.

"온달, 이 사람은 바로 내 사위다!"

그리고 나서 왕은 예를 갖춰 온달을 맞아들였으며 벼슬을 주어 '대형大兄'으로 삼았다. 그런 뒤에도 온달에 대한 왕의 총애가 끊임이 없어 온달의 위엄과 권세는 날로 성했다.

백제

백제의 건국

　주몽 임금과 작별한 소서노召西奴와 두 아들 비류沸流와 온조溫祚는 그들을 추종하는 많은 무리들과 졸본 부여의 경역을 벗어났다. 그리고 계속 남하했다. 뒤늦게 졸본을 떠나 따라온 백성들도 새 나라에서 새로운 삶을 영위하겠다는 꿈을 지니고 행렬을 이었다. 때문에 그 형세는 도도했다.

　이윽고 그들이 패수(浿水: 지금의 대동강)를 건너고 대수(帶水: 지금의 임진강)까지 건넌 것은 근 두 달 만의 일이었다. 소서노 부인은 마한馬韓의 서북 지경에 이르러 일단 터를 잡아 길고 긴 여정을 일단락 지었다. 그리고 붙임성 있는 신하 몇을 마한 쪽으로 보내 자기들이 오게 된 여러 사정을 소상하게 밝혔다. 훗날의 불미스런 일을 미리 방비하기 위함이었다. 그녀는 주몽 임금과 오랜 기간 지냈기 때문에 그 영향을 받은 바가 커 매사에 분명했고 신속했다. 뚜렷이 이름 지은 나라를 세우지 않은 것은 주변의 여러 나라들을 긴장시킬 필요가 없었기 때문이기도 했지만 두 아들에게 더 나은 터전을 찾게 하기 위함이기도 했다. 그러나 분명한 것은 그녀가 '이름 없는 나라'의 여자 임금이라는 것이었다. 나라 이름은 없다 하나 두 아들에게 '만백성을 거느린다는 뜻의 백제가 어떠냐.'고 몇 번이나 되풀이해 묻곤 했다. 그런 채로 십수년의 세월이 흘렀다. 그리고 소서노는 61세의 생애를 마감했다.

어머니를 잃고 보름 남짓 시름에 겨워 지내던 형제는 정신을 가다듬고 진지한 대화를 했다. 먼저 이렇게 말을 꺼낸 것은 비류였다.

"고향 졸본 땅을 버리고 낯선 이곳까지 우리를 따라와 준 사람들을 위해서라도 힘을 내야겠어."

"어머니께서 편찮으신 바람에 못 간……."

"그래, 맞아. 왜 여태 그 생각을 못했을까!"

도읍을 정할 만한 좋은 곳을 알아보라는 것은 평소 늘 듣던 어머니의 말씀이었다.

"해 떨어지기 전에 돌아올 수 있을까?"

비류의 걱정을 온조가 한마디로 날려 버렸다.

"아직 아침밥도 안 꺼졌소."

그들은 몇몇 신하들에게 서둘러 부아악(負兒嶽: 지금의 북한산)에 오를 준비를 시켰다.

평상시에도 눈썰미가 좋고 민첩하기 이를 데 없는 번개라는 별칭의 젊은 신하(소서노 부인의 충복 마려의 장남)가 따라오지 않았다면 사방이 탁 트여 눈만 돌려도 저 멀리 까마득한 곳까지 한눈에 다 내려다볼 수 있는 명소를 이렇듯 쉽사리 찾기는 어려웠을 것이다.

한참 동안 사방을 꼼꼼하게 살펴본 뒤 형제는 서로 의견을 나누었다. 비류는 까마득히 먼 서쪽이 좋다고 하고 온조는 동쪽 강 건너편이 좋다고 했다.

"여기서 보는 것과 실제로 가서 보는 것과는 천지 차이일 수도 있으니 내일부터라도 두 군데 다 직접 가 보고 나서 좋은 곳을 가리는 게 좋겠어."

"그러지요."

온조도 찬동했다.

그들 일행이 두 군데를 찾아가 샅샅이 살펴보는 일은 보름이나 걸렸다. 그렇게 다녀와서도 부아악에 올라 주장했던 것과 다르지 않았다. 비류가 처음부터 좋다고 한 곳은 미추홀(彌鄒忽: 지금의 인천)이었고 온조가 고집하는 곳은 하남 위례홀(河南 慰禮忽: 지금의 경기도 광주)이었다. 두 형제가 서로 자기주장을 꺾지 않자, 현지에 따라갔던 신하 중 오간이 말했다.

"제 생각에도 작은 왕자님의 말씀이 옳은 듯합니다. 위례홀은 북쪽에 아리수(지금의 한강)가 있고 동쪽으로는 산이 막혀 있어 낙랑이랑 예의 침입을 막는 데는 큰 도움이 되고 바다는 서쪽 멀리에 있어 바람이 심하지 않은 데다 남쪽으로 질펀한 들이 있어 밭을 일구고 논을 만들기 좋습니다."

많은 사람들이 오간과 의견이 같았다. 비류의 주장을 따르는 신하들도 아주 적은 수는 아니었다. 그래서 결국은 이듬해 정월 비류와 온조가 서로 갈라지게 되었다.

위례홀의 온조가 나라 이름을 백제라 일컫고 도읍을 정한 그해 봄부터 농사에 열심인 백성들 덕분에 차츰차츰 형편이 좋아지기 시작했다.

그와는 달리 미추홀에 도읍을 정한 비류와 백성들은 땅에 소금기가 많아 농사가 잘되지 않을뿐더러 마실 물조차 얻기가 힘이 들었다. 그런 때문인지는 모르나 병에 걸리는 사람들이 많았고 비류 자신도 무슨 병인지는 모르나 날이 갈수록 수척해졌다. 그러던 차에 많은 사람들이 온조가 자리 잡은 곳으로 옮기기 시작했고 비류도 미추홀을 더 이상 고집할 수가 없어 아우에게로 왔다. 그러나 무슨 병인지도 모른 채 그 해를 넘기지 못하고 세상을 뜨고 말았다. 이렇게 되자 온조가 세운 백제는 그 세력이 북으로는 패수浿水 바로 아래까지, 남으로는 웅주熊州에까지 이르게 되었다. 그렇게 나라를 세운 지 46년이 흐른 뒤 그가 세상을 뜨니 태자 다루多婁가 왕위를 이었다.

미모로 망한 도미 부인

개루왕(蓋婁王: 백제의 4대 왕) 때의 일이었다. 한 벽촌(僻村: 외따로 떨어져 있는 가난한 마을)에 도미都彌라는 사람이 살고 있었다. 비록 가난한 상사람이었지만 자못 의리를 아는 건실한 사람이었다. 그의 아내도 그런 점에서는 남편 못지않았다. 게다가 빼어난 용모까지 지니고 있어그들이 사는 동네에서뿐만 아니라 멀리 떨어져 있는 동네 사람들로부터도 칭찬이 자자했다. 모든 사람들이 그런 아내를 데리고 사는 도미를 부러워했고 질투도 했다. 그래서 서로 만나기만 하면 곧잘 이런 말들을 했다.

"가난뱅이 주제에 그런 예쁜 마누라를 얻다니, 하기야 가난하니까 데리고 사는 마누라도 예쁜 계집을 줘야겠다는 게 하늘의 뜻인지도 모르지."

"어쨌든 도미는 천복을 받은 거야. 그 얼굴에 그런 복을 받다니."

"암, 닭이 학을 데리고 사는 격이지, 하하하."

다만 흠이 있다면 결혼한 지 5년이 가까운 부부였지만 불행하게도 아이가 없다는 점이었다. 그래서 도미의 아내는 늘 숫처녀 같았다. 엉큼한 부자 사내들이 재물을 미끼로 던져도 그녀는 눈도 깜짝 안 했다. 모든 행실이 올바를 뿐만 아니라 절개 지키기를 목숨 지키는 것보다 더 중히 여겼다. 그런 소문은 퍼지고 퍼져 궁궐에까지 흘러들었으며 드디어 임금의 귀에까지 가 닿았다. 개루왕은 어리석지도 포악하지도 않은 군왕이었으나 호기심은 많은 그런 평범한 인물이었다. 그런 임금의 호기심을 일으킨 것은 소문으로만 듣게 된 도미 부인의 미모와 절개였다.

하루는 임금이 장난기가 동해 혼잣말로 중얼거렸다.

"도대체 예쁘면 얼마나 예쁘기에 소문이 내 귀에까지 들어오지? 한번 봤으면 좋겠군. 하, 재물에 절개를 지켰다고 권력에도 지킬까."

임금은 문득 도미를 대궐로 불러들여 일을 시킬 생각을 했다.

어느 날, 도미를 불러 궁궐에서 품팔이를 할 수 있게 하였다. 물론 임금의 지시였다.

일을 하기 위해 궁궐로 온 도미를 앞에 불러 세우고 물었다.

"대궐에서 일해 본 적이 있느냐?"

"폐하, 소인은 오늘이 처음이옵니다."

도미는 얼굴도 들지 못하고 작은 소리로 대답했다.

"네 이름이 뭐냐?"

"도미라 하옵니다."

"아하, 네가 소문으로 들은 바로 그 도미로구나. 네 아내가 그토록 정절이 굳으냐?"

"폐하, 황공하옵니다. 미천한 제 계집의 소문으로 폐하의 귀를 더럽혀 드렸사옵니다. 그 죄를 부디 용서해 주시옵소서."

"내 네게 묻겠다. 네 아내는 그토록 절개가 굳다고 소문이 나긴 했으나 보고 듣는 사람이 없고 어두울 때 달콤한 말로 꾄다면 그래도 마음이 변하지 않겠느냐?"

"황공하오나 그렇더라도 제 아내만은 두 마음을 가질 그런 사람이 아니옵니다."

"알았다. 네가 궁궐에서 할 일은 며칠이 걸릴 수도 있는 그런 일이니라."

임금은 도미에게 많은 일을 맡겨 집에 돌아갈 수 없게 하라고 명령을 내린 뒤 측근의 신하들에게 일러 거짓으로 왕의 행차를 꾸며 그날 밤 도미의 집으로 보냈다.

임금으로 꾸미고 간 신하가 도미 부인에게 말했다.

"짐은 오래전부터 네가 아름답다는 말을 들어 알고 있다. 그런데 내가 오늘 궁궐로 일하러 온 네 남편 도미와 내기를 하여 내 너를 얻게 되었노라. 하여 너는 오늘부터는 궁녀이고 너의 몸은 내 소유가 되었노라."

그러고 나서 곧 음란한 짓을 하려 했다. 그러자 도미 부인이 말했다.

"저와 미천한 제 남편의 뜻이라 하오니 제 몸과 마음을 폐하께 기꺼이 바치겠나이다. 하오나 폐하를 모시게 될 몸인지라 깨끗이 단장을 하고 오겠나이다."

밖으로 나온 도미 부인은 그 길로 이웃에 사는 젊은 과부에게 자초지종을 말한 뒤 돈까지 얹어 주고 부탁했다. 그 과부는 얼씨구나 좋다며 기꺼이 응낙했다. 그리고 거짓 임금과 거짓 도미의 아내는 그 밤을 신혼부부처럼 보냈다.

개루왕은 그 사실을 알게 되자 크게 노하여 우선 도미에게 없는 죄를 뒤집어씌워 두 눈을 멀게끔 한 뒤 배에 태워 강물에 떠내려 보냈다. 그러고 나서 도미 아내를 궁궐로 불러들여 강제로 음행을 저지르려 했다. 그러자 도미의 아내가 말했다.

"소인의 거짓으로 남편을 죽음에 이르게 했사옵니다. 그래서 이제는 절개를 지킬 이유도 없어졌거니와 홀몸으로는 살아갈 수도 없습니다. 그러나 오늘은, 오늘은 소인이 달거리 중이라 폐하를 모시지 못하오니 사나흘 뒤에 모시겠사옵니다."

도미 아내의 말에 임금도 어쩔 수 없어 허락하고 말았다. 궁궐에서 풀려난 도미 부인은 그 길로 송파강松波江에 가 닿았다. 그리고 정신없이, 남편을 싣고 흐른 강물을 따라 계속 달렸다. 통곡을 하며, 남편을 불러 대며 달리고 또 달렸다. 그러다 보니 조그만 배 한 척이 눈에 띄었다. 빈 배였다.

그 배는 오목한 곳에 걸려 더 떠내려갈 수가 없었던 듯했다. 남편을 싣고 온 배가 틀림없었다. 그녀는 다시 미친 듯이 남편을 불러 댔다. 그러자 근처의 뭍에서 이상한 신음 소리가 들려왔다. 비록 신음 소리이기는 했으나 남편의 목소리가 분명했다. 소리 나는 데를 찾아가 보니 과연 앞을 못 보는 남편이 신음하고 있었다.

"여보! 정신 차려요! 내가 왔어요, 내가!"

그녀는 오래 남편을 보살피다가 허기졌음을 깨닫고 먹을거리를 마련했다. 독 없는 나물을 끓여 먹이고 좀 기운을 차리는 듯해 뒤쫓는 사람들을 피해 더욱 깊숙한 곳으로 숨어들었다.

그들은 곧 백제를 떠나 고구려 땅으로 들어갔다. 고구려 사람들은 그들을 불쌍히 여겨 옷과 밥을 대 주었다. 도미 부부는 그렇게 구차한 삶을 살아가다가 이국땅 고구려에서 생을 마감하고 말았다.

왕이 바둑에 빠지더니……

한때 궁중에서는 바둑이 대유행이었다. 궁중에서뿐만 아니라 여염집에까지 바둑이 번졌다. 그러니 바둑을 잘 두면 그만치 대접을 받았다.

이렇게 바둑을 유행시킨 사람은 다름이 아니라 개로왕(蓋鹵王: 백제의 21대 왕)이라 할 수 있었다. 왕은 바둑을 너무나 즐겼다. 그리고 잘 두기도 했다. 신하들 중에 아무리 잘 두는 사람도 왕을 이긴 적이 없었다. 그런데도 왕은 시간만 나면 신하들을 불러 바둑을 두었다.

어느 날, 왕에게 판판이 진 신하가 약이 올라 한마디했다.

"소신이 듣기로는 바둑을 아주 잘 두는 스님이 있다 하는데 아마 폐하께서도 당하시지 못할 것이옵니다."

"중이 잘 두면 얼마나 잘 두겠나, 흥."

왕은 코웃음을 쳤다. 신하는 바둑돌을 가려 갈무리하며 '맨날 수가 약한 우리만 상대하시니까 이 세상에서 제일 잘 두시는 줄 아는 모양이군.' 하고 속으로 중얼거렸다.

왕이 그 신하에게 말했다.

"자네는 그렇게 바둑을 잘 두는 중을 아는 모양인데 그 중한테 한 수 배워 와야 짐과 상대가 되겠어. 배워 와서 한 판 둬 보세."

"폐하. 그래도 소신 워낙 재주가 없어 실력이 늘지 않사옵니다."

왕은 물러나려 하는 신하를 다시 불러 물었다.

"자네가 그 중을 안다고 했지. 그래 이름은 뭐고 어떤 절에 있는가?"

"폐하, 소신이 직접 아는 것이 아니오라 들은 얘기이옵니다. 듣기로는 좌평 통성 어른이 잘 아신다고 들었사옵니다."

"그래? 알았다. 이제 가 보아라."

좌평(佐平: 1등급 관등) 통성通成이라면 매일 만나다시피하는 조정 대신이다. 왕이 통성 좌평을 불러 물었다. 당장이라도 그 중을 불러들여 한판 겨뤄 보고 싶었다.

"경이 바둑 잘 두는 중을 안다는데 그 이름은 무엇인가?"

"폐하, 도림道琳이란 중이옵니다."

"그 중을 만나 보고 싶으니 불러들이도록 하게."

좌평은 속으로 깜짝 놀랐으나 내색은 않았다. 불러들여 바둑을 두겠다는 얘기와 다르지 않은 분부였기 때문이다.

"폐하, 무슨 연유이온지요?"

"하도 바둑을 잘 둔다기에 한판 겨뤄 볼 생각이오."

"도림은 본래는 고구려 중입니다. 하오니 가까이하심은 옳지 않다고 생각되옵니다."

왕은 바둑을 전혀 둘 줄 모르는 통성인지라 공연히 국적이 다른 것만 내세워 그와 바둑 두는 것을 막으려 한다고 생각했으므로 기분이 그다지 유쾌하지는 않았다. 따라서 목소리도 높아졌다.

"좌평, 그 자는 중이라 하지 않았소. 만일 그가 다른 뜻이 있다면 어찌 태연하게 우리나라에 와서 바둑 실력을 뽐내고 다닐 수 있겠소?"

"하오나……."

"좌평은 그 중이 고구려에서 온 중이라 수상하다는 것 아니오? 정 그렇다면 좌평이 잘 살펴보시오."

"그렇지 않아도 한번 조사를 시켰습니다."

"그랬더니?"

"자기 말로는 고구려에서 죄를 짓고 도망쳐 왔다고 주장했다고 하옵니다. 그런데 그 죄라는 것이 뭔 죄인지는 말하지 않더랍니다."

"뭔 죄를 겼든 죄를 지어 살 수가 없으니 도망 왔겠지. 얼마 전 나를 배반하고 고구려로 간, 누구더라? 그래 걸루桀婁라는 자와 만년萬年이라는 자의 무리였어. 죄를 짓고 다른 나라로 도망치는 건 어느 나라에나 다 있는 일, 도망 와 살면 사는 데가 자기 나라인 셈이지."

"하오나 한 번 배반한 자들은 또 배반하기 일쑤입니다."

"자아, 이렇게 하오. 좌평은 앞으로도 계속 그 중을 잘 살피도록 하고 짐에게 한번 데려오시오. 짐은 우리 백제의 바둑과 고구려의 바둑이 어떻게 다른지 살펴볼 작정이외다. 그러니 한번 도림을 불러오시오."

"……."

"그럼 그만 나가 보오."

왕 앞에서 물러 나오기는 했으나 좌평 통상은 도무지 편치 않은 심정이었다. 우선 왕에게 자기의 적수는 백제에 없다는 생각을 뿌리내리게 한 여러 신하들이 못마땅했고 신하들이 어쩔 수 없이 져 준다는 생각을 못하는 왕이 미워졌기 때문이다. 도림도 어떤 목적을 위해 왕에게 판판이 져 줄 수가 있는 게 아닌가. 그럼에도 왕명이니 도림을 왕 앞에 불러들이지 않을 수가 없었다.

결국 왕은 도림을 만나게 되었다. 왕이 바둑판을 내오게 하자 도림이 크게 허리를 굽혀 절을 올리고 나서 말했다.

"황공하옵니다. 어찌 소승이 대왕과 바둑을 겨루겠습니까!"

"고구려에서는 어떤지 몰라도 짐은 궁궐 안에서, 그러니까 군신이 바둑을 두며 동락한답니다. 그러니 격식 차리지 말고 한판 즐겨 봅시다."

"하오면 황공하오나……."

도림이 냉큼 흑돌을 잡았다. 그리고 대국이 시작되었다. 바둑이 진행될수록 왕은 손에 땀을 쥐었다. 다 잡힌 흑돌이 간신히 살아나기도 했고 멀쩡한 백의 대마가 까딱하면 살 수가 없는 지경이 되기도 했다. 대세는 백이 유리했다. 여태까지 신하들과 둘 때와는 사뭇 다른 재미가 있었다. 유리했던 백이 몰리기 시작했고 몇 수만 더 둔다면 백 대마가 위험에 처할 지경이 됐다. 그런데 자세히 보니 그 백 대마를 에워싸고 있는 흑 중앙이 곤마(困馬: 바둑에서 살아나기 어려운 돌)였다. 그 흑 세력만 꺾는다면 백 대마도 살고 흑은 불계패(바둑에서 집 수의 차이가 커서 계산할 필요도 없이 짐)였다.

흑이 둘 차례였다. 왕은 다시 손에 땀이 났다. 딱 한 수, 흑이 살길은 그 한 수뿐이었다. 왕은 도림이 그 수를 못 보기만 바랐다. 웬만한 실력으로는 볼 수 없는 그런 왼쪽 화점 부근의 딱 그 한 자리, 도림은 냉큼 돌을 놓지 않는다. 돌이 놓여야 할 곳이 아닌 다른 곳에 흑돌이 내려앉았다. 그곳에 백돌이 놓인다면 바둑은 끝이 나고 따라서 백이 불계승이다. 왕이 그 요석을 놓지 않을 리 없었다. 백의 그 요석에 도림은 '어허!' 소리와 함께 깊숙이 허리를 굽혀 인사를 올리고 나서 말했다.

"참으로 폐하의 수에 감탄하였사옵니다."

"웬걸요, 실은 중반까지 심은 진땀을 뺐소."

"폐하께 그 기묘한 수들을 배우고자 하오니 소승이 가끔 들를 수 있도록 허락해 주시옵소서."

"가끔이 아니라 자주, 매일 들러도 무방하오."

그날 이후로 도림은 거의 매일이다시피 궁궐을 드나들게 되었다. 국사를 의논하는 조정 대신들보다도 도림과 함께하는 시간이 더 많을 지경이었다.

아슬아슬하게 왕이 이길 때가 많았으나 가끔 도림의 압도적인 승리로 끝나기도 했다. 이런 바둑판에서는 여러 가지 얘기들도 나누게 마련이었다. 가끔 바둑판이 술판으로 이어질 때도 있었다. 하루는 그런 술판에서 왕은 도림에게 무슨 죄로 고구려를 떠나게 됐느냐는 질문을 했다.

"폐하께 말씀 올리기 송구합니다만 죄를 지어서가 아니옵고……."

"아니 그럼?"

"누명을, 그것도 여인들과 음란한 행위를 했다는 누명이었습니다. 장수왕이 그 소식을 듣고 직접 소승을 문초까지 했습니다만 결국은 누명을 벗을 길이 없어 어쩔 수 없이 도망자 신세가 되고 말았습니다."

"장수왕도 누명을 벗겨 주지 않았다?"

"연로하신데다 60여 년이나 왕위에 계셨으니, 태자 조차助多는 일찍 죽고 왕손 나운羅雲은 불평이 등등해 왕을 시해하고 자신이 보위에 오를 생각인 줄 아뢰오."

고구려 왕실에 대한 새로운 소식을 듣게 되자 자못 흐뭇하기까지

했다. 적대국이랄 수 있는 고구려가 흔들리고 있다는 느낌이 들었기 때문이었다.

"폐하께는 무례한 질문이옵니다만……."

"지금 질문이라 했소? 우리 사이에, 해 보오."

"이 나라에서 가장 중요한 일은 무엇이옵니까?"

"좀 전에 고구려 얘기도 나왔지만 우리에게는 고구려를 막는 것이 아주 중요한 문제요."

"고구려 방비도 물론 중요한 문제입니다만 소승은 그 다음으로 중요하고도 시급한 문제가 또 있는 줄로 아뢰옵니다."

"허허, 도대체 그게 뭐요?"

"폐하, 황송하오이다. 소승의 주제도 모르고서……."

"괜찮소. 기탄없이 말해 보시오."

"북은 큰 강이, 동은 높은 산맥이 그리고 서와 남은 바다가 에워싸 외침의 방비는 그다지 시급하다고 볼 수는 없지만……."

"그럼 더 시급한 건 뭐요?"

"아뢰옵기 황송하오나 단지 시급하다기보다는 아주 중요한 일이온데, 소승이 폐하를 뵙기 위해 궁궐에 들를 때마다, 그리고 탁발을 다니며 느낀 일이옵니다."

"어허, 그러니까 그게 뭐요?"

"소승이 아뢴다고 그 일이, 글쎄요. 바둑의 수로 보아 능히 하실 수 있으리라 믿고 아뢰옵니다만 이 백제는 아직 궁궐이 제대로 정비되지 않았고 사직이 있으면 당연히 태묘太廟를 세워 위엄을 보여야 함에도 소승이 보기엔 아직 부족한 줄로 아뢰오.”

왕은 도림의 말에 자못 느낀 바가 많았다. 사실 도림의 얘기에 틀린 것은 아무것도 없었다. 고구려에서 왔으니 백제가 그 나라보다 여러 가지로 얼마나 초라하게 보였으면 그런 얘기를 했겠는가 싶었다. 태묘의 빈약함도 인정할 수 있었다. 왕은 도림의 얘기들을 되새길수록 많이 부끄러웠다.

다음 날로 곧 전국에 명하여 궁궐 다시 짓는 일부터 시작했다. 전국에서 징발된 기술자와 장정들이 날로 늘어났고 그만치 나라의 재정은 나빠졌다.

한편에서는 욱리하郁里河에서 단단하고 큰 돌을 골라 아버지 비유왕毗有王의 유해를 담아 능을 조성했다. 태묘도 넓고 웅장하게 조성되었다. 이제는 바둑 두는 즐거움을 잊었다. 도림이 오면 그를 역사(役事: 토목이나 건축 공사) 현장으로 데리고 가 여러 가지 자문을 구했다.

일시에 진행되는 여러 역사에 대해 좌평 통성은 유보나 중단을 상주했으나 개로왕의 귀에는 전혀 들리지 않았다. 오로지 인접국 고구려나 신라에 뒤처져서는 안 된다는 일념뿐이었다.

호화찬란한 누각들, 웅장한 태묘, 위엄을 느끼게 하는 궁전이 국고를 얼마나 탕진시키는지 또 백성들이 노역으로 생활이 얼마나 어려워지는지 그리고 때를 놓친 농사와 흉년으로 온 나라가 어떻게 되어 가고 있는지 등에 대해 왕은 완전히 청맹과니(사리에 밝지 못하여 눈을 뜨고도 사물을 제대로 분간하지 못하는 사람)였다. 결국 굶주리다 못한 백성들은 길바닥에서 죽거나 도적이 되어 나라를 더욱 어지럽혔다. 그럴 때 도림은 종적을 감추었다. 왕명으로 샅샅이 뒤졌으나 행방이 묘연했다.

도림이 고구려에서 보낸 간첩임이 밝혀진 것은 백제에서 고구려로 보낸 군도(軍道, 軍導: 간첩)에 의해서였다. 그의 말에 따르면 도림은 고구려왕이 처음부터 간첩으로 밀파한 자로 개로왕을 농락하고 어떻게 해서든지 국고를 탕진하게 하여 나라를 어지럽히라는 밀명을 받았다고 했다. 그래도 개로왕은 그것을 믿지 않고 언젠가는 도림이 돌아올 것이라고 믿고 있었다.

그러던 어느 날, 고구려에서 온 것은 도림이 아니라 침략을 위한 대군이었다. 더구나 그 선봉에 선 자들은 자기를 배반하고 고구려로 도망쳤던 걸루桀婁와 만년萬年 그리고 그를 따라간 무리였다.

개로왕은 모든 조정 대신들을 소집했다. 왕이 그 자리에서 좌평 통성에게 들은 얘기들은 참으로 제정신으로는 들을 수조차 없는 것들이었다. 국고는 이미 오래전에 고갈됐고 민심이 흉흉해서 고구려군의 침입 소식을 듣자 장정들은 모두 도망쳤으며 성곽은 허물어진 채라는 등의 얘기들이었다.

그 어전회의에서 결정된 것은 단 한 가지, 고구려와는 공동으로 적국인 신라에 구원병을 요청하자는 것이었다. 신라로 개로왕의 친서를 가지고 말을 달린 것은 태자였다. 그러나 신라에서 희소식이 닿기도 전에 고구려 대군은 도성을 함락했고 선봉에 선 걸루에게 개로왕은 잡히고 말았다. 그는 포박된 몸으로 고구려의 왕이 대기하고 있는 아차성(阿且城: 지금의 서울 광진구)으로 끌려가 목이 베어졌다.

태자가 뒤늦게 도착한 신라 구원병을 이끌고 남하한 곳은 웅진(熊津: 지금의 공주)이었다. 백제는 이 전쟁으로 수도였던 광주廣州 일대의 드넓은 땅을 빼앗겨 국토가 크게 줄어들고 말았다.

마를 캐어 파는 아이

백제의 수도 사비(泗沘: 지금의 부여)에 남지南池라는 큰 못이 있었다. 그 못가 오두막에 홀어머니를 모시고 사는 아이가 있었다. 사람들은 그 아이를 부를 때 이름을 부르지 않고 마(감자나 고구마처럼 생긴 뿌리를 한자로 서薯라 함)를 파는 아이라는 뜻인 '서동薯童'이라 했다. 그도 그럴 것이 그 아이는 어찌나 부지런한지 이른 아침에 밭에 나가 마를 캐다가 밤늦도록 팔고 다녀 그 수입으로 어머니를 봉양했기 때문이다. 그렇게 방방곡곡을 누비고 다니다 보니 사람들에게 여러 얘기를 들을 수 있었다. 그는 백제뿐만 아니라 가까운 신라 땅에까지 가서 마 장사를 했다.

하루는 신라에 가서 마를 팔고 다니다 귀가 번쩍 열리는 소문을 듣게 되었다. '진평왕의 딸 선화善花공주가 세상에서 제일 예쁘다더라.'는 말이었다. 열여섯 살의 서동의 가슴이 짜릿해졌다. '내가 그 예쁘다는 공주를 아내로 삼았으면 좋으련만.' 서동은 마를 팔고 다니면서도 늘 이런 생각에 묻혀 있었다.

그러던 어느 날, 서동은 세상에서 제일 예쁘다는 선화공주를 직접 한번 보기라도 할 양으로 옷차림을 신라 사람처럼 꾸미고 왕궁이 있는 수도로 들어갔다. 마 장수를 의심하는 사람은 아무도 없었다.

그는 궁궐 주변을 돌며 열심히 마를 사라고 외쳐 댔다. 공주의 얼굴은커녕 멀리서 뒷모습조차 볼 수도 없었다. 그래 '못 먹는 떡 찔러나 본다.'는 심정으로 궁궐 바로 밖의 동네 아이들에게 마를 공짜로 나눠 주기 시작했다. 마를 얻으려고 많은 아이들이 몰려들자 자기가 지은 노래를 따라 부르는 아이들에게 마를 공짜로 주었다. 그 노래는 이런 노래였다.

선화공주님은

남 몰래 어려 두고

서동 방으로 밤에는 안고 가요.

'선화공주는 밤마다 아무도 몰래 서동의 방을 찾아든다.'는 뜻인 이 노래는 아이들이 공짜로 마를 얻어먹는 재미로 부르고 또 불러 대어 크게 유행하였다. 그러니 자연 이 노래는 대신들의 귀에도 들리게 되었고 그 밖에 궁궐에 드나드는 여러 사람들도 알게 되었다. 왕비와 왕의 귀에도 들어갔다.

결국은 한 대신이 나라가 염려되어 왕에게 말하기까지 이르렀다.

"폐하, 요즘 궁궐 밖에서 널리 나도는 이상한 노래, 선화공주의 얘기를 노래로 부르고 있다는 걸 알고 계시나이까?"

"얘길 듣기는 했소."

"그것은 참으로 부끄러운 일이 아닐 수 없습니다. 한 나라의 공주가 천한 사내의 방엘 밤마다 몰래 찾아든다니, 이웃나라들에까지 이 노래가 퍼진다면 이는 우리나라의 큰 수치입니다. 그리고 그 나라에서 우리나라를 얼마나 깔보겠습니까!"

왕은 대신의 말이 틀린 데가 없었으므로 아무 말도 못했다. 그러자 그 대신이 말했다.

"청컨대 선화공주를 궁에서 먼 곳으로 가 살도록 함이 마땅한 처사라 생각되옵니다."

이튿날은 또 다른 대신들이 몰려와 비슷한 말을 했다.

드디어 왕은 선화공주를 불러 닦달했다. 그러나 선화공주로서는 청천벽력과도 같은 말이라 아무리 변명을 해도 소용이 없었다. 궁궐 밖에서는 물론이려니와 이제는 궁궐 안에 있는 아이들까지도 그 노래를 부르며 놀았다. 이제는 왕도 어쩔 수가 없어 여러 대신들을 불러 자신의 뜻을 밝혔다.

"짐은 가슴이 아프지만 선화공주를 여러 대신들의 뜻대로 궁 밖에 나가 살도록 했소."

"궁 밖 어디입니까?"

"정한 곳은 없소이다. 공주가 나가 봐서 직접 정하도록 했소."

왕은 왕비와 결정한 바를 그대로 전했다. 많은 금과 보물을 주어 의식주에 불편함이 없고 자유롭게 살도록 했던 것이다.

공주가 왕과 왕비와 눈물로 작별하고 궁에서 나와 한참 걷고 있을 때 젊디젊은 한 사내가 다가오더니 자기가 가는 길을 안내하겠다며 나섰다. 공주가 어찌해야 옳은지 몰라 망설이고 있자 그 사내가 다시 말했다.

"공주님, 제가 공주님을 모시고 가게끔 허락해 주십시오."

그가 바로 '서동'이라 불리는 사내였으나 공주는 아무것도 모른 채 갈 길이 막막하여 그냥 허락하고 말았다. 아무리 보아도 악한 사람 같지 않은 그 사내가 실은 고맙기까지 했다.

며칠 동안 그 사내를 따라 공주가 간 곳은 백제 땅이었다. 그곳에 이르기 전 서동과 공주는 길동무로서가 아니라 남녀로서 평생을 함께 할 달콤하고도 짜릿한 인연을 맺게 되었다. 세상에서 제일 예쁜 공주의 얼굴을 한번 보는 것이 소원이었던 서동이 그런 공주의 남편이 된 것이다.

오랫동안 집을 비웠던 아들이 아름답기 그지없는 아가씨를 데려와 아내라고 말했을 때 과부로 어렵게 살아온 서동의 어머니는 이게 꿈인가 생시인가 싶었다.

공주는 시어머니께 큰절을 올리고 나서 궁궐에서 받아 온 자루를 풀어 그 속에 가득 든 금붙이들을 꺼내 보이면서 말했다.

"금이 이렇게 많으니 이제 부자로 살 수 있어요. 큰 집도 마련하고 땅도 사고 살림살이도 새것으로 마련하고…….'"

서동이 그걸 보고 있다가 이상하다는 듯이 말했다.

"아니, 그깟 게 뭔데 큰 집, 땅, 새 살림살이까지?"

"아니, 이게 뭔질 정말 모른단 말예요? 이게 다 황금이잖아요!"

"난 어려서부터 그런 걸 늘 봐 왔어요. 마를 캐다 보면 땅속에 저런 게 너무 많이 깔려 있어 귀찮을 지경이오. 그런 흔한 걸로 뭐? 1백 년을 부자로 산다니, 내 참!"

서동이 말끝에 비웃기까지 하자 이번에는 공주가 놀라고 말았다.

"그게 정말이에요? 어디 한번 가 봅시다."

"그래요. 당장 갑시다."

마밭으로 간 서동은 황금이라는 그것을 파내기 위함이 아니라 마를 캐기 위해 밭을 파 일구었다. 그러면서 공주가 말한 황금이라는 게 나오면 귀찮다는 듯이 밭두렁에다 팽개치듯 내버렸다. 공주는 또 한 번 크게 놀랐다. 그렇게 하여 쌓인 황금은 잠깐 동안에 한 가마니나 되었다.

금덩이를 한데다 모으기에 바쁜 공주가 서동에게 말했다.

"금이 이렇게 많으니 신라 궁궐, 아바마마께 절반쯤 보내도 되겠지요?"

"그럼요, 절반이 아니라 더 많이 보냅시다."

며칠 뒤, 신라로 보내는 황금 가마니에 공주는 편지도 써 넣었다. 그것을 받은 신라 궁궐이 발칵 뒤집혔다. 궁궐에서 나간 뒤로 늘 공주의 안부가 궁금했는데 이토록 많은 금을 보내왔으니 실로 충격이 아닐 수 없었다.

서동과 선화 부부는 그렇게 얻게 된 많은 황금으로 큰 부자가 되었음은 물론이요, 그런 재물로 가난한 사람들을 돕는 등 좋은 일을 많이 했다. 그래서 조정에 나가 일을 보는 직책을 갖게도 되고 높은 벼슬을 살기도 했다. 그러다가 결국은 왕위에까지 오르게 되니 그가 곧 백제 제30대 무왕武王이었다.

입에 쓴 약

백가(苩加)라는 충신이 있었다. 그는 '입에 쓴 약은 병에 이롭고 귀에 거슬리는 말은 결과가 좋다.'는 말을 좌우명으로 삼고 사는 사람이었다.

그는 관등이 1등급인 좌평으로 맡고 있는 직책은 위사좌평(衛士佐平: 요즘의 친위장관)이었다. 그는 왕이 큰 공사를 많이 벌이는 것이 나라에 전혀 도움이 되지 않는다고 생각하는 사람 중의 하나였다. 그런데 아무도 왕에게 그런 말을 하지 않아 자기가 간諫하기로 했다. 그래서 어전에 나서서 아뢰었다.

"지금 백성들은 모두가 살기 어렵사옵니다. 흉년에다 이웃나라의 침공에다, 정말로 살기가 어렵습니다. 그래 얼마 전에는 2천 명이나 되는 백성들이 고구려나 신라로 살길을 찾아갔습니다."

"그래? 그런데 짐이 그들을 다시 붙잡아 들이라는 것인가?"

"폐하, 그런 말씀이 아니옵고 지금 벌이고 있는 공사를 미루거나 중단하는 것이 옳을 듯하옵니다. 거리에 나가 보면 거지가 득실거리고 먹을거리가 없어 사람이 사람을 잡아먹는 경우도 있다 하옵니다."

"좌평은 짐더러 어떻게 하라는 것이야!"

"공사를 중단하는 것이 옳을 듯하옵니다."

"그까짓 조그만 공사를 중단한다고 백성들이 배불리 먹을 수 있단 말이야?"

"그렇습니다. 나라 창고에 있는 양곡을 풀어 백성들부터 살리고 봐야 한다고 생각되옵니다."

"듣기 싫소! 썩 나가시오."

백가는 어쩔 수 없이 나왔지만 어전에서 몇 번이나 똑같은 말을 되풀이했다. 그러자 왕은 그에게 누각 공사가 다 끝날 때까지 궁궐 출입을 금하라는 어명을 내렸다.

왕의 입에서는 '그까짓 공사'라는 말이 나왔지만 그것은 '그까짓 공사'가 아니었다. 누각의 높이만 해도 자그마치 다섯 길(한 길은 사람 키 하나)이나 되는 큰 공사였다. 나랏일이라고 굶주린 배를 부여잡고 징발돼 와서 힘을 써야 하는 일을 하자니 하루에도 몇십 명씩 쓰러졌고 심지어 죽는 사람도 적지 않았다. 그런데 그렇게 무리를 해 짓는 누각이 왕의 유흥 장소로 쓰인다는 데에 문제가 있었다.

궁궐에서 나오며 백가는 다시 궁궐을 뒤돌아보았다. 그러면서 속으로 중얼거렸다.

'젠장, 누각이 다 될 때까지 나오지 말라고? 나는 이 나라 1등급 관직인 좌평이란 말이야. 엄연히 내가 맡아 해야 하는 일이 있는데 나오

지 말라니! 내가 15년 동안이나 좌평을 지냈는데 내 충성심을 몰라주고 아예 발을 묶다니!'

백가는 집에 와서도 분이 풀리지 않아 계속 씨근거렸다. 그러나 그는 발이 묶였다며 화를 낼 일이 아니라 그동안의 노고에 대한 보상으로 휴가를 얻었다고 생각하기로 했다. 그렇게 며칠이 지난 어느 날 저녁, 질원質圓이 찾아왔다. 오래전부터 그를 우러러 따르는 젊은 무사였다. 그 젊은이는 백가의 외동딸 도랑桃娘을 좋아했다. 그도 젊은이를 사윗감으로 점찍어 놓고 있었다. 딸도 질원을 좋아했으나 짝을 지어 줄 수 없는 것은 백가의 조석을 끓여 줄 사람이 없었기 때문이었다. 그래 데릴사위로 들일 생각인데 아직 질원에게 그런 자신의 뜻을 전하지는 못한 상태였다. 그러나 그날 질원이 찾아온 것은 백가가 왕명으로 궁궐 출입이 금지됐다는 소식을 들은 때문이었다. 질원이 말했다.

"그 말을 듣고 깜짝 놀랐습니다."

"누각이 완성될 때까지네. 그 공사는 어찌 되어 가나?"

"오늘 무거운 돌을 나르던 백성이 돌에 치여 둘이나 죽었다고 합니다. 하나도 급할 게 없는 일을 벌여 백성들 목숨을 그렇게……."

그날 뒤로 공사의 진척이 차츰 심하게 지연되고 있는데 일하는 백성들이 자꾸만 줄어들기 때문이라는 얘기도 질원에게 들었다. 그런데 어느 날은 그와 반대되는 소식을 전했다.

"아니, 인부가 나날이 늘다니! 어째서?"

"사흘 전부터 나라의 곳간 문을 열었습니다. 흉년에 굶어 죽을 판인데 다만 얼마씩이라도 양식을 준다니까 너도나도 공사판에서 일하겠다며 몰려듭니다."

"그게 어떤 양곡인데! 전쟁 때 쓸 군량미로 비축해 둔 것을, 쯧쯧."

"요즘 길거리에 거지 떼가 득시글거리고 굶어 죽는 사람도 많습니다. 국경 근처에서는 많은 사람들이 고구려로 넘어가고 있답니다."

"그건 벌써 오래전부터 그랬지."

"상감마마께서 안 계시는 게 외려 낫겠습니다."

"쉬이."

급히 말조심하라고는 했으나 실은 백가도 질원의 생각과 다르지 않았다. 그는 잠시 생각에 잠겼다. 문주왕(文周王: 백제의 22대 왕)도 여러 가지 나쁜 정책을 펴 사냥터에서 해구解仇에게 죽임을 당해 그의 아들이 다음 왕위(삼근왕三斤王)에 올랐고 그 사촌 동생이 지금의 왕위를 이었다. 그럼에도 왕은 정신을 차리지 못하고 있다. 왕이 왕 노릇을 제대로 하지 못하면 신하에게 살해당한다는 걸 잘 알면서도.

얼마 뒤, 대궐 동쪽에 짓던 누각이 완성되어 '임류각臨流閣'이라는 현판을 걸고 낙성식을 거행하니 참석하라는 기별이 백가에게도 왔다. 낙성식이 있은 지 얼마 되지 않는 날, 왕의 부름을 받은 백가는 어전에 임했다.

"그동안 힘들여 쌓은 가림성이 완공되었으니 경은 그 성주가 되게."

가림성加林城은 신라 접경에다 쌓았다고 했다. 신라가 고구려와 살수薩水에서 싸울 때 고구려군의 포위망을 뚫어 준 것이 백제였고 또 고구려군이 백제 치양성雉壤城을 포위했을 때는 반대로 신라가 덕지德智 장군을 보내 화를 면했다. 이렇듯 양국이 서로 화친을 맺고 있는데 바로 신라 코앞에다 성을 쌓고 그곳 성주가 되라니, 이게 제대로 된 왕의 생각이란 말인가! 누각 건립을 반대한 벌인가?

"경은 왜 대답이 없는가?"

"폐하, 그곳은 국경지대의 아주 중요한 성이니 그 성주는 1등 장수가 적임이옵니다."

"그래서 경을 그곳 성주로 임명한 것이야."

"하오나 신은 이제 나이가 들어 기력이 쇠하였으니 그 성 성주의 임무수행이 무리일 듯하옵니다."

"경처럼 충성심이 강한 사람이 어찌 어명을 거역하는가?"

"······."

"경은 즉시 임지로 떠나라!"

"네, 어명을 받들겠나이다."

어미 잃은 딸이 아비와도 떨어져 홀로 있게 하고 떠나는 마음이 쓰렸지만 달리 방법이 없었다. 백가가 딸과 질원에게 말했다.

"도랑아, 걱정 말아라. 아비는 아직 기력이 있으니 잘 견디다 오마. 그리고 질원 군, 자네는 도랑을 잘 보살펴 주고 혹 뭔 일이라도 생기면 곧장 와 알리게. 대궐엔 간사한 무리들 천지니 각별히 주의하게나."

어렵사리 가림성에 도착하고 보니 성은 듣던 것보다 허술했고 병사들은 그야말로 오합지졸이었다. 병사들을 조련하고 허술한 성을 보수하면서 세월을 보내고 있던 어느 날, 갑자기 질원이 찾아왔는데 사람도 말도 다 땀벌창이었다. 말도 제대로 하지 못할 정도로 숨이 가빴다. 우선 냉수를 마시게 한 후 물었다.

"도랑이……."

"도랑이 어찌 되었단 말이야?"

"어명으로 궁궐로 들어갔습니다."

"뭐, 어명? 궁중? 그게 뭔 말이냐?"

"어명이라며 함부로 잡아갔는데, 듣기로는 후궁으로 삼는답니다."

"헛, 애비에게는 단 한마디도 없이! 그래서 날 이 먼 산중으로 보냈단 말인가!"

하염없이 눈물만 흘리고 있는 질원을 차마 볼 수가 없어 백가는 눈을 지그시 감았다. 그러고는 한참 생각한 끝에 입을 열었다.

"자네 아직도 상감을 지척에서 모시고 있나?"

"네. 평시에는 그렇지 못하지만 임류각 잔치 때는 늘 그렇습니다.

잔치가 잦습니다. 그런데 왜 그러십니까?"

"성 밖에 나가서 말함세."

백가는 말고삐를 잡은 질원을 성문 밖 한갓진 곳으로 이끌고 가 말했다.

"자네 지금 곧장 떠나게. 무단히 여길 다녀갔다는 걸 아무도 모르게 빨리 말을 몰게. 그리고 이 칼을 지니게."

"칼을 왜?"

"임류각에서 한번 써 봐!"

그제야 질원의 눈이 빛났다. 그 눈빛은 '꼭 해내겠습니다!'라고 고함치는 것보다도 크게 백가의 귀를 울렸다.

질원이 다녀간 지 열흘인가 되던 날, 백가는 뛸 듯이 반가운 소식을 들을 수 있었다. 자객이 왕을 시해했다는 소식이었다. 백가의 얼굴에는 웃음꽃이 활짝 폈다. 그러나 그 소식을 뒤따라온 것은 새로 등극한 왕이 보낸 기마부대와 체포영장이었다. 그야말로 호사好事에 낀다는 마魔였다. 백가는 도성으로 끌려간 즉시 새로운 왕명에 의해 목이 잘려 효수梟首되었으며 그 시신은 백강白江에 던져졌다.

세상에서 제일 긴 혈서

말 탄 노인 한 사람이 사방을 두리번거리며 생각에 잠겨 있었다. 한참을 그러다 탄식처럼 중얼거렸다.

"이 땅에도 봄은 오려나? 아니지, 땅에는 봄이 오지만 나라에는 봄이 멀었어."

그는 대궐로 가는 길이었다. 의자왕義慈王을 만나기 위해서였다. 왕은 태자 시절부터 대담하고 용맹스러우며 형제간에 우애가 깊어 '해동海東의 증자曾子'라는 칭송을 받았다.

또 무왕武王의 뒤를 이어 보위에 오른 후, 초기에는 적극적으로 국력을 양성하고 국토확장에 주력했다. 그 결과 국경지대인 대야성大耶城, 미후성獼猴城 등 거성을 포함한 40여 성을 함락시켰다. 때문에 백성들까지 신라가 백제에 병합될 날이 머지않았다는 얘기를 했다.

그런데 10여 년 남짓 지나자 왕에 대한 나쁜 소식이 나돌기 시작하더니 이제는 완전히 '방탕한 왕'이라는 낙인이 찍히고 말았다. 그 낙인은 소문에 의해 잘못 찍힌 것이 아니었다. 사실 그럴 정도로 왕은

186

궁녀들과 음란하게 놀았으며 나랏일은 완전히 뒷전이었다. 신라에서는 복수의 기회를 노리고 있었으며 고구려 방비도 게을리할 수 없는 상황이었다. 조정 대신들은 물론이려니와 백성들까지 불안에 떨고 있었다. 충간忠諫하는 대신들이 하나 둘 사라지더니 이젠 아예 왕을 외면하거나 아첨하는 무리들만이 득시글거렸다.

"온조溫祚대왕께서 건국한 이래 7백여 년을 이어온 왕조인데 한 군왕의 방탕으로 사직을 무너뜨릴 수는 없고 말고! 목숨이 붙어 있지 않다면 모르나 이렇게 목숨이 붙어 있으니 입이 입 구실을 해야지. 몸은 살아 있어도 입이 제구실을 않으면 그건 죽은 목숨과 다르지 않아!"

노인이 말을 타고 궁궐 안으로 들어섰다. 그는 1등급 관등인 좌평佐平 성충成忠이었다. 그가 갔을 때 왕은 이미 연락(宴樂: 잔치를 즐김)에 빠져 있었다. 그는 어전으로 다가가 큰 소리로 입을 열었다.

"폐하."

왕의 감긴 눈은 뜨이지 않았다. 성충은 다시 소리를 높였다.

"폐하!"

"어허, 좌평이 웬일이오? 아주 잘 왔소. 거 누가 좌평 어른께 잔을 올려라."

왕은 눈을 감은 채 말했다.

"폐하, 소신이 아뢸 말씀이 있사옵니다."

"짐이 이 춘삼월 호시절에 듣고 싶은 것들은 꽃향기에 취한 벌, 나비 소리, 짝을 찾는 새들의 지저귐뿐이로다. 으하하하."

"폐하, 신은 오늘……."

왕은 성충의 말을 싹둑 자르며 말했다.

"그래, 오늘은 술이 마시고 싶다는 얘기지? 얘들아, 뭣들 하느냐? 술을 마시고 싶다고 하잖니. 어서 술을 올려라!"

성충과 가까이 있는 한 궁녀가 빈 잔을 가져와 잔을 가득 채웠다.

왕이 말했다.

"누가 무릎 좀 가지고 오너라."

성충은 왕의 속을 훤히 알고 있다. 자신의 입에서 나올 쓴소리를 들으려 하지 않는 것이다. 그렇다고 오늘 잔뜩 벼르고 온 이상 그냥 물러날 수가 없다. 성충은 왕에게 나가려는 궁녀를 제지하고 앞으로 나갔다.

"폐하, 여기 소신의 무릎을 대령하였사옵니다. 비록 늙어 살집은 없사오나 선왕 폐하 앞에서부터 꿇던 무릎이오라 충성스런 무릎이옵니다."

왕은 여전히 눈을 감은 채였으나 뭐라 호통을 치려다 '선왕 폐하'라는 말에 주춤하더니 계속 잠든 체했다. 성충은 다시 힘을 내어 간하기 시작했다.

"폐하, 오늘 아뢸 말씀은 소신이 아뢰는 것이 아니옵고 선왕 폐하께옵서 내리신 유탁을 소신이 대언하는 것이옵니다. 선왕께서 와병

중이실 때 소신을 옆에 불러 '성충을 나로 믿고 의지하여 어려운 일이 있거든 의논해라.' 하오시던 유탁이 아직도 소신의 귀에는…….''

성충은 복받치는 눈물 때문에 말을 잇지 못했다. 그때 주체치 못한 눈물이 한 방울 왕의 용안 위에 떨어졌다. 그러자 왕이 벌떡 일어나 앉으며 소리쳤다.

"에잇, 더러워! 어디다 더러운 콧물을 떨어뜨리는 게냐?"

"콧물이 아니오라 눈물이옵니다."

"듣기 싫다! 게 아무도 없느냐!"

"폐하! 정신을 차리시옵소서. 온조대왕 이래로 7백 년 동안이나 면면히 이어온 사직이 바야흐로 위태롭지 않습니까! 이 사직이 무너지는 날에는 폐하께서 어찌, 무엇으로 종묘에 사죄하시렵니까? 술과 계집을 삼가십시오. 신라를 경계할 줄 아십시오! 이제 정신을 차리지 않았다가는 천추의 한을…….''

"여봐라! 게 아무도 없느냐? 당장 이 늙은이를 끌어내라! 어서 끌어내!"

왕명에 몰려든 궁액(宮掖: 궁에 딸린 하인)들에게 붙잡힌 성충이 소리쳤다.

"이놈들, 놔라!"

어명 앞에서 노 재상의 고함은 벌레 소리만도 못했다. 성충은 곧 옥에 갇히는 신세가 되고 말았다. 그에게 덮어씌운 죄목은 첫째 용안에 콧물을 떨어뜨린 것, 둘째 왕에게 호령했다는 것, 셋째 왕명을 거역했다는 것, 넷째 민심을 어지럽혔다는 것 등이었다.

노구의 옥살이는 성충을 하루가 다르게 피폐케 했다.

'그래, 죽기 전에 상소문이라도 써 둬야 해.'

옥살이 신세의 그에게 필묵은 가당치도 않은 것이었다. 그는 흰 천으로 된 속옷을 벗어 옥의 마룻바닥에 펼쳤다. 잔뜩 힘주어 검지를 깨물어 피를 냈다. 그러고는 한 자, 또 한 자…… 써 내렸다. 피가 멎으면 또 깨물고, 다시 또 깨물며 썼다.

'이제 소신 성충은 죽음에 이르러 상소하나이다. 지금 시세로는 반드시 가까운 장래에 전쟁이 일어납니다. 우리나라의 지세로 보아 상류에 진을 쳐야만 유리합니다. 적이 침입하면 육로는 탄현炭峴을 굳게 지키고 수로는 기벌포伎伐浦를 굳게 지켜 막아야 도성이 위태롭지 않습니다. 연락에 취해 있지 마시고 계백 장군에게 하명하여 소신이 지적한 두 곳만이라도 미리 방비하게 하소서. 소신은 황천에서 백제의 만만세를 축수하오리다.'

성충은 옥리를 불러 흰 속옷에다 피로 쓴 상소문을 왕에게 전하도록 이르고는 쓰러져 혼미한 상태로 중얼거렸다.

"백제 만만세!"

아비지, 나라 망치는 탑 쌓다

백제는 고구려의 침략을 받아 시조 온조대왕이 터 잡은 아리수(지금의 한강) 일대의 땅을 빼앗겼다. 웅진(熊津: 지금의 공주)으로 도읍을 옮긴 지도 어느덧 60여 년의 세월이 흘렀다. 그곳이 도읍으로는 비좁아 새로 도읍지를 정해 옮긴 곳이 사비(泗沘: 지금의 부여)의 부소산扶蘇山 아래였다.

그때 백제는 신라와 화친을 도모하여 함께 고구려를 방비했다. 그런데 이번에는 신라가 등을 돌리려는 형국이었다. 그래 성왕聖王은 군대를 이끌고 나가 신라의 관산성(管山城: 지금의 충북 옥천)을 치다가 전사해 두 나라는 원수의 나라로 바뀌고 말았다.

그렇게 1백 년이 흐른 의자왕義慈王 때 신라 선덕여왕善德女王이 백제에 탑의 장인을 보내 달라고 간곡히 요청했다. 그 무렵, 신라의 자장慈藏 대사가 당나라에 가서 불법을 연구하고 돌아올 때 부처님 진신사리를 갖고 왔는데 그 진신사리를 봉안할 탑을 세우려 했으나 그럴 만한 기술자가 없었기 때문이었다. 그래 그 공사를 맡을 장인을 백제에서 구했다.

신라의 극진한 대우로 초청받아 간 백제의 장인은 아비지阿非知였다. 그는 당시 국내외에 잘 알려진 거장이었다. 신라 도성에 도착한 그는 황룡사皇龍寺에 안내되어 법당 앞에다 터를 잡고 온갖 준비를 서둘렀다. 그리고 원하는 9층탑을 세워 주려고 탑주(塔柱: 탑 중심 기둥)부터 만들었다.

그날 밤 꿈에 백제 도성이 온통 불바다로 변하고 처자식은 물론 수많은 백성들이 아비규환이었다. 아비지는 너무나도 놀라 소리치다가 꿈에서 깨어났다. 아무리 꿈이라 해도 불길한 생각을 지울 수가 없었다. '이상한 꿈이야. 내가 신라의 탑을 올리는 것이 백제를 망하게 하는 일인가? 탑을 쌓는 게 백제를 망하게 해? 그렇다면 나는 이제 여기서 손을 떼는 게 옳아. 백제로 돌아가야 해!'

아비지는 도무지 잠을 이룰 수가 없어 뜬눈으로 새웠다. 날이 밝았으나 현장으로 나가지 않았다. 병이 나 일을 할 수 없다고 핑계를 댔다. 이튿날도 또 그 이튿날도……. 여러 날을 그렇게 보냈다. 그래도 그 꿈은 머리에서 지워지지 않았다. 그래서 자리에서 일어나지 않았다.

신라의 인부들이 수군거리기 시작했다. 아비지를 돕게 된 신라의 장인은 용춘龍春이라는 이였다. 용춘이 문병을 왔다. 병색이 아닌 걸 보고는 자꾸만 고개를 갸웃거렸다. 그가 다녀간 뒤 아비지는 도망을 치려고 결심했다. 언제까지나 병을 핑계 댈 수도 없는 노릇이었다.

아비지가 떠나려 할 때였다. 갑자기 하늘이 캄캄해지더니 바람이 불어치고 천지가 진동을 했다. 이상하기도 하고 겁도 나서 절 마당을 내다보노라니 키가 열 자도 넘는 무섭게 생긴 장수와 신선 같기도 한 늙은 중이 나타나 아비지가 세워 놓은 탑주 옆에다 또 다른 탑주 하나를 세워 놓는 것이었다. 그러고는 바람처럼 사라지고 말았다. 언제 그랬나 싶게 바람이 걷히고 날이 들어 하늘이 청명하기 이를 데 없었다.

아무도 말이 없는 것으로 보아 다른 사람들은 보지 못한 모양인데 아비지의 눈에는 분명 그것이 보였다. '이상한 일도 다 있군. 내가 탑을 세워 주지 않는다 해도 이 탑은 어떻게든 세워진다는 계시인가? 내가 공연히 한갓 꿈일 뿐인 것을 너무 과장되게 생각했던 것인가? 사실 내가 신라에 탑을 세운다고 우리 백제가 망한다는 것은 있을 수 없는 일이 아닌가. 나라가 망하고 흥하는 것은 나랏일을 보는 임금이나 나라를 지키는 군사들의 힘에 달렸지 내가 탑 쌓는 데에 달린 문제는 아니지!' 아비지는 방에서 나가 팔을 걷어붙이고 정성껏 일하기 시작했다. 날이 가는지 달이 바뀌는지도 생각지 않고 온 정신을 쏟아 일을 하고 또 하고 했다.

이윽고 황룡사 법당 앞에 9층 목탑이 장엄하게 치솟아 올랐다. 물론 자장율사가 당나라에서 가져온 부처님의 진신사리도 탑 안에 봉안되었다. 불심이 남다른 아비지도 탑의 완성과 다친 인부들이 없는 것을 부처님께 진심으로 감사하는 합장을 올렸다.

탑이 이렇게 완성된 것은 자장율사가 선덕여왕에게 다음과 같이 진언한 때문이었다.

"소신이 당나라에 있을 때, 어느 천신이 소신에게 나타나시어 '지금 너희 나라에는 여왕이 계시어 덕은 있다고 하나 위엄이 없어 이웃 여러 나라에서 기회를 엿보고 있으니 너는 속히 네 나라로 돌아가 황룡사 법당 앞에 9층탑을 세우도록 하여라. 그러면 이웃 아홉 나라에서는 조공을 바칠 것이요, 왕업도 길이 이어지리라.' 하였습니다. 하오니 탑을 쌓는 일이 시급하고도 중요하옵니다."

이 9층탑으로 인하여 신라에 항복할 아홉 나라의 이름은 1층은 왜倭, 2층은 중화中華, 3층은 오월吳越, 4층은 탁라托羅, 5층은 옹유擁遊, 6층은 말갈靺鞨, 7층은 단국丹國, 8층은 여적女狄, 9층은 예맥濊貊 등이었다. 이는 모두 종족들의 이름으로 고구려와 백제는 9층의 예맥 속에 포함된 것이었다.

아비지가 신라를 떠나던 날, 그는 착잡한 마음으로 자기가 쌓아 올린 9층탑 앞에 섰다. 높이로만 따져도 225척의 으리으리한 목탑이었다. 그러나 눈물이 하염없이 흘러내렸다. 탑을 쌓은 목적이 '이웃 여러 나라들에게 항복을 받기 위함'임을 어제서야 알게 되었기 때문이었다.

고
려

고려의 건국

왕건은 성이 왕王씨, 이름은 건建이다. 그는 금성태수金城太守였던 왕융王隆과 한韓씨 부인 사이의 아들이다. 태어난 곳은 송악군(松嶽郡: 지금의 개성)의 송악산 남쪽 기슭이었다. 도선道詵 선사가 우연히 그 집 앞을 지나다 말했다.

"이 터에서 반드시 성인이 나겠군."

왕융이 그 말을 듣고 집 안으로 청해 대접했더니 시 한 수를 써 주며 말했다.

"그대는 명년에 반드시 귀한 아들을 낳을 것이오. 그 아이가 장성하거든 이 시를 주시오."

선사 말대로 다음 해인 신라 헌강왕憲康王 3년(877)에 왕융의 아들이 태어났다. 마침 이상한 빛과 기운이 용틀임을 하듯 집 안을 휘감고 돌아 모두들 이상하게 생각했다. 아이가 자라 17세가 되자 도선 선사가 일부러 찾아와 왕건에게 병법, 천문지리의 비술祕術을 가르쳤다. 워낙 영특하여 빠르게 익히고 능통하게 행했다. 20세 때에는 후고구려의 왕 궁예弓裔가 그를 발탁해 발어참성(勃禦塹城: 개성의 동쪽)의 성주로 삼았다. 그리고 2년 뒤에는 정기대감精騎大監이라는 막중한 무관직에 올랐다. 그 후 그는 경기도 광주, 충청도 충주, 청주 등지에서 후백제 견훤甄萱의 군사를 크게 무찔렀으며 육전뿐만 아니라 수상전에서도 많은 전공을 세웠다. 또한 문장에도 능했다. 그가 변방을 순시하며 지은 시에는 이런 시가 있다.

용성 가을에 날이 저무니	龍城秋日晚 용성추일만
옛 진터에 검은 연기 피어오른다	古戊暮烟生 고무모연생
만 리에 병정이 없게 되니	萬里無金革 만리무금혁
오랑캐 아이들 태평을 하례한다	胡兒賀太平 호아하태평

왕건은 그 부하며 친지들로부터 우러름을 받고 백성들로부터도 많은 사랑을 받았다. 그런 반면, 후고구려 왕 궁예는 세력이 강한 것을 믿고 날로 교만해져 나라도 폭압적으로 다스렸다. 무고한 백성들의 목숨을 함부로 끊는가 하면 심복 부하의 처자까지도 화를 입는 경우가 잦았다.

궁예는 왕건이 후백제의 금성(錦城: 지금의 나주)을 함락시키고 돌아왔음에도 표창은커녕 시기와 의심으로 반역죄를 뒤집어씌워 죽이려했다. 그러나 다행하게도 평소에 절친했던 이들의 묘책으로 왕건은 화를 면하게 되었다.

하루는 홍유洪儒, 신숭겸申崇謙, 배현경裴玄慶, 복지겸卜知謙 등의 일부 무장들이 왕건의 집으로 찾아와 반역하여 그를 추대하려 했다. 그런 낌새를 챈 왕건은 부인 유柳씨가 곁에 있는 게 부담되어 밭에 가서 참외를 따 오라고 시켰다. 그러자 눈치 빠른 부인은 나가는 척하고 몰래 엿들었다. 여러 장수들이 남편을 궁예의 자리에 올리려 했으나 그는 한사코 반대하고 있었다. 엿듣다 못한 부인이 나타나 말했다.

"옛날부터 의義가 악惡을 치는 것은 당연한 것이라 했습니다. 이제 여러 장군님들의 말씀을 들으니 아무것도 모르는 나 같은 아녀자로서도 의분이 치밀어 견딜 수 없습니다. 그렇거늘 어찌 대장부로서 반대만 하십니까!"

유씨 부인은 말을 마치기 바쁘게 갑옷을 가져다 직접 입혀 주고 또 무기까지 챙겨다 건네며 거사를 독촉했다. 그러자 모였던 무장들은 왕건을 뜰에 쌓아 놓은 돌무더기 위에 들어 올려 앉히고 군신君臣의 의를 맹세한 뒤 즉석에서 즉위식을 거행했다.

왕건을 비롯한 무장들은 북을 치고 나팔을 불어 군병들을 소집해 질풍노도와 같이 궁문宮門 안으로 몰려들었다. 그에 궁예는 허겁지겁 도망치고 말았으며 무장들은 곧바로 포정전布政殿으로 왕건을 옹위해 들어가 정식으로 등극식을 거행했다. 그리고 그 자리에서 나라 이름을 '고려'로 정했으니 그날이 곧 신라 경명왕景明王 2년(918)이며 고려국 태조 왕건은 42세의 장년이었다. 궁예는 도망가 있던 평강 땅에서 난민에 의해 죽임을 당했다.

태조는 궁전, 도성都城은 물론 기타 영토를 모조리 차지했으며 남으로는 후백제를 공격해 운주(運州: 지금의 홍성), 웅진(熊津: 지금의 공주) 이북의 30여 성을 빼앗아 후백제의 세력을 보잘것없이 좁혀 놓고 말았다. 엎친 데 덮친 격으로 견훤은 아들 신검神劍과의 부자간 세력다툼으로 금산사金山寺에 유폐되는 불운의 왕이 되었다. 그러한 그가 고려 태조에 귀항, 후백제의 영토는 거의 다 고려의 강역이 되었다. 또 신라는 '견훤의 난' 때 경애왕景哀王이 피시(被弑: 임금이 신하에게 죽임을 당함)되어 경순왕敬順王이 새로 왕위에 올라 부흥에 노력했으나 대세가 기울 대로 기울어져 전 국토를 고려에 내주려 시랑侍郎 김봉휴金封休로 하여금 문서를 작성, 고려에 귀항하려 하자 태자 김전(金佺, 麻衣太子: 마의태자)이 비분강개하여 왕궁에서 나와 개골산(皆骨山: 지금의 금강산)으로 들어가 마의초식麻衣草食으로 생을 마쳤다.

꿩 한 마리가……

의종毅宗 때 유응규庾應圭는 진정한 청백리였다. 그는 남경(南京: 지금의 서울) 태수(太守: 지금의 도지사 급)를 지냈다. 당시 고려의 관리들 중 썩지 않은 사람을 찾아보기는 힘들었다. 권세를 잡은 문신文臣들의 횡포가 너무도 심했다. 임금 대대로 학문을 숭상하고 유신儒臣들을 후대해 왔기 때문에 그들의 오만방자함은 이루 말할 수 없었다. 아예 무인들은 사람으로도 취급하지 않으려 들었다. 따진다면 태조 왕건도 무武로 나라를 세웠으며 거란, 여진의 침입을 막아 낸 것도 다 무신武臣들의 혁혁한 전공戰功 때문이었다. 그럼에도 문신들은 자기네끼리만 어울렸다. 심지어는 새파랗게 젊은 문신이 장난삼아 늙은 무신의 수염을 불로 태우는 사태까지 벌어졌다.

그래서 뜻있는 무신들은 기회만 있으면 조정에서 문신들을 내몰 생각을 했다. 무신들이 일으킨 난리에 문신들은 참혹하게 죽어 나갔다. 그래도 문신들은 무신들을 적대시할 뿐, 자기네들의 잘못을 깨닫지 못하고 제 뱃속을 채우는 데만 혈안이 되어 있었다. 으레 그러려니 하는 풍조가 만연해 있었다.

유응규는 문신이었음에도 어찌나 강직하고 청렴결백한지 모든 사람들이 우러러보았다. 그가 태수로 부임한 직후였다. 신임 태수에게 아첨하기 위해 관례대로 선물이라는 명목의 뇌물을 누군가가 보냈다. 그것을 받아 전하는 관속에게 물었다.

"지금 그 들고 있는 것들이 뭐냐?"

"신임 태수께 올리는 진상품과 금전이옵니다. 제일 먼저 들어온 진상품이올시다."

관속이 아무렇지도 않게 말하자 태수의 얼굴이 굳어졌다.

"지금 그게 뭔 소리냐? 맨 먼저 들어오고 나중에 들어오고?"

"네, 이제 계속 들어올 것입니다."

"시끄럽다! 지금 당장 그것들을 돌려줘라! 그리고 이후에는 아예 받지를 말아라. 그렇잖아도 다들 살기가 어렵다고 난린데 어찌 이런 짓들을 하는지 모르겠다."

"진상은 관례입니다."

"시끄럽다 하잖느냐! 뭔 그따위 관례가 다 있단 말이냐? 이후부터 진상품이든 선물이든 절대로 받지 마라. 만약 이 말을 어긴다면 너희들 목이 위험하다는 걸 알아야 한다!"

"……."

"어째 대답이 없느냐?"

"네, 알겠사옵니다."

태수에게 부옇게 닦이고 나오면서 관속이 혼자 중얼거렸다. '젠장 별난 태수로다. 갖다 바쳐도 싫다니. 거참.' 이후에도 자주 진상품들이 몰려들었으나 관속들이 신임 태수의 엄명이라며 문 안에 한 발짝도 들여놓지 못하게 하는 통에 진상품이든 뇌물이든 간에 가져오는 사람이 뚝 끊겼다. 그리고 백성들이나 하급 관리들 사이에 이런 말들이 떠돌았다.

"신임지라서 처음에 얼마쯤 공연히 깨끗한 척하는 걸 거야."

"아니, 그동안 살 만치 긁어모았는지도 모르지."

"두고 보세. 그 속을 누가 알겠나."

"똥구멍으로 호박씨 깐다는 속담처럼 집에서는 받는지도 모르지."

떠도는 얘기와는 달리 태수의 집에서는 곤궁한 생활을 면치 못하는 형편이었다. 그런 중에 태수의 부인은 유종乳腫으로 오래 앓아누웠다가 병석에서 일어난 지가 불과 보름째였다. 이제 입맛만 돌아와 먹는 걸 잘 먹는다면 건강도 빨리 회복될 터인데 통 먹는 것이 부실했다. 고기 한칼, 생선 한 토막이 상에 오르는 날이 없었다. 겨우 채소나 시래깃국이 차려졌다.

태수나 그 부인은 청빈한 생활이 몸에 배어 있었으나 하인들은 그들 불평대로 거지나 다름없는 생활에 몹시 힘겨웠다. 드나드는 손님이 없는 것이 그나마 다행이었다. 혹 끼니때 손님이라도 든다면 면구

스러워 밥상을 어떻게 올리나 싶었던 것이다.

그런 집에 하루는 누군가가 찾아왔다.

"무슨 일이신지요?"

대문으로 나간 하인이 물었다. 그러자 손님이 말했다.

"마님께선 차도가 있으신가?"

"억지로 자리에서는 일어나 계신데 아직 회복은 안 되었습죠. 그런데 뉘신지요?"

"그저 아는 사람이네. 병환 중이시라기에 한번 들른 것일세. 마님께서 아직 그러시다니 그것 참, 안됐군."

"일단 병은 잡힌 모양인데 워낙 잡숫는 게 부실해서요."

"난 저쪽에 사는 사람일세. 나하고 약속을 하나 할 일이 있는데……."

하인이 손님의 얼굴을 다시 자세히 살펴보니 언젠가 한 번 만난 관속이었다. "쇤네더러 뭔 약속을 하란 말씀이오니까?"

뒷짐 지었던 손을 푸니 장끼 한 마리가 들려 있었다.

"내 꿩 한 마리를 갖고 왔는데, 이걸 되돌려 보내라고 하시지 않게끔 자네가 수단껏 끓여서 잡숫게 해 주게나. 그러겠다고 약속하게."

그 관속은 태수의 살림살이 형편을 잘 알고 있는 터라 한두 끼라도 입맛을 돌리는 데 도움이 되면 좋겠다고 생각하고 가져온 것이었다.

"참으로 고맙습니다만 마나님께서도 태수님 못잖게……."

"내가 왜 그걸 모르겠나. 여보게, 자네하고 나하고만 아는 일로 하세. 수단껏 잡숫게 하겠다고 약속해 주게나."

"외려 제가 더 기쁘옵니다. 노력해 보겠습니다."

관속과 대문께서 헤어진 하인은 부엌으로 들어갔다. 당장 물을 끓여서 튀기고 깃털을 뽑을까 하다가 '마나님도 꿩 한 마리쯤이야.' 하고 그냥 눈감으실 거라고 생각되어 관속과 한 약속을 까맣게 잊고는 마나님 방으로 꿩을 들고 들어갔다.

부인이 물었다.

"그건 꿩이 아니냐? 무슨 일인지 바른대로 말해 보아라."

하인은 이크 싶어 아까 생각했던 대로 둘러댔다.

"마님, 제가요, 잠깐 거리에 나갔다가 목멱산(木覓山: 지금의 서울 남산) 저쪽에 사는 친척을 만났는데 그 사람에게 얻어 온 것입니다요."

만약에 거짓이 들통 나서 되돌려 주는 사태가 벌어진다면 그 관속을 대할 면목이 없었다. 아니, 그게 문제가 아니라 그렇게 되면 모처럼 생긴 귀한 꿩고기를 마님이 못 잡숫게 된다는 게 더 안타까웠다.

부인이 힘없이 웃었다. 하인이 자기 거짓말이 성공한 줄 알고 물러나오려 하자 부인이 힘을 돋운 소리로 말했다.

"게 서 있어라. 잠깐 나갔던 네가 어떻게 먼 데서 온 친척을 만났으며 그 사람은 어떻게 꿩을 갖고 있었느냐?"

하인은 또 거짓말을 해야만 했다.

"제가 오래전부터 마님 병환을 얘기했는데 마침 꿩을 잡은 게 있어 절 찾아오던 길이었습니다요."

하인의 얼굴을 빤히 쳐다보고 있던 부인이 말했다.

"네가 거짓말을 하고 있다는 게 네 얼굴에 다 씌어 있다. 당장 꿩을 돌려주고 오너라!"

이제 하인도 더는 거짓말을 할 수가 없게 되었다.

"……마님, 쇤네가 죽을죄를 졌습니다. 이 꿩은 안면 있는 한 관속이 일부러 찾아와 주고 간 것입니다요. 저는 다만 마님께서 혹 이걸 잡숫고 입맛을 돌릴까 싶어서 그만……."

"알았다. 네 고마운 뜻을 모르지는 않지만 그런 꿩 한 마리가 돼지 한 마리로 변할 수도 있고 더 나가면 소 한 마리도 될 수 있음이야. 내 말 알아듣겠나?"

"네. 하오나 이 꿩은 진상도 뇌물도 아니옵고……."

"좀 더 듣거라. 양반께서 태수 직에 계시지 않다면 꿩 한 마리쯤이야 받을 수도 있고 또 우리가 줄 수도 있다. 그게 사람끼리 나누는 아름다운 인정이다. 그러나 태수 직에 있는 사람 집에서 그런 걸 받게 되면 그게 곧 흠 잡히는 일이 되는 것이다. 나랏일을 보는 남편은 깨끗한데 그 집 사람들이 깨끗하지 못하다면 그 욕이 결국 누구에게 돌아가겠느냐? 이후로는 절대로 이번 같은 일이 없도록 명심해라. 알겠느냐?"

"네. 이 꿩을 돌려드리고 오겠습니다요."
하인은 장끼를 들고 그 관속의 집을 찾아 나섰다.

제 노릇 못한 칼, 제대로 한 칼

'문신들은 배부르게 취해서 놀고 있는데 우리 무신들은 배고프고 피곤하다!'며 일으킨 반란이 정중부鄭仲夫의 난이다. 그들은 의종毅宗을 거제도로, 태자를 진도로 보내 유폐시킨 뒤 의종의 아우 익양군翼陽君(명종)을 임금으로 세워 두고 모든 권력을 손아귀에 쥐었다.

정중부는 문하시중門下侍中이라는 문관 벼슬에 올라 재주 있고 꾀 많은 사위에게 상서尙書 벼슬을 시켰고 아들 정균鄭筠을 승선承宣 자리에 앉혔다. 모두 임금의 좌우에서 세력을 펼칠 수 있는 높은 자리였다.

그렇게 되자 정균도 눈에 보이는 것이 없었다. 하루는 집에 들어가 이렇게 말했다.

"여보, 이제 우리 정씨 가문은 고려의 제일 문중이 되었소. 그러니 지체 높은 가문의 딸에게 다시 장가를 가야겠소."

"당신 권력으로는 못하는 게 없겠지요. 하지만 내 마음만은 어쩔 수 없을 것입니다."

"난 당신 마음 따윈 생각지도 않소. 공부상서工部尙書 김이영金貽永의 딸이 아주 예쁘고 얌전하답디다."

"옛말 조강지처糟糠之妻 불하당不下堂이 왜 전해 내려오는지 모르시는구려. 벌 받아요, 벌!"

"흥! 내겐 조강지처 가하당可下堂이오. 조강지처? 그거 얼마든지 버릴 수 있지!"

이렇게 말한 정균은 얼마 뒤 공부상서의 스물도 채 안 된 딸 김난아金蘭兒를 정식 부인으로 맞아들였다. 그리고 나서는 정실 최씨에게는 일절 발걸음조차 않았다.

정균이 차지하고 앉은 승선 벼슬자리는 언제나 임금을 감시할 수 있는 그런 자리였다. 그러나 정균이 정실부인을 버리고 새로 맞아들인 김난아에게 빠져 있는 것에 눈살을 찌푸리는 사람이 많았다. 우선 젊고 힘이 장사인 무부武夫 경대승慶大升과 견룡대정牽龍隊正으로 있는 허승許升이 그랬다. 허승이라는 무사는 경대승이 키우다시피 한 사람이었다. 그렇지만 그는 정균 가까이에서 신변을 보호해 주는 역할까지 맡고 있었다. 허승과 정균은 한때 일개 군졸로서 함께 동고동락했던 사이였는데 하나는 상전이 되고 하나는 그 상전을 보호하는 입장이 되어 버렸다. 허승은 분을 삭이지 못했다.

'참 더러운 세상이다. 난 장가도 못 가고 있는데 정실부인까지 있는 놈은 아리따운 처녀 부인으로 맞아들이고. 허참! 그것도 모자라 이

놈이 수안壽安공주까지 넘보고 있으니 이런 죽일 놈이 다 있나!'

수안공주는 명종의 딸이었다. 부마가 되어 고려의 모든 권력을 제 손안에 넣고 싶다는 것이 정균의 허황된 꿈이었다. 그는 아버지 정중부가 죽은 뒤 다른 누구에게 정권이 넘어가서는 절대 안 되고 자기가 이어받아야만 한다고 생각하고 있었다. 궁 밖에는 정균이 제 아비의 세력을 믿고 공주에게 다시 장가를 들려고 한다는 소문이 파다하게 퍼져 있었다.

이러한 때, 청년 무사 경대승 장군이 수십 명의 군사를 모아 놓고 큰 소리로 외쳤다.

"지금 정중부의 세력은 하늘까지 닿아 있다. 나이 칠십이 넘었으니 그 세력이 떨어질 때가 되었다. 그러면 그 뒤에 누가 그 정권을 이어받을 것이냐. 아들이나 사위일 것이다. 정중부와 그 무리를 없애야 한다. 그렇잖으면 우리 고려의 장래는 없다. 그동안 정중부의 칼이 무죄한 인명을 얼마나 도륙했는가. 그 원수를 우리가 갚아야 한다!"

감히 나서는 자도, 찬성하는 자도 없었다. 그러자 허승이 일어나 부르쥔 주먹을 흔들었다.

"옳소! 요즘 정균이 수안공주까지 넘본다 하오. 이런 자들을 그냥 둔다면 나라는 망하고 맙니다!"

허승은 이를 계기로 경대승 장군의 신임을 얻기에 성공했으며, 한편으로는 정균과도 친밀하게 지냈다.

예상했던 일이 명종 9년에 일어났다. 송유인과 정균이 자기네 기반을 더욱 튼튼히 하려고 중신 문극겸文克謙과 한문준韓文俊을 쫓아냈다. 학문이 뛰어날 뿐만 아니라 견식이 풍부한 이들이 쫓겨나자 민심이 동요하기 시작했다. 더 두고 볼 수가 없어 경대승이 허승을 불러냈다.

"민심이 정중부에게서 떠나고 있네. 자네들은 궁궐에서 임금을 가까이 모시고 또 정균과도 가까이 있으니 틈을 타 정균부터 해치우게."

"옳은 말이지만 어떻게 죽이지요?"

"옆에 있다가 자네가 직접 목을 치게."

"말로는 쉽지만 잘못하다간 내 목숨이 달아나는 일입니다."

"궁중에서 밤새도록 뭘 예식을 올린다든지 또는 무사들이 피곤한 틈을 타야지. 그러면 그렇게 어려운 일도 아니네."

허승이 잠시 생각하고 나서 말했다.

"9월 16일, 궁중에서 장경회(藏經會: 불경을 봉독하는 행사)가 열리니 밤늦게 끝날 것입니다. 그날 거사합시다."

경대승 장군이 고개를 끄덕였다.

"하지만 저 혼자서는 안 될 일입니다. 몇 사람이 더 있어야죠."

"자네와 같이 일하는 김광립金光立 등 몇 사람과 장경회가 끝나고 시위하던 무사들이 곯아떨어진 뒤 우선 정균부터 없애고 휘파람으로 신호를 하면 내가 뛰어들어 나머지는 모조리 처치하겠네."

"성공하면 보답은요?"

"자넨 뭘 원하나?"

"정균의 첩을 갖고 싶습니다."

"어려운 일도 아니지. 생각해 봄세."

드디어 16일이 되었다. 초저녁부터 중들이 모여들어 탱화가 걸리고 그 앞 상에는 온갖 맛있는 음식들이 진설되었다. 호화로운 장경회였다. 수백 명의 중들이 운집한 가운데 독경이 있고 행사가 끝나자 군사들은 배불리 얻어먹었다. 그런 잔치가 끝나자 중들은 각기 절로 돌아갔다. 설거지는 군사들 차지였다. 돌아가면서 다 치우고 난 군사들은 자기네 처소로 돌아가 잠을 잤다.

이날 정균은 자기 처소로 가지 않고 정원政院 앞 여막 안으로 들어갔다. 그런 지 한참 뒤 복면한 세 사람이 여막 안으로 숨어들었다.

인기척을 느꼈는지 정균이 소리쳤다.

"이놈들, 이 밤중에 뭐냐!"

정균의 말이 채 끝나기도 전에 그는 목에 칼을 맞고 숨을 거뒀다. 허승이 길게 휘파람 소리를 냈다. 순식간에 경대승 장군과 그를 따르는 병사 30여 명이 화의문和義門을 박차고 궁정으로 올라갔다. 선잠 깬 군사들이 막았으나 모두들 나무토막처럼 쓰러졌다. 아수라장이 된 궁정에서 임금이 궁녀들과 함께 벌벌 떨고 있었다.

경대승 장군이 임금 앞으로 나가 아뢰었다.

"소신 경대승이라 하옵니다. 대역무도한 정중부와 그 무리들이 사직을 위태롭게 하므로 소신 등이 폐하의 성념을 덜어 드리고자 거사에 임하였으니 폐하께서는 조금도 놀라지 마시옵고 역조창생들의 기쁨을 받으시옵소서."

경대승 장군은 임금이 계신 궁중을 지키도록 지시하고 송유인의 집으로 달려가 그들 부자를 죽이고 정중부도 죽였다.

하룻밤 사이에 정중부의 정권이 무너지자 명종도 새 기운이 솟는지 경대승 장군을 불러 치주(巵酒: 잔술)를 내리며 말했다.

"역적 정중부의 무리를 없앴으니 경의 공은 청사에 길이 빛나리라. 지금 이후부터는 짐의 좌우에서 짐을 도와 국사에 힘써라."

경대승 장군은 부복한 채 아뢰었다.

"소신은 다만 역적 일당을 없애는 것만이 목적이었지 아무런 공이 없사옵니다. 또한 정사에도 관심이 없사옵니다. 다만 폐하께서 문신들을 중용하시어 나라를 바로잡으시길 바랄 따름이옵니다."

"짐은 그대의 뜻을 알았노라. 그러나 우선 급한 것이 승선 임명인데 이부시랑吏府侍郎 오광섭吳光涉이 어떠하겠는가?"

"소신의 이번 거사는 포악한 무신 도배들을 없애고자 함인데 승선의 직책이야말로 막중한 것이오니 무신 오광섭이 아니라 문신 중에서 발탁 등용하심이 가할 듯하옵니다."

"아직 궁중이 허전하니 경이 그 직책에 임하는 것이 어떠한가?"

경대승 장군은 명종의 권유를 한사코 사양했고 문하시중 직품 권유에도 자기는 한낱 무인에 지나지 않음을 역설하여 완강히 사양했다.

허승은 태자부太子府의 장군이 되어 태자를 모시며 방약무인하게 지냈다. 게다가 정균의 애첩 김난아를 자신의 소유로 하고자 태자에게 온갖 아첨을 다했다. 그러나 경대승 장군은 정균의 재산을 몰수하여 분배할 때 재물은 군사들에게 나눠 주고 김난아는 자기 본가로 돌려보냈다.

"장군, 나는 이번 거사를 성공시킨 공신이오. 하니 약속대로 내게 김이영의 딸을 주시오."

"안 될 말, 김이영은 정중부의 세력에 눌려 어쩔 수 없이 딸을 빼앗겼던 거야. 그런 딸을 또 네게 준다면 다시 똑같은 억울함을 당할 것이 아닌가!"

좋은 말로 타일렀으나 허승의 마음은 바뀌지 않았다. 그래서 이번에는 태자에게 얕은 말로 졸랐다.

"동궁마마, 정균의 재산과 김난아라는 첩까지 다 경대승 장군이 차지했습니다. 하오니 모쪼록 그 첩만은 소장에게 돌아오도록 주선해 주소서."

"일국의 동궁이 남의 첩이나 빼앗아 줄 수 있는가. 장군 맘대로 하오."

"그럼 오늘밤 그 김난아라는 여자를 데려다 놀 것이오니 동궁마마께서 소장을 좀 보호해 주옵소서."

힘이 없는 동궁으로서는 묵묵부답일 수밖에 없었다. 결국 허승은 자기 부하가 된 김광립과 합세해 김난아를 억지로 데려다 동궁 처소 바로 옆인 태자부 안에서 놀았다. 그럼에도 태자는 못 본 척, 못 듣는 척해야만 했다. 그 무인들에게 어떤 위해를 당하게 될지 두려웠던 것이다. 그렇게 며칠을 놀던 끝에 어느 날, 김난아만 남게 하고 모두 다 보낸 뒤 허승은 그녀를 범하려고 지저분하게 수작을 걸었다. 그러자 예절 바른 집안에서 자란 그녀가 그런 짓을 용납할 리가 없어 급기야 다툼으로까지 번지게 되었다.

바로 그때였다. 경대승 장군이 부하 수십 명을 데리고 지나다 태자부 안이 소란스러워 문을 박차고 들어섰다.

"이놈! 감히 태자부 안에서 난잡한 행동을 해?"

칼을 빼 들자 허승도 칼을 뽑아 들며 소리쳤다.

"어느 놈이 감히 내 허락도 없이 들어왔느냐!"

드디어 싸움이 벌어졌다. 경대승 장군이 호통을 쳤다.

"망칙한 놈! 무엄하게 태자부 안에서 계집을 데리고 야료냐! 네놈은 죽어 마땅하다!"

호통이 끝나면서 경대승 장군의 긴 칼이 허승의 머리에 내리꽂혔다.

부하들에게 시체를 수습하게 하고 난 뒤 그는 김난아를 자기 친가로 고이 보내 주었다.

지긋지긋한 30년, 그 끝의 치욕

북방(北方: 몽고, 원) 강적의 일곱 차례에 걸친 침략과 약탈로 고려는 피폐해질 대로 피폐해지고 말았다. 고려는 30여 년 동안 비좁은 섬 강도(江都: 지금의 강화도)로 피하여, 해전에 약한 적의 공격을 간신히 방어해 왔다.

그 전쟁의 막바지인 고종高宗 46년 늦봄, 태자궁에서는 경창궁주慶昌宮主와 태자가 며칠 후면 먼 몽고 땅으로 떠날 짐을 꾸리고 있었다. 궁주가 걱정에 싸여 말했다.

"태자마마, 궁중은 소란한데 태자마마께선 먼 길을 떠나시고……. 신첩은 장차 어찌해야 할런지요."

"상감마마께서 계시잖소."

"조정은 권신들이 득실거리고 상감마마께옵선 요즘 노환으로 강령하시지 못하옵고……. 만약 그간 붕어하시기라도 한다면 권신들이 무슨 계책을 꾸밀지 알 수 없는 노릇이기에……."

"오랫동안 고생하는 백성들을 생각하면 어서 몽고와 화친을 하여 지내는 것이 우선일 것 같소. 지금 내가 가는 길이 그 때문이 아니겠소?"

그때 한 나인이 와 상감마마께서 부르신다고 전했다. 지체 않고 달려가니 좌우에 김인준金仁俊, 임연林衍 등의 권신이 앉아 있었다. 태자가 들어서자 임금이 말했다.

"태자, 일이 급하게 됐으니 내일 떠나도록 차비해라."

태자는 40여 명을 인솔하고 날이 밝자 길을 떠났다.

그런 지 약 석 달 후, 고종이 승하했다. 태자가 없을 때라 온 궁중이 어찌할 바를 몰랐다. 권신들은 권신들대로 왕족은 왕족대로 의견이 분분했다. 그중에서도 매일같이 불단 앞에서 태자의 건강과 무사 귀국을 기원하던 경창궁주는 앞이 캄캄할 따름이었다.

고종이 승하한 곳이 대장군 유경柳璥의 사저였으므로 빈전殯殿도 그곳에 마련되었다. 권신들은 각기 자기 세력을 펼치려 분주했다. 그들이 한자리에 모여 술렁였다. 김인준이 말했다.

"나라에 하루라도 임금의 자리를 비워 둘 수는 없는 법이지요. 즉시 임금을 세우도록 해야만 합니다."

다 아는 일이지만 선뜻 그의 말을 받는 사람도 없었다. 한참 있다가 임연이 말했다.

"장군의 말이 옳소."

"지금 태자가 원로에 올라 있으니 왕족 중 어느 분이 대섭代攝하는 것이 좋을 듯한데 장군 의향은?"

중찬中贊 허공許珙이 물었다. 김인준이 태자의 아우 안경공安慶公 얘기를 꺼냈을 때 경창궁주가 그 자리에 나타나 말했다.

"막중한 국사에 태자비로서 나섬은 온당치 않으나 태자께서 먼 이국에 계시는 중에 하늘이 무너져 내렸으니 태자께서 돌아오실 때까지 태자비로서 섭정코자 합니다. 대신들 의향은 어떠십니까?"

장군 유경이 결연한 어조로 말했다.

"태자가 안 계시면 태손太孫이 섭정하는 법이외다. 고려 3백 년 이래로 아직 왕후나 태자비가 섭정한 일은 없었소. 태손이 임시 섭정함이 옳은 일이오."

이에 모두 태자비의 섭정을 반대했고 태손의 섭정을 찬성했다. 태손은 후일의 충렬왕(忠烈王: 원나라 세조의 부마)인데 그는 태자비의 소생이 아니라 전 태자비인 유씨柳氏의 소생이었다.

다음 해 태자가 강화도로 돌아왔다. 그리고 국가의 사정이 완전히 달라졌다. 몽고에 강하게 반항했던 많은 사람들이 몽고와의 화친을 내세우며 옛 도성 송도(松都: 지금의 개성)로 돌아가자고 주장했다.

태자가 임금(元宗: 원종)이 됐다. 인자하고 온후한 성품이었다. 원종 3년, 환도한다는 소문이 파다했다. 이는 곧 몽고에 굴복한다는 말과 다름이 없었다. 항몽抗蒙의 세력이 그만치 약해진 것이었다.

어느 날, 이제는 왕비로 승격한 경창궁주가 말했다.

"장차 송도로 환어하신다면 몽고 놈들에게 굴복하고 그자들의 말에 따라야 하잖습니까? 좀 더 기다려 기회를 봐서 몽고와 손을 떼는 것이 어떨지요?"

"그게 될 말이요? 짐은 이미 몽고 황제에게 굴복한 몸인데……. 왕비의 마음을 모르는 바가 아니지만 짐으로서는 몽고의 명을 거역할 수가 없게 되었소."

"……상감의 후계로는 어느 왕자를 생각하시는지요?"

임금이 묵묵부답이자 재우쳐 물었다.

"빨리 종사宗社를 정하셔야 되지 않겠습니까? 조정에 권신 무리들이 많아 언제 왕실을 엿볼지 모르는 형편입니다."

"왕비의 말, 잘 알겠소."

"그러하오면 순안공順安公이 어떠신지요? 순안공이 아주 영특합니다."

"영특한 것은 알고 있소만……."

"그럼 왜 망설이십니까?"

"선왕께서 이미 태손을 세손으로 정하셨잖소."

"그땐 순안공이 태어나기 전이었지만 이젠 순안공도 많이 자랐습니다. 순안공으로 정하심이 종사를 위해 좋은 일이라 생각되옵니다."

"빨리 정하는 게 좋다는 건 짐도 알고 있소만……."

"상감의 의향이 세손에게 있는 듯하온데 세손의 외가는 권신의 집이오이다. 권신이 세력을 잡으면 나라가 어찌 되겠습니까?"

"짐도 권신의 집안은 싫소. 그러나 신하들이 들을는지."

"그런 걱정만 하지 마시옵고 어서 순안공에게 후사를 맡기신다고 적어 주시옵소서."

왕비는 미리 준비된 지필묵을 내놓았다. 임금은 어쩔 수 없이 '짐의 천추 후에 후사를 순안공에게 부탁하노라.'라고 썼다.

자기 소생으로 임금의 후사를 잇는다는 약속을 받은 경창궁주는 점차로 궁중에 세력을 펴 나갔으며 은근히 순안공파를 만들 기회를 노리고 있었다. 그 무렵, 세손 태자가 몽고 조정에 불려 갔고 이내 몽고 사신이 와 왕자를 몽고의 부마(駙馬: 왕의 사위)로 정한다고 전했다. 몽고가 고려를 제 맘대로 가지고 노는 형국이었다. 우리 역대 왕실에 전혀 없었던 일이다. 고려에 침입한 거란을 몽고가 개입해 함께 내쫓았는데 그것을 큰 은혜나 베푼 양 제 놈들의 속국으로 만들려고 무려 일곱 차례나 침략했던 것이다. 그러고는 이제 부마의 나라로 만들겠다니 조정은 또다시 뒤숭숭해지기 시작했다.

경창궁주의 놀라움은 참으로 컸다. 순안공의 신변이 큰 걱정거리가 아닐 수 없었다. 경창궁주는 세자가 아직 고려로 돌아오지 않은 상태에서 순안공을 세자로 세우려고 책략을 세웠다. 우선 권신인 임연을 만나 의논하기로 했다. 일개 병졸 출신인지라 임연은 경창궁주를 지척에서 대하고 보니 그 화려한 왕비의 모습에 위압을 느끼면서도 뜻을 합할 생각에 한편으로는 흡족하였다.

"임 장군. 요새 몽고 소식 좀 들었소? 어디 말 좀 해 보시오."

"네, 들었나이다. 소신의 생각으로는 몽고에서 왕자를 볼모로 삼은 모양입니다."

"볼모라면 어찌 되는 것이오?"

"볼모가 되었다면 다시는 우리 고려에 돌아올 수 없는 것이 아니온 지요."

"그럼 우리 고려 왕실은 어찌 된단 말이오? 세자가 없다면 장차 누가 대통을 잇는단 말이오?"

"사직에 관한 것은 소신이 관여할 바 아니오나 다른 왕자가 있는 줄로 아옵니다."

이 말을 들은 왕비는 즉시 자기 소생인 순안공을 왕으로 내세울 생각을 했다.

"오늘 임 장군을 만나자고 한 것은 바로 왕자 문제 때문이오. 몽고에 간 왕자가 오기 전에 순안공을 왕자로 내세울 생각은 없소? 조정 여러 대신들은 몽고에 간 왕자만 바라볼 것이 아니라 지금 있는 왕자 중에서 고르도록 하시오."

"지당하신 분부이오나 어명이 있기 전에는 난처한 일인 줄로 아옵니다."

"임 장군이 고려 조정을 위한다면 내일이라도 폐하께 상주하여 순안공을 태자로 세우도록 하오."

"네, 그러시다면 그렇게 행하겠나이다."

"오늘 임 장군과 나의 만남은 우리 둘만이 아는 것이오. 고맙소이다."

왕비와 임연의 묵계黙契가 이루어졌다.

얼마 뒤, 이번에는 몽고 조정에서 왕자가 나온다는 소식이 들려왔다. 왕비로서는 그 소식이 불길했다. 몽고 볼모가 되어 영구히 나오지 못할 것으로 여겼기 때문이었다. 불안하게 지내던 왕비는 순안공의 앞날을 판단하기 위해 우선 점부터 쳐 볼 생각이 들었다. 당시 강화에는 소문이 뜨르르한 장님 중인 종동終同이라는 자가 있었다.

중 종동은 왕비가 부른다는 소리를 듣고 뛸 듯이 기뻤다. 왕비 비위를 잘 맞추면 앞으로 살아나갈 걱정이 없다는 생각 때문이었다.

눈먼 중 종동은 왕비 처소로 안내되어 아뢰었다.

"소승은 앞을 보지 못해 불경스런 일이 많사옵니다."

"염려 마라. 내 이미 그대가 앞을 못 보는 걸 알고 있다. 내가 묻는 것만 알려 주면 된다."

"하문하시옵소서."

"내가 묻고자 하는 것은, 지금 왕자가 몽고에서 몽고 여자를 데리고 온다는데 앞길이 어떠할지 점쳐 보거라."

앙큼한 중은 오기 전에 왕비가 자기를 왜 부르는지 그 이유를 여러 가지로 짐작해 보았으므로 왕비 마음에 흡족하게 대답할 작정이었다.
그는 한참 뭐라 중얼거리고 손가락을 꼽았다 폈다 하고 나서 말했다.

"왕비마마, 왕자님의 앞날은 매우 불길하오이다."

"어떻게 불길하다는 게야?"

중은 왕비의 목소리에 그 흡족함이 배어 있음을 느낄 수 있었다.

"아무리 몽고 임금의 명에 의해 그곳 공주를 새로이 맞는다 하더라도 여기에는 벌써 태자비가 있어 서로 질투하게 되었으니 그 어찌 불길하지 않겠사옵니까!"

"그래서?"

"서로 질투하면 그 끝이 좋지 않아 장수치 못하게 되는 괘로소이다."

"그렇다면 순안공의 신상은 어떠한지 점쳐 보거라." 이번에는 자기 소생이 왕위에 오르게 되는지 궁금했다.

"왕비마마, 대통大通할 수이옵니다. 지금 물으신 왕자님은 잠룡潛龍의 괘가 나오니 미구에 보위에 오르실 것이오이다."

왕비는 아주 흡족해서 말했다. '듣던 대로 네가 점을 잘 치는구나. 임연 장군과 같은 권신과 결탁하고 왕위를 도모하고 있는 것을 너도 아는구나.' 싶었던 것이다.

"왕자가 있는데 어찌 보위에 오를 수 있느냐? 네 점괘가 이상한 게 아니냐?"

"소승의 점괘에는 거짓이 있을 수 없나이다."

"그래도 믿기 어렵다. 며칠 뒤면 왕태자가 몽고에서 오게 되어 있다. 오기만 하면 부왕의 자리까지 넘겨줄 형편이 아니냐?"

"황공하오나 그럴 리가 없사옵니다. 아무리 몽고에서 고려 조정을 흔든다 해도 어찌 생존해 계시는 임금님의 자리를 내놓게 하옵니까?"

"만일 네 점괘대로 되지 않을 때는 어쩌겠느냐?"

"그렇게 된다면 다시 좋은 도리가 있사옵니다."

"그건 또 뭐냐?"

종동이 꺼리는 눈치이자 왕비가 말했다.

"구중궁궐 깊숙한 곳의 말은 여염집과는 달라 밖으로 나가지 않느니라."

"소승의 목이 달아날 일이오나 왕비마마께 어찌 고하지 않겠나이까. 다름이 아니오라 저주로써 임금의 자리를 바꾸도록 하겠나이다."

그 말을 끝으로 눈먼 중은 많은 재물을 받아갔다.

원종元宗 15년 6월, 임금은 심상치 않은 병으로 점점 쇠약해지기 시작했다. 왕비는 초조해졌다. 임금께 어서 후사를 정하라고 했다.

권신 임연은 왕비의 명으로 궁중에 들어와 임금의 뜻을 묻고자 시립했다. 먼저 왕비가 수심에 싸여 상주했다.

"상감마마 천추 후에 종사를 어찌하오리까?"

"왕비는 걱정 마오. 대장군 임연이 있으니 종사를 위해 좋게 의논하오."

임연 장군이 말했다.

"상감마마, 태자는 먼 몽고 땅에 계시니 순안공으로 대통을 이으심이 어떠하올지 상감마마의 뜻을 하교해 주옵소서."

"짐의 뜻도 그곳에 있소. 그러나 몽고에서 어떤 말이 나올지 알 수 없소."

순안공의 왕위 후계는 즉시 시행되었다. 그런 지 불과 며칠이 지나지 않아 임금이 승하했다. 조정에서는 즉시 사신을 보내 원종의 부고와 순안공으로 왕위를 잇게 한다는 것을 알렸다. 이제 몽고에서 돌아오는 사신이 와야만 순안공은 정식으로 왕위를 계승한 것이 된다.

두 달 뒤, 몽고에서 사신이 돌아왔다. 그러나 곧 이어 태자가 정식으로 왕에 책봉되어 돌아왔다. 게다가 또 몽고의 공주, 즉 왕비가 고려 조정으로 들어왔다. 몽고에서 인정치 않으면 고려의 조정에는 아무것도 할 수 없는, 그런 세상이 돼 버린 것이다.

또 얼마 뒤, 몽고 공주 즉 새 왕비는 그간의 사정을 알게 되자 그것들을 낱낱이 몽고로 보고했다. 그러니 이제 몽고에서 어떤 처벌이 내려질지 몰라 약삭빠른 임연 장군은 어전에 나와 이렇게 상주했다.

"왕 태후는 자기 소생인 순안공을 마음대로 임금 자리에 앉혔으니 그 죄가 큰 줄로 아뢰오. 하오니 폐서인해야만 마땅하옵니다."

자기는 경창궁주 왕비 즉 왕 태후와는 아무런 관계가 없었음을 거짓으로 밝혀 앞으로 어떤 불이익도 당하지 않겠다는 계책이었다. 결국 그의 계책대로 왕 태후는 폐서인廢庶人이 되어 궁중에서 쫓겨나는 신세가 되고 말았다.

팔방미인 김지대

'강동역江東役'이라 일컫는 말이 있다. 강동성 싸움이란 뜻이다. 그 싸움은 거란契丹 종족인 금산金山과 금시金始 두 자가 군사를 거느리고 압록강을 건너와 강동성江東城을 함락시켜 일어났다. 그러자 고려에서는 고종高宗 4년(1217)에 조충趙冲 원수가 거란족을 물리치는 큰 전쟁이 벌어졌다.

그 전쟁에 아버지를 대신해 출정한 김지대金之岱라는 병사가 있었다. 청도淸道 사람인 그는 인물 좋고 학문도 깊고 큰 뜻을 품은 아주 뛰어난 사람이었다.

그때의 풍속으로 병사들은 자기 방패에 부적 삼아 이상한 동물을 그리거나 새겼다. 그런데 김지대는 그런 부적 대신 시詩 한 수를 써 붙였다. 그 시는 이렇다.

나라의 근심은 신하의 근심이요 國患臣之患 국환신지환
어버이의 걱정은 자식의 걱정이라 親憂子所憂 친우자소우

226

어버이 대신 나라 은혜 갚으면　　　　　代親以報國 대친이보국

충성과 효도를 함께 닦는 것이로다　　　親孝可雙修 친효가쌍수

　원수 조충이 병사들을 검열할 때 김지대의 그 시를 보고 난 뒤 특별히 그를 귀여워했다.

　그 이듬해였다. 조충이 지공거(知貢擧: 과거 시험관)로 있을 때 김지대가 과거에 첫째로 뽑혔다. 그래서 전주사록全州司祿이 되었다. 그는 전주의 외롭고 불쌍한 자들을 보호해 주고 그곳에서 세도를 부리는 자들을 눌러 백성들을 편안하게 했다. 모든 사람들은 그를 따르고 우러렀다.

　그 전의 얘기지만 의종毅宗은 주색에 빠지고 문신들만 높인 나머지 정중부 등 무신들이 들고 일어나 문신들을 마구 죽이고 조정의 대신 자리를 모두 차지했다. 그로 인하여 나라가 어지러워졌다. 그리고 명종 26년에는 최충헌崔忠獻이 권세를 장악했다. 최충헌은 정중부보다 한술 더 떠서 사병私兵까지 길러 왕까지도 꼼짝 못하는 지경에 이르렀다. 그런데 그런 최충헌이 죽자 이번에는 그의 아들 최이崔怡가 그 아비의 권세를 이어받아 36년 동안이나, 또 그 다음엔 최이의 아들 최항崔沆이 9년 동안이나 권력을 휘둘러 댔다. 최항의 아들 최의崔誼도 또 그랬다. 그러니까 최씨 4대에게 권력을 빼앗긴 세월이 장장 63년이었다.

최씨 2대가 집권하고 있을 때, 그러니까 최이의 서자 만전萬全이라는 자는 중이 되어 진도珍島의 한 절을 차지하고 있었다. 그 중도 최씨의 권력만 믿고 무리를 지어 온갖 횡폭한 일을 저지르고 백성들을 괴롭혔다. 그 무리 중에 통지通知라는 놈은 '악귀'라고까지 불렸다. 그럼에도 그 무리들을 벌할 사람은 아무도 없었다.

어떻게 그런 것을 안 왕은 김지대에게 기대를 걸고 그를 전라도 안찰사按察使로 임명했다. 그때 만전의 무리들은 관청마다 다니며 금품을 요구했고 김지대가 있는 관청에도 여러 차례 재물을 요구했으나 단 한 번도 들어주지 않았다.

어느 날, 김지대는 그들의 소굴인 진도의 절에 갔다. 그러나 사또의 행차임에도 나와 보지도 않고 외려 콧방귀를 뀌는 눈치였다. 김지대는 으레 그러려니 하고 갔던 것이기 때문에 태연하게 절의 다락에 올라 피리를 꺼냈다. 그는 원래 피리며 거문고며 여러 악기 중 못 다루는 것이 없을 정도의 실력자였다. 그래서 행차 때에는 반드시 악기 한두 가지는 지니고 다녔다.

김지대가 구성진 곡조로 피리를 불어도 아무런 반응이 없었다. 이번에는 거문고를 뜯기 시작했다. 애절한 곡이었다. 그러자 만전이 나와 김지대를 보았다. 그러고는 능청을 떨었다.

"내 몸이 괴로워 누워 있었기 때문에 사또께서 오신 줄을 몰랐습니다. 안으로 좀 드시지요."

그의 권에 안으로 들어가서 조금 있으니까 곧 술상이 차려졌다. 김지대는 역시 태연하게 권하는 대로 술을 마셨다. 유쾌한 척 웃고 이런 저런 얘기도 나누었다. 만전은 술자리에서도 김지대에게 몇 가지 부탁을 했다. 김지대는 즉석에서 해결할 수 있는 것은 해 주었다. 그런 다음 만전에게 말했다.

"해결 안 된 것들은 내 행영(行營: 외지에 나와 있을 때의 사무실)에 가서 처리하리다. 얼마 후 꼭 통지란 사람을 내게 보내시오. 그 사람이 우리에게 부탁한 것도 있소이다."

며칠 뒤, 과연 만전이 보낸 '악귀'라는 통지가 찾아왔다. 김지대는 추상같은 호령을 했다.

"저놈을 당장 포박하라!"

김지대는 통지를 문초하여 죄상을 낱낱이 밝혀낸 뒤 그를 묶은 채로 강물에 던지게 했다.

그 뒤부터 남쪽 여러 지방의 폐단이 사라졌다. 이런 일이 있은 뒤 만전은 가짜 중 노릇을 집어치우고 이름을 최항崔沆이라 고쳐서 제 아버지의 뒤를 잇게 되었다. 최항은 말 한마디에 나는 새도 떨어뜨린다는 권력자가 되었지만 김지대를 건드리지 못했다. 그만치 청렴결백하다는 것을 만백성이 다 알고 있기 때문이었다.

김지대에게는 또 이런 일도 있었다. 옥에 갇힌 죄수 중에서 혹 억울한 누명을 쓴 자는 없는지 다시 불러내 조사를 할 때였다. 그런데 한 여인이 울면서 말했다.

"아이구! 사또님, 절 모르시겠습니까? 그러니까 20년 전입니다. 제 아버지께서 부탁하셨던 걸 기억하십니까? 저는 실상은 억울한 일로 이렇게 갇히게 되었습니다요."

가만히 생각해 보니 20여 년 전, 성 밖에 아주 용한 점쟁이가 있대서 장난삼아 여럿이 어울려 가 봤던 일이 있었다. 그때 점쟁이 노인이 자기 딸을 불러내 뜰아래에서 절을 시키며 이렇게 말했던 일이 있었다.

'이분은 훗날 귀인이 될 분이다. 너는 이분의 도움을 받을 일이 생길 터이니 잘 봐 두어라. 잊지 않게 잘 봐 둬.'

그 생각이 나서 여인에게 물었다.

"20년 전이라면 네가 그 용한 점쟁이 영감 딸이냐?"

"네, 바로 제가 그 딸이옵니다."

김지대가 여러 가지로 물어본 결과 억울한 누명을 쓴 것이 분명하였다. 그래서 그 여인을 그 자리에서 방면해 주었다.

은혜 갚은 물고기

　명주(溟州: 지금의 강릉)에서 있었던 일이다. 한 자그마한 연못가에 예쁜 처녀가 살고 있었다. 처녀는 날마다 같은 때에 나와 못에다 밥을 던져 주었다. 그러면 벌써 못가에까지 몰려와 기다리고 있던 고기들이 그 밥을 열심히 먹어 댔다.

　처녀는 비가 와도, 눈이 와도, 바람이 불어도 거르지 않고 늘 같은 때에 못가에 나와 밥을 던져 주었다. 그러면 먼저 알고 기다리던 물고기들이 열심히 먹었다.

　어느 봄날이었다. 그날도 어김없이 처녀는 종다래끼에 밥 덩어리를 넣고 나와 조금씩 떼어 못에 던져 주고 있었다. 그때 못가에 산책 나왔던 한 청년이 그 모습을 보게 되었다. 인기척에 돌아다본 청년의 모습이 아주 훌륭했고 그 처녀의 얼굴을 본 청년은 그녀의 미모에 반해 버렸다. 청년은 그 처녀를 보려고 매일 그때 못가를 거닐었다. 자연스레 처녀도 청년을 매일 보게 되었다.

　청년은 경치 좋고 조용한 곳을 찾아와 공부하는 서생이었다. 그런 청년이 산책길에 우연히 보게 된 처녀에게 반해 상사병이 생기고 말았다. 참다못한 청년은 밤을 새워 시를 지었고 그 시를 산책길에 가만히 처녀 곁에 떨어뜨렸다. 그러고 나서 저편 소나무 뒤에 숨어 살펴보았다. 그랬더니 처녀는 집으로 가려고 일어나다가 시가 적힌 그 종이를 주워 들더니 사방을 두리번거리고 살펴보았다.

다음 날도 처녀는 물고기들에게 밥을 주러 못가에 나왔고 청년은 산책길인 듯 처녀에게로 다가갔다. 청년을 본 처녀의 얼굴이 여느 때와는 달리 붉게 상기되었다.

그 서생은 그날 이후로 날마다 시를 써 그렇게 떨어뜨려 놓았다. 그런데 하루는 서생이 오는 것을 본 처녀가 편지를 한 통 떨어뜨려 놓고는 부랴부랴 도망이라도 치듯 자기네 집으로 들어가 버렸다. 봉투를 뜯어 보니 이런 내용이 적혀 있었다.

'예로부터 여자라는 것은 지아비의 뜻을 좇는 것이란 말을 들어 왔습니다. 하오니 그대는 이후로부터 힘써 남보다 뛰어난 사람이 되고 성공을 꿈꾸세요. 우리 부모님들 허락이 있으면 나는 기꺼이 그대의 아내가 되겠소.'

서생은 이튿날, '그대가 편지에 쓴 그런 사람이 될 테니 그리 아시오.'라는 편지를 떨어뜨려 놓고 도성으로 올라왔다.

그날 이후로 처녀는 쓸쓸한 날들을 보냈다. 매일같이 물고기들의 재롱을 보다가도 문득 한숨을 내쉬곤 했다. 물론 서생을 그리는 마음 때문이었다. 그렇게 해가 두 번이나 바뀌었다. 처녀의 부모는 과년한 딸을 언제까지고 그냥 둘 수가 없어 매파를 통해 알게 된 괜찮은 집안의 총각과 연을 맺어 주기로 결정했다. 그것을 알게 된 처녀는 그야말로 하늘이 무너지는 듯한 기분이었다. 부모님들께 그간의 일을 얘기할 수도 없어 눈물로 지내다가 문득 생각이 나서 붓을 들었다.

'우리 둘이서 서로 나눈 시와 편지로 한 약속을 알지 못하시는 부모님께서 다른 곳에서 사윗감을 구하시어 날짜까지 받아 놓으셨습니다. 이 일을 어찌하면 좋습니까! 이 몸을 구할 길은 없는 것인지. 도대체 지금 어디에 계십니까?'

편지는 썼지만 보낼 길이 없어 막막한 심정, 처녀는 펑펑 울었다. 그 답답한 마음을 조금이라도 풀어 보려고 편지를 가슴에 품고 못가로 나왔다. 그러자 고기들은 밥이라도 주는 줄 알고 떼 지어 몰려왔다. 처녀는 그들을 바라보며 하소연을 했다.

"말 못하는 고기들아! 비록 너희들은 말은 못하지만 몇 해 동안이나 내가 주는 밥을 먹고 자랐으니 내 마음은 알 것이다. 이 일을 어찌면 좋단 말이냐? 쓴 편지조차 보낼 길이 없으니 이런 답답하고도 막막한 일이 또 어디 있겠느냐? 이 속 타는 마음이라도 알아 주렴!"

물고기들을 내려다보며 하소연을 해 봤으나 답답한 마음은 풀리지 않았다. 처녀는 편지를 얼굴에 대고 울다가 눈물에 젖자 못 속에 던져 버렸다. 그러자 여러 물고기들이 서로 물려고 하더니 큰 녀석이 편지를 통째로 삼키고는 어디론지 유유히 사라졌다.

도성으로 올라간 서생은 그 처녀가 원하는 남보다 뛰어난 사람이 되려고 몇 달 동안 밤낮없이 공부에 열중했다.

서생은 어느 날, 어머니 진지상에 올릴 반찬거리를 사려고 장에 갔다가 큰 물고기가 눈에 띄어 사 가지고 왔다. 그런데 배를 가르자 뜻밖에도 편지가 한 통이 나왔다. 거 참, 별 일도 다 있다 싶어 그 내용을 읽어 보니 명주 못가에 사는 그 처녀의 편지가 틀림없었다. 급하기 짝이 없는 노릇이었다.

서생은 어머니에게 그런 사정을 얘기해 허락을 얻고 부랴부랴 명주 땅에 도착해 처녀의 집으로 향했다. 서생이 처녀의 집 앞에 이르렀을 때 처녀의 신랑이 될 사람도 도착했다. 서생은 허둥지둥 처녀의 부모님 앞으로 달려가 자초지종을 얘기하고 나서 자기네 얘기를 명주곡 溟州曲이라는 노래로 지어 불렀다.

그 노래를 다 듣고 난 처녀의 부모들이 말했다.

"참으로 지고지순한 사랑이로다! 이것은 분명 하늘의 보살핌이니 이런 연분이 또 어디에 있단 말인가!"

처녀의 부모들은 전에 했던 처녀의 결혼 약속을 깨고 서생에게 딸을 주기로 했다. 그리고 바로 그날로 화촉을 밝혔다.

귀신, 저 죽인 사람 뺨을 치다

김부식金富軾과 정지상鄭知常은 같은 시대에 살았던 문신으로 똑같이 뛰어난 문장가였다. 서로 다른 점이 있다면 김부식은 유학에, 정지상은 불교에 관심이 크다는 것이었다.

당시 고려는 여진, 거란 등의 침략으로 백성들의 삶이 피폐해져 있었고 따라서 민심도 흉흉해져 있었다. 이런 때를 틈타 묘청妙淸이라는 중이 '서북으로 오랑캐를 멀리 물리치고 백성들을 편케 할 곳'이라며 천문을 잘 본다는 백수한白壽翰을 내세워 도읍을 서경(西京: 지금의 평양)으로 옮길 것을 주장했다. 그래 왕(인종)이 그 말에 솔깃해 하자 그들은 여러 가지 꾀를 냈는데 그 첫째가 왕을 서경으로 모셔 간다는 것이었다.

여러 대신들의 강력한 반대로 뜻이 이루어지지 않자 묘청 일당은 자기들끼리라도 새로운 나라를 세운다며 서경, 즉 평양성에 웅거하며 나라 이름을 '대위大爲'라 정했다. 원래는 반역을 할 작정이 아니었으나 일이 이렇게 커지자 반란이 아닐 수 없게 되었다. 또 워낙 준비가 안 된 상태였으므로 오래 버틸 힘도 없었다.

조정에서는 그 반란 세력을 뿌리 뽑기 위해 김부식을 평정군의 원수元帥로 삼아 평양으로 보냈다. 출정을 앞두고 여러 대신들이 의논을 했다. 그 끝에 김부식이 말했다.

"이번에 묘청이 반란을 일으킨 데에는 정지상이 내응한 바 크오. 하니 우선 정지상을 처단해야 하오."

곧 정지상이 조정으로 불려왔다. 그러고는 미리 날쌘 병사 두 명을 궁궐 문 밖에 숨겨 놓았다가 정지상을 죽여 버리게 했다. 그 일은 성공했다. 김부식은 왕에게 그 사실을 아뢰고 평양으로 가 묘청의 반란을 평정했다.

이번 반란으로 맨 먼저 죽은 정지상은 본래 평양 출신으로 일찍이 과거에 등과해 여러 벼슬을 거쳤으며 시문으로는 그를 따르거나 능가할 사람이 없다는 평을 받는 사람이었다. 특히 시문에 뛰어나다는 김부식도 그를 따르지 못한다고들 했다. 때문에 김부식이 그를 죽인 것은 반란에 연루돼서가 아니라 그의 문명文名에 대한 시기심 때문이라는 말이 나왔다. 정지상이 원통하게 죽었다는 얘기였다. 그래서 이런 전설까지 생겼는지도 모른다.

김부식에게 원통하게 죽임을 당했기 때문에 정지상은 음귀陰鬼가되어 늘 김부식을 따라다녔다.

어느 날은 김부식이 시를 지었다.

버들가지는 천 가닥이나 푸르고	柳枝千絲綠 유지천사록
복사꽃은 만 점이나 붉었네	桃花萬點紅 도화만점홍

봄을 시로 노래했는데 뒤에서 정지상의 귀신이 김부식의 **뺨**을 힘껏 갈기더니 이렇게 말했다고 한다.

"야, 이 자식아! 네가 뭔 재주로 버들가지랑 복사꽃을 그렇게 자세히 볼 수 있단 말이냐. 시 쓰는 법이란 건 이런 거야. '버들가지 실실이 푸르고(柳枝絲絲綠: 유지사사록), 꽃은 점점이 붉네(桃花點點紅: 도화점점홍).' 알았냐? 이 자식아!"

김부식도 얼마 안 있어서 죽었다. 죽을 나이가 됐던 것인데도 사람들은 그의 죽음이 정지상의 귀신이 괴롭혔기 때문이라는 말들을 한다. 그건 너무하지 않은가?

조선

조선의 건국

공민왕恭愍王 17년(1368), 중국 금릉(金陵: 지금의 남경)에 웅거하고 있던 주원장朱元璋이 원元나라를 없애려 금릉에서 황위에 올랐는데 그가 곧 명나라 태조였다. 그는 고려 공민왕恭愍王 23년에 죽고 우왕禑王이 들어섰다.

하루아침에 원나라가 망하고 명明나라가 생겼으니 고려에서는 복잡한 외교 문제를 피할 수가 없었다. 고려 조정은 걸출한 무장 최영崔瑩과 이성계李成桂 두 파로 갈렸다. 최영 장군은 원나라에 구원병을 이끌고 다녀온 터라 그 나라 사정에 밝아 원나라 편을 들었고, 이성계 장군은 원나라와 명나라 사이에서 어느 한쪽 나라를 두둔했다가는 고려가 멸망의 길로 들어설지도 모른다는 신중론을 폈던 것이다.

이성계 장군이 주장했다.

"명나라가 이미 중원 천지를 얻었다고 하겠는데 그러니 우리 고려도 대세에 맞추어 지금까지 원나라에 했던 것처럼 명나라를 대하면 별 문제가 없을 것입니다. 그렇거늘 어찌 앞을 내다보지 못하고 원나라를 두둔할 것입니까! 원나라를 섬기는 것은 나라를 위태롭게 하는 처사입니다. 또 백성들이 편안하게 살아야 하는데 만약 원이나 명 때문에 백성들이 위험에 처한다면 이야말로 일 중에도 큰일입니다."

명나라를 치자는 주장과 원나라를 돕자는 주장이 팽팽했다. 그런데 그 두 의견 말고 이런 기회에 요동을 쳐서 잃었던 땅도 되찾고 나라의 힘을 키우자는 주장도 나왔다. 이렇듯 의견이 분분하던 무렵이었다.

우왕 14년(1388) 4월, 명나라가 점점 세력을 펼쳐 압록강 지류인 파저강(波猪江: 지금의 동가강) 위에 철령위(鐵嶺衛)를 세우고 고려가 오랫동안 피나는 노력으로 가꾸어 온 압록강 유역을 빼앗으려 했다. 더 두고 볼 수 없는 조정에서는 대책을 세워야만 했다.

최영 장군이 말했다.

"우리나라가 이 지경이 되었는데 매일 서로 다른 주장만 하고 무엇하나 결정되는 것이 없소이다. 저들의 침략을 애당초 꺾어 버려야지 그렇잖으면 우리 고려의 백성들은 자손만대에 이르도록 저들의 압박 밑에서 굴욕적인 삶을 살게 될 것이오."

최영 장군은 요동 정벌의 왕명을 초조하게 기다렸다.

사실 우왕의 생각도 최 장군의 생각과 다르지 않았다. 그러나 이성계 장군의 주장도 완강했으므로 형식적이나마 절차는 밟아야 했다. 그래서 두 장군을 같이 불렀다.

"이제는 대책을 시급히 세워야 할 때요. 경들의 의견을 말하시오."

그러자 최영 장군과 이성계 장군은 전과 같은 의견을 내세워 맞섰다. 참다못한 왕이 결정적으로 말했다.

"짐은 요동을 정벌해 우리 고려의 국운을 크게 떨쳐야 할 때라고 생각하오. 그러니 경들은 합심하여 진력해 주기 바라오."

그날로 왕은 최영 장군을 8도 도통사都統使에 임명하고 이성계 장군은 우군 도통사, 조민수曹敏修 장군은 좌군 도통사에 임명했다.

이튿날, 왕은 최영 장군과 함께 평양으로 나아가 좌우군 도통사에게 각각 5만 병사를 이끌고 부교浮橋를 놓아 압록강 건너 요동을 치도록 했다. 이에 두 장군은 군사를 이끌고 압록강 위화도威化島에 이르렀으나 더는 진군하지 않았다.

이성계 장군이 말했다.

"우리의 진군은 쓸데없는 일에 병사들과 우리의 목숨을 버리는 짓이오. 차라리 그냥 돌아가 나라를 위한 일을 합시다."

이에 조민수도 찬성했다. 그들은 왕에게 상소문을 올렸다.

'신들이 부교를 놓아 압록강을 건너기는 하였사오나 더 큰 강이 있습니다. 공교롭게도 장마로 물이 불어 더는 진군치 못하고 있습니다. 게다가 여기서 요동에 이르기까지는 많은 강이 가로막고 있어 도저히 진군이 불가능하리라고 사료되옵니다. 소신들의 생각으로는 우리 작은 나라 고려는 큰 나라를 공격하느니보다 오히려 화친을 하여 나라

의 장래를 도모함이 옳다고 믿기에 군사를 돌이키려 하오니 윤허하여
주소서.'

이 상소는 왕에게 받아들여지지 않았다. 오히려 진군의 명령이 다
시 떨어졌다. 이성계는 최영 장군에게 사람을 보내 군사를 돌이키게
해 달라고 청했다. 그러나 그 청도 거절당했다.

이성계와 조민수는 두 번이나 거절당하자 격분, 은밀히 둘이서만
논의를 했다. 회군回軍은 곧 반역으로 몰릴 수 있는 일이니 미리 군사
를 보내 대기하고 있도록 하고 당도하는 즉시 최영과 우왕을 시해하
자는 것이었다. 그들이 회군하여 평양 가까이에 이르렀을 때 최영 장
군은 사태가 심상찮음을 깨닫고 궁궐이 있는 개성으로 돌아왔다. 그
러나 거의 모든 병력이 요동 정벌을 위해 출전한 상태여서 사실 궁궐
을 지키는 병사는 불과 몇 명뿐이었다.

이성계와 조민수는 미리 보냈던 군사를 지휘해 궁궐로 진입했다.
그러고는 팔각전八角殿에 피신해 있던 최영 장군을 체포하는 즉시 고
봉(高峰: 지금의 고양)으로 귀양 보내고 우왕은 강화도 교동喬洞으로 내쳤
다가 이내 죽여 버렸다. 그 우왕의 뒤를 창왕昌王이, 다시 1년 뒤에 공
양왕恭讓王이 잇게 했으나 그 또한 아주 형식적인 절차에 지나지 않았
다. 최영 장군은 고봉에서 충주로 귀양지를 옮겼다가 그곳에서 죽임을
당했다. 4년 뒤(1392) 고려의 대들보였다고 할 수 있던 포은圃隱 정몽주
鄭夢周마저 살해돼 고려의 막이 내리고 새로운 조선의 막이 열렸다.

황진이

　'송도(松都: 지금의 개성) 3절'이란 송도에서 가장 뛰어난 셋을 말한다. 그 첫째가 화담花潭 서경덕徐敬德의 학문과 인품이고, 둘째는 절경인 박연폭포朴淵瀑布, 그리고 셋째가 황진이黃眞伊의 미색이다. 황진이, 그녀는 조선조 5백 년을 통틀어 첫손가락에 꼽히는 명기名妓로 널리 알려져 있다.

　조선조 중종 때 풍류를 즐기던 한 선비가 빨래터를 지나다 자색이 아름다운 처자를 보고 반했다. 그는 짐짓 목마름을 핑계로 다가가 물을 청했다. 물을 맛나게 마신 뒤 자기가 지니고 있던 조롱박 통에 든 것을 물 얻어 마셨던 빈 바가지에 따라 주며 말했다.

　"이 물을 한번 맛보우."

　그러나 그녀가 마신 것은 물이 아니라 아주 청렬한 술이었는데 이것이 인연이 되어 그날 밤 아름다운 인연을 맺게 됐다. 선비는 황씨 성의 진사進士였고 처자의 이름은 현금玄琴이었다. 그렇게 태어난 아이가 곧 황진이였다.

예쁜 아이는 자라면서 점점 더 예뻐졌고 열여섯 방년에는 뭇 사내들의 눈길을 붙잡았다. 황진이를 연모하다가 상사병으로 죽은 가엾은 청년도 있었다. 그를 태운 상여가 황진이의 집 앞을 지날 때, 이상하게도 모든 상여꾼들의 발이 땅바닥에 붙어 떨어지지 않았다. 상을 당한 가족들은 말할 것도 없거니와 온 동네 사람들이 몰려왔다. 청년의 소식을 뒤늦게 들은 황진이가 자신의 옷을 상여에 올려놓으며 청년의 극락왕생을 빌어 주었다. 그때서야 상여꾼들의 발이 땅에서 떨어져 장지로 향할 수 있었다.

비록 기적妓籍에 이름이 올라 있긴 했으나 황진이는 절세미인데다 예술적인 재능이 모든 이들을 능가했고 당시唐詩를 비롯한 뭇 서적들을 섭렵하여 학식 또한 넓고 깊었다.

하루는 유수留守로 와 있던 송宋 아무개의 집에서 부인의 환갑잔치가 열렸다. 황진이도 거기에 부름을 받았다. 경향 각지의 명기와 명창들이 다 모이는 자리였다. 가까운 고을은 물론 먼 고을의 수령방백守令方伯들이 몰려들었다. 그러니 모든 기생이 예쁜 옷에 짙은 화장으로 화사하게 꾸미고들 왔다. 제가끔 자기가 명기 중의 명기임을 뽐내려 애를 씀이었는데 유독 한 사람, 황진이만은 수수한 옷차림에다 화장도 했는지 어쨌는지 모를 정도로 나타났다. 그럼에도 단연 황진이의 아름다움이 으뜸이었다. 더구나 그녀의 청아한 목소리는 모든 이들을 사로잡았다.

그 잔치에는 가야금의 국수國手라 추앙받는 악공 엄수嚴守라는 이도 참석했다. 그는 칠순의 노령이었다. 그는 황진이의 창을 다음과 같이 극찬했다. "과연 선녀로다! 분명 선녀 세계의 여운이지 인간 세상의 가락이 아니다!"

황진이는 당시 명나라에까지 뜨르르했다. 그래 명나라에서 오는 사신들은 조선의 사정을 물을 때 무엇보다도 제일 먼저 황진이 소식부터 물었다. 명나라 사신들은 한양에 오기 위해 개성을 거쳐야 하는데 그들을 영접하기 위해 개성에선 군중이 몰려들었다. 그 속에 황진이가 나와 있었으므로 사신이 멀리서 그녀를 보고는 통역에게 '천하절색은 조선에 와서 처음 보오.' 했다고 전해진다.

그 당시 송도에는 학자와 선승禪僧이 있었다. 학자는 물론 앞에서 말한 화담 서경덕이요, 선승은 지족암知足庵이라는 암자에서 30년 동안 면벽참선面壁參禪한 망석(妄釋 또는 晩釋: 만석이라고도 함)선사를 말한다. 망석선사는 자칭 도학道學이 화담을 뛰어넘는다는 사람이었다. 이 두 사람을 평소부터 흠모해 왔던 황진이가 어느 날, 둘의 사람됨을 시험해 보기로 했다.

황진이는 먼저 화담선생을 찾아가 가르침을 받게 해 달라고 하여 허락을 받았다. 며칠 공부하러 다니다가 하루는 밤에 돌아가기가 무섭다며 같은 방에서 자고 공부했으면 좋겠다고 하자 화담은 쾌히 승낙했다. 그러나 그런 생활을 계속하며 별별 수단을 다 써 유혹하여도 화담선생은 그야말로 돌부처였다. 그녀는 속으로 '화담은 그야말로 대성인大聖人이시다!' 하고 그 다음부터 절대로 화담선생을 유혹하지 않았다. 그러면서 화담선생을 만나면 '송도에 3절이 있는데 그건 박연폭포와 화담선생 그리고 저 황진이지요.'라고 농담처럼 말하곤 했다. 결국 '송도 3절'을 만든 것은 그 셋 중 하나인 황진이란 말인가?

황진이는 이번에는 망석선사를 찾아가 제자로 받아 달라고 청했다. 그러나 선사는 벽만 바라본 채 원래 여자는 가까이할 필요가 없는 존재라며 아주 냉랭하게 거절했다. 지족암에서 나오며 황진이는 '오냐, 어디 두고 보자! 점잖은 고양이가 먼저 부뚜막 위에 올라가는 법이야!' 하며 속으로 다짐했다. 그러고는 며칠 뒤 소복단장으로 지족암의 방을 하나 얻어 죽은 남편을 위한 백일기도를 드린다는 거짓말로, 자기가 쓴 축원문을 아주 청아한 목소리로 슬프고도 슬프게 읽고 또 읽었다. 그런 날이 하루 이틀 지나고 또 그렇게 몇 번 지나자 무심했던 노 선사의 마음이 동하기 시작했고 드디어는 감동을 받아 황진이에게 눈길까지 보내게 되었다. 그렇게 하루 이틀 더 지나자 참선의 경지에 머물던 맑은 마음이 차차 흐려져 황진이와 대화를 나누게끔 되었는데 이 기회를 노린 그녀는 즉시 능란한 교제술로 노 선사를 휘어잡고 말았다. 결국 그 망석선사의 파계破戒였다.

우리말에 '망석 중 놀리듯 한다.'는 것은 남을 제 맘대로 가지고 놀 뜻하는 것이다. '십 년 공부 나무아미타불'도 다 여기에서 전해진 것이라는 견해가 있다.

> 청산리青山裏 벽계수碧溪水야, 쉬이 감을 자랑 마라.
> 일도창해一到滄海하면 다시 오기 어려우니
> 명월明月이 만공산滿空山할 때 쉬어간들 어떠리.

    위의 시조는 우리에게 널리 알려진 황진이의 작품이다. 이 시조 종장의 명월明月이 황진이의 자字이니 벽계수는 누구일까 하여 서 화담이라고도 하고 또 누구라고도 하고 억측이 분분하다.

    당시 왕족 중에 이李 아무개가 벽계수라는 호를 가졌는데 그는 물수水가 아닌 지킬 수守를 썼다고 하니 벽계수가 누구였는지는 불분명하다.

    벽계수는 늘 입버릇처럼 "세상 사람들은 황진이를 한 번만이라도 봤으면 하지만, 만약에 내가 황진이를 만나면 그 자리에서 천하에 요망한 년이라고 욕을 퍼붓고 멀리 쫓아 버리겠어!"라고 말했다. 그 소문을 접한 황진이가 호호호, 웃고 나서 '어디 내게 그러는지 한번 봐야겠군.' 하고는 은밀히 사람을 보내 만월대滿月臺를 구경시켜 줄테니 한 번 데려오라고 했다.

    벽계수가 만월대에 구경 온 것은 늦가을 달 밝은 때였다. 그때 소복단장으로 나무 뒤에 서 있었던 황진이가 슬며시 나타나 그의 말고

삐를 잡으며 '청산리 벽계수야……' 하고 노래 부르니 말 위에서 그 어여쁜 자태와 청아한 목소리에 황홀해져 그만 낙마하고 말았다. 황진이가 나직이 웃으며 말했다.

"나리께선 어째 이 황진이를 당장 쫓지 않으셨는지요?"

벽계수는 부끄러워 아무 말도 할 수가 없었다고 한다.

황진이의 송도회고지가松都懷古之歌 또한 널리 유명하다.

> 오백 년 도읍지에 필마匹馬로 돌아드니
> 산천은 의구依舊커늘 인정은 어디 간고
> 두어라 고국흥망을 물어 무삼하리오.

황진이가 지은 많은 시가 국문학상 보배로우니 송도 3절 중 하나인 박연폭포를 읊은 한시漢詩 한 편을 더 소개한다.

> 한 줄기 긴 폭포 구렁으로 쏟아지니
> 층층하게 괴는 용늪 백 길 이루었다
> 나르는 샘 은하수인가 의심되고
> 성난 폭포 빗겼으니 흰 무지개로다
> 우박 천둥소리 동굴에 가득 차고
> 구슬돌 부스러기 맑은 하늘에 가득하다

중국의 여산이 그 좋다고 세상에 알려졌으나
조선 땅 이 천마산을 알지어다

一脈長川噴壑礱 일맥장천분학롱
龍湫百仞水潨潨 용추백인수종종
飛泉倒瀉疑銀漢 비천도사의은한
怒瀑橫垂完白虹 노폭횡수완백홍
雹亂霆馳彌洞府 박란정치미동부
珠舂石碎徹晴空 주춘석쇄철청공
遊人莫道廬山勝 유인막도여산승
須識天磨見海東 수식천마견해동

　미인박명이라 했던가, 황진이는 마흔 전에 병사하여 명기로서의
화려한 생활을 마감했다. 그녀는 죽기 직전에 이렇게 말했다고 한다.
　"나는 평생을 여러 사람들과 함께 놀기를 좋아했으니 외로운 산속
에 묻지 말고 고을 사람이나 이 고을을 지나는 나그네들이 다니는 큰
길가에 묻고 또 늘 음악을 즐겼으니 곡哭 대신 풍악을 잡혀 장사 지내
주오."
　이런 유언을 생각했음인지 나그네들은 자주, 혹은 일부러라도 그
녀의 무덤을 찾았다.

청초靑草 우거진 골에 자는다 누웠는다

홍안紅顏은 어디 두고 백골白骨만 묻혔는다

잔 잡아 권할 이 없으니 그를 설워하노라

이 작품은 백호白湖 임제林悌가 평안도 도사都事에 임명돼 부임길에 개성 황진이 무덤에 들러 잔에 술을 붓고 읊은 시다. 사대부가 기생 묘에 참배하여 시까지 지었다 하여 곧바로 파직되고 말았다.

심성 좋은 나무꾼의 복

봄날처럼 포근한 초겨울 어느 날이었다.

경희궁(慶熙宮: 종로구 신문로에 있는 궁궐) 흥화문興化門의 서쪽 좁은 문(서협문西狹門) 앞에서 칠십은 돼 뵈는 영감이 담뱃대를 물고 길을 가는 사람들을 한가롭게 지켜보고 있었다. 이제 막 해가 지려는 때였다. 당나귀에 나뭇짐을 싣고 가던 총각이 그 영감 앞을 지나며 혼잣말로는 큰 소리로 중얼거렸다.

"이거 참, 내일 어머니 생신에 북어라도 두어 마리 있어야 하는데……."

이 말을 들은 영감이 나무꾼을 불렀다.

"이봐, 젊은이. 지금 뭐라 했지?"

나무를 살 사람도 아닌 것 같아 그는 걸음을 멈추며 시큰둥하게 대답했다.

"영감님께 한 소리 아니유. 나무가 팔려야 말이지요. 답답해서……. 나무 사실라우?"

문에 붙어 섰던 금장군사(禁仗軍士: 호위병)가 그를 향해 걸음을 옮기자 영감이 잰 손짓으로 막으며 말했다.

"내 그 나무 사마. 어디서 왔느냐?"

"네?"

"그 나무를 팔아 주시겠다지 않아. 어디서 왔느냐?"

영감 옆에 있던 사람이 말했다.

"회룡골 능 안에서 한 나무입죠. 나무는 좋습니다요."

영감이 잠시 뜸을 들이고 나서 말했다.

"회룡골 능이라면 어느 분을 모신 능이냐?"

"제가 듣기로는 지금 상감님의 어머님을 모신 능이랍니다."

영감이 짐짓 아무것도 모르는 체 말했다.

"그렇다면 능이 아니라 원소가 아니냐?"

원소園所는 왕세자나 세자빈 그리고 왕의 사친私親들의 산소를 말하는 것이다.

"영감님, 임금님을 낳아 주신 어머님을 모신 곳이면 능이지요. 전능이라 해도 괜찮다고 생각합니다. 우리 같은 무지렁이들도 낳아 주신 은혜가 하늘 같아 돌아가신 뒤에도 지성껏 제사를 모시는데 하물며 임금님을 낳아 주신 분이 아닙니까!"

젊은이는 제법 열까지 올렸다. 그러자 영감은 머리를 끄덕이고 나서 말했다.

"그럼, 그래야지. 네 말이 맞다! 그건 그렇고 나무 값은 얼마냐?"

"여덟 푼입니다."

"이 자에게 여덟 푼을 주거라."

영감의 말이 떨어지기 무섭게 아까부터 옆에 있던 사람이 전대에서 엽전 여덟 푼을 꺼내 나무장수에게 주었다. 그 돈을 받은 젊은이가 말했다.

"여덟 푼이라 한 건 에누리를 하실 경우를 생각하여 한 푼 더 부른 것이니 이걸 받으십시오."

젊은이는 받은 돈에서 엽전 하나를 되돌려 주며 말했다. 영감은 속으로 '비록 가난하게 살지언정 심성은 참 고운 자로구나.' 하고 여덟 푼을 다 받아 가라고 했다.

"실은 일곱 푼어치밖에 안 되는 나무입니다."

젊은이는 받지 않았다. 영감이 말했다.

"난 아까 젊은이가 중얼대는 소리를 들었네. 다 가지고 가서 어머니 생일상에 올릴 고기라도 한칼 끊어 가게. 그리고 그 나무는 저 안에다 들이게나."

"여간 감사하지 않습니다."

"날이 어두워지니 조심해서 가게나."

젊은이는 나뭇짐을 부리러 가면서 다시 걸음을 멈추고 방금 헤어진 영감을 불렀다.

"영감님, 영감님!"

나무 부릴 곳을 알려 주기 위해 앞장섰던 사람이 깜짝 놀라 뒤돌아서며 큰 소리로 꾸짖었다.

"이놈! 말조심해! 어느 안전이라고…….."

저만치 가던 영감이 뒤를 돌아보며 그 사내를 제지하고서 말했다.

"뭔 할 말이 있느냐?"

"오늘은 일곱 푼어치를 여덟 푼이나 받았지만 다음부터는 여섯 푼 반에 드릴 테니 더 사시겠습니까? 이틀 걸러 한 번씩 나무를 대 드리겠습니다."

젊은이는 이런 대갓집에서는 나무가 많이 필요할 것 같다는 생각이 불현듯 들었던 것이다. 집이 커도 이렇게 큰 집은 난생처음이요, 꿈에도 상상을 못했다. 그래서 이런 집에 단골로 대면 자기의 돈벌이도 수월할 뿐만 아니라 나무를 대 놓고 쓰는 이 댁에서도 돈이 덜 들고 편할 것 같았기 때문이었다.

"그렇게 자주 나무를 살 필요가 없느니라. 모레 또 온다면 그때는 한 번 더 팔아 주마."

"네, 그럼 모레 옵죠."

영감은 나뭇짐을 부리러 당나귀를 몰고 가는 젊은이의 뒷모습을 보며 빙그레 웃음 지었다. 그는 아까 서협문 앞에서 능 얘기를 할 때 젊은이가 한두 번 입에 올렸던 '상감', 영조英祖였다.

영조는 나라를 이롭게 하고 백성들이 편안하게 살도록 하는 일, 즉 이국편민利國便民 정책을 오랫동안 펼쳐 오면서 전에는 백성들의 삶이 어떤가를 살피기 위해 평민의 복장으로 별감別監 몇 명만을 변복 차림으로 따르게 하는 야간 잠행이 잦았다. 그러나 이제 칠십 줄에 들어서고 보니 건강상의 문제도 있어 잠행을 중단하고 요즘은 오늘처럼 서협문 앞에 나가 궁궐 담장 모퉁이에 앉아 지나다니는 백성들을 관찰하는 일이 중요한 일과 중의 하나로 되어 있었다.

편전으로 들어온 영조는 젊은 나무꾼의 얘기가 귀에 선했다. '우리 같은 무지렁이들도 낳아 주신 은혜가 하늘 같아서 돌아가신 뒤에도 지성껏 제사를 모시는데 하물며 임금님을 낳아 주신 어머님이 아닙니까!' 영조는 혼잣말로 계속 중얼거렸다.

"하물며 임금님을 낳아 주신 분이 아닙니까! 하물며 임금님을……."

사실 영조에게는 늘 어머니에 대한 한이 서려 있었다. 그 한이란 어머니의 신위를 부왕인 숙종肅宗과 함께 종묘에 모시지 못하고 육상궁毓祥宮이라는 별묘別廟에 따로 모신 것과 산소를 능이라고 하지 못하고 소녕원昭寧園이라고 한 것이었다. 하기야 그것이 영조의 잘못은 아니었다. 국법이 그러했다. '소녕원'이라고 존봉尊奉하는 것도 되지 않을 것을 영조가 애써 그리된 것이었다.

영조의 어머니 최崔씨는 무수리였다. 당시 궁중 제도에 나인內人,

궁녀는 한양 누대(누상동樓上洞이나 누하동樓下洞)에 살고 있는 별감 집 딸이나 누이들을 8~9세 때부터 뽑아 대궐에서 시중을 드는 까다로운 절차를 연습시켰다. 그렇게 교육을 받아 12세가 되면 비로소 임금 앞에 나가 심부름도 하고 음식 시중도 들게 되는데 그때 임금의 총애를 받아 아들이나 딸을 낳게 되면 상궁尚宮 벼슬이 내려진다. 잘 되면 빈嬪에까지도 오르는데 숙종이 총애한 나인 중에 장희빈張禧嬪이 그 예라 할 수 있다.

장희빈은 중전 민씨를 폐출시키는 데 성공하여 정궁正宮으로까지 봉해졌다. 그러나 5년 후 숙종은 장희빈의 요악妖惡함을 뒤늦게 깨닫고 중전을 폐출시킨 데 대한 후회와 죄책감에 시달려 희빈 장씨의 처소에 발길을 끊었다.

숙종은 편전에 있지 않을 때면 궁궐 이곳저곳을 거닐곤 했다. 그런 정처 없는 발길이 어느 날 무수리들이 모여 사는 곳을 지나게 되었다. 늦은 밤 어느 집 앞을 지나다 촛불이 켜진 방 안을 들여다보게 되었는데 그 정경이 심상치 않았다. 소반에 경단을 차려 놓고는 절을 하며 무언가 간절히 비는 모습이었다. 스물이 갓 넘은 무수리였다. 궁중에서는 삿된 제사를 지낼 수 없는 것인데 그것을 어기고 있다고 생각한 숙종이 수행하던 내관을 시켜 알아보게 했다. 상감의 출현에 깜짝 놀라 달려 나온 그 무수리가 엎드려 고했다.

"쇤네는 인현왕후마마의 보모상궁保姆尚宮 밑에 있는 무수리입니다. 오늘이 돌아가신 마마의 생신인지라 평소 즐겨 드시던 경단을 빚어 마음속으로라도 빌면 혹 꿈에서라도 운감하실까 하여 기원을 올리고 있던 중이옵니다."

감탄한 숙종은 그 무수리를 방으로 들게 하여 말했다. 왕은 무수리의 마음 씀씀이나 또 그에 못지않은 외모에 끌렸다. 장희빈에게 저런 마음이 조금이나마 있었더라면 하는 생각까지도 들었다.

"내 너를 벌하려는 게 아니다. 오늘 좀 피곤하여 여기서 쉬었다가 가려는 것이다."

무수리는 바삐 갈무리해 둔 이부자리를 펴 왕을 자리에 눕게 했다. 나인들의 방에는 반드시 새 이부자리가 준비되어 있었다. 왕이 언제 불쑥 잠자리를 청할지 알 수 없었기 때문이었다. 그러니 그런 이부자리를 한 번도 펴 보지 못한 채 세상을 뜨는 나인이 대부분이었다.

"너는 어디 다른 곳에 가서 대령하고 있어라."

왕은 내관에게 명한 뒤 그날 무수리와 함께 침수에 들었다. 물론 내관은 그 사실을 혼자서만 알고 있어야 했고 왕은 그 '최'라는 나인을 찾는 횟수가 늘었다.

영조는 그렇게 태어났다. 왕의 아들도 되고 무수리의 아들도 되는 것이다.

왕위에 올랐다고는 하나 어머니에 관한 모든 일들을 국법을 어겨 가며 할 수는 없었다. 왕은 나무꾼이 부러웠다. 낳아 주신 은혜가 하늘과 같아 정성으로 제사를 모시고 생신 상에 북어 두어 마리 올려야 하는 것을 큰일로 생각하는 가난한 효심이 마냥 부러웠다.

영조는 그날 일찍이 서협문 밖으로 나가 나무꾼을 기다리고 있었다. 약조한 날이 되었건만 아무리 기다려도 젊은이는 오지 않았다. 혹시 뭔가 잘못된 일이 있는가 싶어 다음 날도 또 그 다음 날도 서협문 앞에 나가 기다렸으나 그의 모습은 끝내 보이지 않았다.

젊은이가 나타난 것은 나흘 뒤였다. 서협문 밖에 나가 있던 영조는 와락 반가운 마음에 질문부터 던졌다.

"어찌 된 것이냐?"

젊은이가 말했다.

"영감님 죄송합니다. 실은 그럴 만한 사정이 있었습니다."

"뭔 사정?"

젊은이가 아주 송구스런 얼굴로 말했다.

"제가 영감님께 말씀드린 대로 아주 좋은 나무를 했습니다. 그런데 능 안에 들어갔다는 죄로 그걸 몽땅 빼앗겼지 뭡니까. 삭정이와 솔가리 그리고 죽은 소나무 장작, 아주 짭짤한 나뭇짐이었는데 능군陵軍한테 다 뺏겼습니다. 사정이 그렇기는 해도 영감님껜 아주 죄송하게 됐습니다."

"음, 그런 사정이 있었구먼. 너 이 사람에게 한 냥을 주거라."

영조는 별감에게 말했다. 그러자 젊은이가 펄쩍 뛸 듯이 놀라며 말했다.

"아니, 영감님! 한 냥이라뇨? 나무 값은 요전에 말씀드린 대로 여섯 푼 반입니다. 한 냥짜리 물건이 절대 못 됩니다요."

영조가 조용히 말했다.

"어머니에 대한 효성이 지극한 것을 알고 내가 네게 주는 것이니 사양치 말라."

"아니, 제가 제 어머니를 모시는 건 당연한 일인데 상을 주시다니요. 당치도 않습니다."

영조는 억지로 떠맡기듯 주었다.

"돈보다도 저는……."

젊은이가 하던 말을 끊었으므로 영조가 그 다음을 잇게 했다.

"돈보다는 다른 게 필요하다는 얘기냐?"

"영감님께 이런 말씀을 드려야 할지 알 수가 없습니다만 혹 능의 안전과 친하신지요?"

젊은이는 능관陵官을 안전案前이라 했다. 능관은 각 고을의 수령과 같은 급이기 때문에 안전이란 말을 충분히 쓸 수가 있었다.

"좀 알기는 하지."

"그러시다면 말씀 올리겠습니다. 능 안의 죽은 나뭇가지를 떼는 것쯤은 허락하라고 해 주시면 고맙겠습니다."

젊은이는 참으로 순진한 데가 있어 영조의 마음에 더 들었다.

"그보다 더한 부탁도 할 수 있는 처지다. 그러니 너는 내가 그 사람에게 서찰을 한 장 써 줄 테니 저 사람이 그걸 가지고 나오거든 받아서 전해라."

편전으로 들어간 영조는 나무꾼에게 그보다 더 큰 혜택을 받을 수 있게 도와주고 싶었다. 그래서 한참 생각하다가 이런 내용을 적기 시작했다. 즉 '이 서찰을 가지고 간 젊은이에게 수복(守僕: 묘, 능, 원, 서원 등에서 제사를 맡아보는 관리) 자리를 마련해 줄 뿐만 아니라 대대로 그 자리를 잇게 하라.'는 어명이었다.

한참 기다리니 아까 영감 옆에 서 있던 사람이 능관에게 전하라는 서찰을 가지고 나왔다.

젊은이는 '이제는 나무를 하기가 아주 수월해지겠군.' 하며 빠른 걸음으로 소녕원으로 갔다. 입구를 지키는 능군에게 안전께 전할 서찰을 가지고 왔다고 하고 한참을 기다렸다.

나무를 맘대로 해도 된다는 희소식만을 기다리고 있었으나 감감무소식이었다. 기다리다 못한 젊은이가 돌아서려는데 아까 그 능군이 달려 나오더니 말했다.

"능관께서 급히 보자시니 어서 뛰어가 뵈어라."

숨이 찰 정도로 달려가 안전 앞에 읍하듯 서자, 능관이 말했다.

"네가 가져온 서찰은 상감마마께서 내게 보내신 전교傳敎다. 네게 수복을 시키라는 분부시니 착실하게 임하라!"

젊은이는 기절할 정도로 놀라고 말았다.

'아니, 그럼 그 영감님이 상감마마란 말이잖아? 그렇다면 그 대갓
집은 궁궐?'

젊은이는 이게 꿈인가 생시인가 싶기만 했다.

당파 싸움의 시초

조선조에 숱한 당파 싸움이 있었다. 그 싸움은 사화士禍를 일으켰고 그중 대표적인 것이 4대 사화, 즉 연산군 4년(1498)부터 명종 1년(1545)에 이르기까지 일어난 '무오사화', '갑자사화', '기묘사화', '을사사화'이다.

대윤大尹과 소윤小尹의 싸움, 심의겸沈義謙과 김효원金孝元의 하찮은 감정 대립이 차차 고조되어 조정은 동과 서로 크게 갈라졌다. 이때 김효원의 편을 든 사람들이 유성룡柳成龍, 김우옹金宇顒, 이산해李山海, 정유길鄭惟吉, 허엽許曄, 정지연鄭芝衍, 이발李潑 등 한다 하는 고관대작 명사들이었다. 이들 모두가 동쪽인 낙산洛山 밑에 살고 있어 동인이라는 붕당朋黨이 되었다. 심의겸이 옳다며 편을 든 정철鄭澈, 구사맹具思孟, 윤두수尹斗壽, 신응시辛應時, 박순朴淳, 홍성민洪聖民, 김계휘金繼輝 등은 서인이 됐다. 이렇게 동, 서가 나뉜 때가 을해(乙亥: 선조 8)년이라 '을해 당론黨論'이라 일컬었다. 이 일은 김효원이 이조정랑吏曹正郎으로 발탁되는 것을 심의겸이 거부한 데서 비롯되어 조정을 아주 시끄럽게 만들었다.

이럴 때 또 하나의 사건이 일어나 당론이 아주 운명적으로 반목하는 계기가 되었다. 영의정 이준경李浚慶이 오래 병중에 있다가 죽기 며칠 전에 선조宣祖에게 글을 올렸는데 그 글 중 다음과 같은 대목 때문이었다.

"지금 사람들이 모두 고담高談과 대언大言으로 친구끼리 당을 맺으니 이것은 반드시 나중에는 뽑지 못할 나라의 큰 화근이 될 것입니다."

죽음에 임한 원로대신이 나라를 근심하여 유언으로 남길 수 있는 말이었다. 그런데 이게 젊은 사람들의 귀에는 거슬렸다. 아직 붕당도 없는데 대신을 지내다 죽는 마당에 좋은 소리는 못할망정 젊은 선비들을 몰아 임금에게 참소했다며 들고 일어난 것이다.

이 일에 있어 율곡 이이는 가장 청백했는데 그는 전혀 조정에서 벌어지고 있는 것이 붕당의 싸움인지를 모르고 다만 자기만의 생각으로 이준경이 선비들을 모해하는 글을 남겼다고 강력히 주장했다. 그 결과 이이는 서인 편을 든 것이 되어 자연 서인으로 지목됐고 동인들의 미움을 사게까지 되고 말았다. 당시 이이는 선조를 모시고 시강(侍講: 왕이나 동궁에게 학문을 강의함)을 하고 있는 처지여서 상소를 하게 되었다. 그 결과는 너무나 심각했다. 상소문의 골자는 이랬다.

"조정에 무슨 당파가 있다고 하겠나이까. 대개 사람이 죽을 때는 그 말이 착하다 하는데 이준경이 죽을 때에는 그가 한 말이 나쁘옵니다!"

선조는 별 반응이 없었다. 그러자 심의겸 계통 사람들이 많이 등용돼 있는 조정 여론은 벌떼처럼 일어났다. 삼사(三司: 임금을 견제하던 사간원, 사헌부, 홍문관)도 들고 일어났다. 급기야 영의정으로 타계한 이준경의 버슬을 추탈追奪하여 죄인으로 만들려고까지 했다. 그래서 그때까지만 해도 아무런 붕당의식이 없었던 일파를 조정한 서인이 동인을 몰아내려고 했다. 이런 모두를 잘 알고 있는 유성룡은 우의정이었다. 동인들에게는 그것이 천만다행이었다. 만약 유성룡이 우의정이 아니었다면 동인들은 다 물러나야 했을 테고 아예 그 당파 자체가 없어졌을지도 모른다.

그런 때 유성룡은 두 파를 말리면서 가장 합리적이요 이치에 딱 들어맞는 말을 해 여태 아무런 일도 없었던 것으로 조정 분위기가 바뀌었다. 그의 얘기는 이런 골자였다.

"대신이 죽을 때 올린 글에 옳지 못한 데가 있으면 그것을 물리치는 것은 있을 수 있는 것이나 죽은 그에게 죄를 주라는 것은 너무 가혹한 처사가 아니겠는가!"

좌의정 홍섬洪暹도 유성룡의 뜻에 찬동하며 이렇게 말했다.

"이준경은 생전에 공덕이 많았으니 죄를 주는 것은 참으로 옳지 못한 일이다."

사실이 그랬다. 어제까지 영의정으로 있던 대신이 죽는 마당에 말

한마디 잘못했다고 해서 그 벼슬을 빼앗고 죄인으로까지 만든다는 것은 사실 있을 수 없는 일이었다.

이준경의 사람들도 모두 유성룡과 홍섬의 가까운 이들과 뜻을 같이하며 동인 편에 들어가 동인이 되었다. 그러나 심의겸이 옳다, 김효원이 옳다는 논쟁이 완전히 없어진 것은 아니었다. 이런 분위기는 백성들에게까지 파급되었다. 선조 초년은 이러한 갈등으로 조정이 어수선했고 누가 특별히 의도적으로 만든 것이 아닌데도 동인과 서인이 생기고 말았다.

어쨌든 이렇게 당론이 생기고 나니 그것은 선비들에게 확실한 일거리가 되었다. '나는 동인이오.', '나는 서인이오.' 하는 판국에 그냥 어물어물 있다가는 간사한 놈으로 몰리게 되니 다들 동인이 되거나 서인이 되거나 태도를 분명히 해야만 살 수 있었다. 그러니 자연 조정은 시끄럽고도 심각한 상태가 되었다. 그것은 선조에게까지 알려지기에 이르렀다.

새로 좌의정이 된 노수신盧守愼은 가장 공평한 위치에 있으면서 나라를 근심하던 사람으로 선조에게 이렇게 아뢰었다.

"심의겸과 김효원이 서로 떠들어 대어 조정과 사림(士林: 유림)이 편치 못할까 두렵사오니 두 사람 모두 외직外職으로 내보내심이 어떠하십니까?"

노수신은 둘을 외직으로 내보내면 당론으로 다투는 일이 끝장날 것이라 여겼는데 때는 이미 늦은 뒤였다. 선조가 물었다.

"두 사람이 서로 무엇 때문에 떠들어 대던가?"

노수신이 선조의 질문에 당황해 하면서 대답했다.

"그 두 사람은 서로 평생의 허물을 얘기합니다."

노수신의 대답은 그저 이런 것이었다. 사실 그는 선조가 이미 그들의 일에 대하여 잘 알고 있으려니 했다. 그래서 자기의 의견에 즉시 윤허를 내릴 줄 알았다. 그런데 일이 이렇게 되어 옆에 있던 이이를 쳐다보았다. 이이도 관심이 컸던 일인지라 선조에게 아뢰었다.

"그 두 사람이 무슨 혐의와 원망이 깊어서 그러는 것이 아니옵고 다만 세속이 들뜬 때라 친척이나 친구들이 들은 말들을 가지고 서로 다니면서 일러바쳐 필경 이렇듯 소요스럽게 되었는데 이제 대신이 그것을 진정시키려 한 것이오니 아주 좋은 생각인가 하옵니다."

이이의 말은 자기도 노수신의 생각과 같다는 것을 표명한 것이었다. 그 말을 들은 선조는 그제야 일의 심각성을 깨닫지 않을 수 없었다. 그래서 즉시 김효원을 함경도 경흥부사慶興府使로, 심의겸은 개성 유수開城留守로 임명해 조정에서 쫓아냈다.

최초로 시도한 당론타파책이었으나 그 결과는 당론이 행동으로 바뀌게 되는 빌미가 되고 말았다. 그 지위와 벼슬이 낮으니 경흥부사 임명은 가능하나 어째서 머나먼 함경도로 귀양 보내듯 하느냐는 불만이 동인들 사이에 팽배해졌다.

그때의 조정은 동인의 수나 서인의 수가 거의 비슷하게 많았다. 그럼에도 동인에는 젊은이들이 많아 무슨 일이 있을 때마다 떠들어 댔다. 그들은 마침내 김효원의 경흥부사는 옳지 못하다며 이조판서吏曹判書 정대년鄭大年을 탄핵할 기세였다. 그래서 정대년은 김효원이 부임한 직후 억지로 구실을 만들어 선조께 아뢰었다.

"……경흥이라는 곳은 오랑캐 땅과 가까우니 선비가 가 맡기에는 적당치 않다고 사료되옵니다."

이조판서의 말속에는 김효원이 유명한 선비라는 뜻도 담겨 있었다. 개성처럼 근기지방近畿地方으로 옮기기를 바란 것이었다. 그러나 선조는 그 말에 일리가 있다 하여 함경도 부령부사富寧府使로 옮기게 했다. 그랬음에도 동인은 김효원의 인사가 너무 억울하다며 이 사람, 저 사람을 시켜 상소를 올리게 했다. 이를 기화로 당론은 본격적인 행동으로 바뀌었다. 그들은 노수신과 이이를 원망했고 규탄했다.

그에 대해 이이는 젊은 패들의 생각이 옳지 않은 것도 아니라며 이발李潑을 이조전랑으로 발탁하고 김효원을 근기지방으로 옮겨 줄 생각으로 선조께 아뢰었다. 그러나 이발의 이조전랑은 윤허했으나 김효원의 건은 윤허치 않았다. 김효원이 함경도로 간 것을 제일 크게 반대하며 앞장서서 시끄럽게 굴었던 이발은 전술을 바꿔 서인들의 허물을 들춰내기 시작했다.

이때 선조를 아주 가까이에서 모신 사람은 젊은이로 수찬修撰 벼슬에 있는 김성일金誠一인데 그는 경연經筵에서 임금에게 얘기할 기회가 많았으므로 은근히 서인 일파를 공격했다.

"지금 벼슬아치들은 모두들 탐욕 아니면 타락으로 더럽혀져 있사와 큰 걱정이 아닐 수 없습니다."

사실 이 말은 비단 서인 일파만을 두고 한 말은 아니요 나라를 근심하는 말이었으나 옆에 있던 허엽이 한마디했다.

"윤두수가 진도군수로 있을 때 이수李銖라는 자가 주는 쌀을 뇌물로 받아먹었습니다."

선조가 생각에 잠겨 있을 때 이발이 거들었다.

"말 마시오. 윤두수 아우 윤근수와 그 조카 윤현, 모두가 다 음흉하고 간특한 자들입니다."

선조의 총애를 받는 윤두수와 그 아우 그리고 그의 조카까지 한데 싸잡아 혹독하게 비판했다. 이 말에 선조는 한참 있다가 윤두수 가족에 대한 일들을 조사토록 했다.

이에 서인 편에 서 있는 김계휘는 윤두수와 그 아우와 조카는 그런 사람들이 아니라는 상소를 올려 변명했다. 그러자 발설한 이발이 당황하지 않을 수가 없었다. 그는 자기가 한 말도 있고 하여 직접 사헌부에 나가 장사꾼인 장세량을 잡아다 문초했다.

"네 이놈! 네놈이 윤두수를 위해 진도 쌀을 받아 감추어 두지 않았느냐?"

그가 부정하자 그의 집을 뒤졌으나 많은 쌀이 나오질 않았다. 그러나 사건을 만들기 위해 모진 매로 문초를 계속했으나 허사였다. 그러자 주변에서는 만들어 내려다 실패한 일이라고 비웃어 댔다.

사실 심의겸과 김효원이 외직으로 나간 뒤 사림(士林: 유림)들은 별로 당파를 만들지 않았다. 그런데다 청렴을 내세우는 이발도 한몫을 했다. 그는 삼형제인데 그의 형 이급李汲은 문과 장원을 거쳐 대사헌이 됐고 아우 이길李洁은 문과 장원을 거친 사인舍人이었다. 그들은 남쪽 사람들인데 형제들이 다 조정에 나가 있으니 서남쪽에서 올라오는 사람들은 모두 이발을 찾아왔다. 그는 그들에게 이론이나 당론 지도를 도맡았다. 김효원의 뒤를 이어 실질적인 동인의 우두머리가 된 셈이다.

이이는 심의겸과 김효원이 외직으로 나가 조정이 조금 안정된다고 생각하고 기뻐했는데 이발이 하는 짓을 보고 다시 걱정이 되었다. 그러나 이발은 한 발 더 나아가 심의겸을 좇는 무리들을 아주 없애 버리려고 노력했다. 김효원 편이나 자기편은 모두가 깨끗한데 심의겸 편에 선 사람들이 하나같이 탐관오리라 했다. 그런 이발에게 있어 송강松江 정철은 눈엣가시였다. 그리고 그 다음은 이이였다.

송강은 성격이 호탕한데다 술을 좋아했다. 전라도에 올라오는 사람들은 그런 송강을 좋아해 모두들 올라오면 그를 찾았다. 이러니 조정에서는 자연 동인, 서인의 당론이 다시금 활발해졌다.

그 무렵, 동인보다는 서인의 등용이 많았으므로 왕에게 서인의 잘 못을 탄핵하는 상소가 빗발쳤다. 일이 이쯤 되자 송강은 자기변명 겸 위선적인 이발의 흠결을 캐내었다. 선조는 이발이 송강 일파를 심의 겸의 당으로 몰고 탐관오리라는 상소를 받을 때마다 '아하, 결국 이 자도 당파를 모으면서 남의 당파만 지적하는구나.' 생각되어 미워하기 시작했다. 율곡은 이런 사태를 여간 걱정하지 않았다. 나랏일에는 힘 쓰려 하지 않고 당파 일에만 힘쓰는 것이 여간 못마땅한 게 아니었다. 때문에 그는 이발에게도, 송강에게도 자주 편지를 보냈다.

"두 분이 마음을 합쳐 나랏일에 힘써 주시오. 두 분이 대립하면 나 랏일은 어쩌란 말이오?"

이런 뜻을 전하기 위한 간곡한 서찰이 두 사람 모두에게 10여 차 례나 전달되었다. 송강은 답서를 보내왔지만 이발에게서는 한 번도 답서가 온 적이 없었다. 답서는커녕 율곡과 송강이 모두 내통해 모든 문제를 어물어물 넘겨 국사를 그르치고 있다며 비난하고 다녔다. 태 도가 분명치 못한 줏대 없는 선비라고 했다.

이발은 뇌물을 주고받은 비리를 가장 많이 적발한 인물이기는 했 다. 그런 이발을 일러 깨끗한 체하는 위선자라고 비웃는 것은 송강 일 파였으므로 그들은 날이 갈수록 점점 더 멀어졌다. 결국 청백淸白을 가장하고 자기에게 들어오는 뇌물은 잘도 챙기면서 다른 파의 뇌물만 캐고 든다는 비웃음을 받기 시작했다.

황금 개구리

할아버지로부터 물려받은 땅이 있어 별 걱정 없이 사는 사람은 이 세상에 많다. 순조純祖 때 상주(尙州: 지금의 경북)에 살던 김희순金禧淳도 그런 사람 중의 하나다.

그는 어려서부터 부모의 성화로 글공부를 열심히 하였으나 번번이 과거에 낙방을 했다. 그래 벼슬을 단념했다. 달리 할 일이 없어 자기 아들들을 가르치면서 동네 아이들도 함께 가르쳤다.

그러던 어느 해, 충청·경상도 일대에 큰 홍수가 났다. 모든 땅들은 개천이 되거나 사태가 나 황무지로 변했다. 지은 농사도 말짱 헛일이 되고 말았다. 굶주림에 허덕이다 못해 백성들은 사방으로 흩어져 동냥질을 해야만 했다. 또 힘깨나 쓰는 사람들은 화적火賊이 돼 민가를 노략질했다.

좀 사는 집에는 여지없이 불한당들이 쳐들어와 조금 남은 양식과 세간, 소를 끌고 갔다. 김희순네 집에도 쳐들어올 것이 확실해 그는 벽장 속에 숨겨 둔, 조상 대대로 물려 온 보물인 황금 연적硯滴을 종으로 부리고 있던 기돌僮이 품에 숨겨 주며 뒷산에 올라가 있다가 화적떼가 물러가면 내려오라고 했다. 그 연적은 개구리 모양의, 열 냥쭝이나 되는 귀한 골동품이었다. 그러니 그런 보물을 품게 된 기돌은 엉뚱한 생각을 하게 됐다. 주인집도 이제는 다 망하게 됐고 앞으로 자기도 거지가 될 게 뻔하니 이참에 보물을 품은 채 도망쳐 제 살길을 찾아보자는 생각이었다.

기돌이 숨어든 곳은 충청도에 속한 섬, 안면도安眠島였다. 그는 어물도가에 그 보물을 헐값에 맡기고 고기들을 싹쓸이해 샀다. 어떤 생선은 소금에 절이기도 하고 또 어떤 것은 말리기도 하는 등 제법 팔릴 만한 물건을 만들어 청주, 충주, 한양으로 가 팔았다. 짭짤하게 장사가 돼 돈을 벌었다. 색시도 얻었다. 오붓한 가정을 꾸며 잘살게 됐다.

그런 줄도 모르고 김희순은 이제나 저제나 하고 기돌만을 기다렸으나 꿩 구워 먹은 소식이었다. 가세도 기울 대로 기울어 이제는 끼니조차 잇기가 어려워졌다. 머슴들도 다 다른 데로 갔다. 집안에는 아들 형제와 내외뿐이었다. 임야林野를 팔아 몇 해를 버텼으나 이제 더 이상 버틸 수가 없게 됐다. 김희순은 풍문에 기돌이 안면도에 있다는 소식을 듣고 찾아 나섰다. 기돌만 찾게 된다면 보물을 돌려받을 수 있다. 괴나리봇짐을 짊어지고 두어 달 동안 헤맨 끝에 안면도에 도착한 김희순은 묻고 물어 겨우 기돌네 집 대문을 흔들었다.

기돌은 기진맥진해 있는 옛 주인 김희순에게 우선 밥상부터 차려 주었다. 요기를 하여 정신을 차리게 된 김희순에게 기돌이 말했다.

"정말 죄송합니다. 뭐라 여쭐 말씀이 없습니다. 소인의 죄를 용서해 주십시오."

김희순이 말했다.

"내 너를 찾아온 것은 네게 죄를 물으려는 것이 아니다. 풍문에 네가 아주 부자가 되었다기에 돈 좀 변통해 굶주림을 면키 위해 왔으니 안심해라."

기돌은 옛 주인의 너그러운 마음에 크게 뉘우친 바 있어 사죄하며 말했다.

"상전댁의 귀중한 보물인지라 팔아 없앨 수가 없어 그걸 담보로 생선을 사 팔았습니다. 그래서 돈을 좀 벌었습니다만 소문처럼 큰 부자가 된 것은 아닙니다. 이 집과 논 한 섬지기를 샀습니다. 어물도가에 진 빚도 있고 해서 논을 팔아 황금 개구리도 찾고 빚을 갚겠습니다. 그러니 얼마만 더 기다려 주십시오."

김희순은 가족들이 걱정이었으나 기다리는 수밖에 없었다. 보름쯤 기다리자 내놓은 논 일부가 팔려 황금 개구리 연적은 도로 수중에 돌아왔으나 종 문서를 환퇴(還退: 토지나 노비 문서를 없애는 것)할 수 있는 돈은 전혀 마련되지 않았다. 굶고 있을 가족이 걱정되어 안면도에서 나오기로 했다. 그는 기돌이 여기저기서 변통해 온 노자 열 냥을 받아 배를 타고 서산瑞山으로 나와 상주 땅을 향해 길을 재촉했다.

문경에 닿게 되니 이제 상주도 멀지 않았고 피곤도 하여 쉬어 갈 생각이 들었다. 그는 고갯마루 소나무 밑에서 갓과 두루마기를 벗어 나뭇가지에 걸고는 앉았다. 바로 옆에 바위가 있어 황금 개구리 연적을 올려놓고 아주 흡족한 마음으로 바라보았다. 찬란한 황금빛에 눈이 부셨다. 자세히 들여다보니 아주 정교하게 개구리를 빚어 금방이라도 개굴개굴 소리치며 뛰어오를 것만 같았다.

'우리 5대조께서 왕명으로 북경 사신 길에 천자로부터 하사받은 저 황금 개구리 탓에 그때부터 재산이 늘고 자손도 번창해 아버지께서는 절대로 팔지 말라는 유언까지 남기신 보물이 아닌가!'

그는 이렇게 중얼거리다가 깜빡 잠이 들고 말았다. 얼마나 잤는지도 모를 시간에 천둥소리와 함께 후두둑 굵은 빗방울이 떨어지는 바람에 잠에서 깨어나고 말았다. 세상이 온통 새까맣게 변해 있었다. 큰비가 몰려오고 있었다. 급히 갓과 두루마기를 벗겨 입고 뛰기 시작했다. 비 피할 곳이 마땅찮았다. 비를 쪼르륵 맞은 채 한 식경이나 달려 간신히 숯막 안으로 뛰어들었다.

숯막 안에서 품속을 더듬어 보니 황금 개구리 연적이 없었다. 바위 위에 올려놓은 채 비 피하는 것만 급해 그냥 온 것이다.

"허어, 이거 큰일 났다!"

소나기라 금방 날이 갰다. 인적이 드문 곳인 데다 비까지 내렸으니 그 자리에 그냥 있으려니 하고, 그래도 급히 고갯마루로 달려가 보니 웬 노인 한 사람과 그가 타고 온 말과 마부가 있었다. 황금 개구리 연적은 없었다. 바위 위는 물론 주변을 샅샅이 살폈으나 보이지 않았다. 얼굴이 노랗게 굳어진 김희순을 보며 노인이 물었다.

"무얼 잃어버렸소?"

김희순이 사실대로 자초지종을 얘기하자 노인은 마부에게 명령조로 말했다.

"애, 그 물건 돌려드려라!"

마부가 머뭇거리며 내놓지 않자 노인이 다시 엄하게 말했다.

"그 황금 개구리, 임자가 나타났으니 돌려드리는 게 당연하다!"

그제야 마부가 김희순에게 황금 개구리를 내주었다. 그는 고맙다는 인사와 함께 대를 이어 내려오는 보물임을 밝혔다. 그리고 나서 엽전 꾸러미를 마부에게 내밀었다. 그러자 노인이 다시 말했다.

"내 집에 가서 상금을 줄 테니 그분한텐 한 푼도 받지 마."

"그러면 제 인사가 아니지요."

김희순이 엽전을 다시 건넸으나 마부는 상전의 명이 있어 받으려 들지 않았다.

"정 그러시다면 어르신이 사시는 동네와 존함이라도 알려 주십시오. 후일에라도 은혜를 갚겠습니다."

"은혜는 뭔 은혜? 주운 물건 임자에게 돌려줬을 뿐이오. 남의 재물에 검은 마음을 품으면 안 되는 법이오. 나는 살아가기 궁색한 형편이 아니니 그대나 빨리 돌아가 식구들 걱정이나 덜어 주시오."

말을 마치기 바쁘게 노인은 말에 올라타 마부에게 빨리 몰라고 명해 떠났다. 김희순이 가는 숯막과 반대 방향이었다. 할 수 없이 숯막으로 돌아온 그는 널어놨던 두루마기를 입고 갓을 쓴 뒤 상주를 향해 바쁜 걸음을 옮겼다.

얼마 못 가서 내를 만났다. 비 온 뒤의 산골 개울이 합쳐져 급류를 이룬 넓은 내였다. 두루마기와 바지를 벗어 똘똘 뭉쳐 어깨에 얹고 냇물 속으로 들어갔다. 그때였다. 어떤 청년이 뒤에서 소리쳤다.

"이 내는 산골 물이 합쳐 급히 흐르는데다 여러 곳에 웅덩이진 데가 있어 잘못하면 빠져 죽을 수도 있습니다. 그러니 날 따라오면 얕은 데로 건널 수 있습니다."

김희순은 그 청년의 뒤를 따르기 시작했다. 그런데 앞장섰던 청년이 어이쿠 소리를 내며 물속에서 떴다 가라앉았다 하다가 급류에 휘말려 떠내려가고 있었다.

"저런! 저런!"

김희순은 급히 냇가로 나와 떠내려가는 청년을 따라 달렸다. 잠깐 그렇게 달리다 보니 청년 몇이서 반두를 들고 물속을 훑어 고기를 잡고 있었다.

"여보 젊은이들! 누가 저 사람 좀 건져 주! 내 엽전 여덟 냥을 내겠소!"

"내가 죽을지도 모르는데 그까짓 여덟 냥?"

"그럼 이 황금 개구리를 주겠소!"

"사람을 살리는 일인데 거짓말을 하겠소!"

김희순의 말이 떨어지기 무섭게 그 청년이 저고리를 벗어 던지고는 물속으로 뛰어들어 능숙하게 헤엄을 쳐 허우적거리며 떠내려가는 청년을 향했다.

그 청년은 초주검이 된 사람의 상투를 잡아끌며 냇가로 나오려 했으나 여의치 않았다. 같이 고기 잡던 친구들이 몰려 들어가 합심하여 두 사람을 냇둑으로 끌어올렸다. 널브러져 있는 청년에게 먹은 물을 토하게 하자 이제 좀 정신이 드는 듯했으나 그야말로 산송장이었다. 그대로 두었다가는 살아날 수 있을지 몰라 김희순은 그 청년들의 도움을 받아 냇가에서 가까운 동네로 옮겨 한 집으로 들어갔다. 간호를 하던 김희순이 말했다.

"젊은 목숨 하나 살려 줘서 참으로 고맙소. 내 약속한 대로 이 황금 개구리를 주겠소."

황금 개구리를 받은 청년들이 돌아가고 김희순은 계속 환자를 돌보았다.

이튿날 아침, 주인에게 엽전 닷 냥을 주어 사례한 뒤 교군轎軍을 얻어 환자의 집으로 향했다. 한 시간쯤 걸려 도착한 그의 집은 으리으리하게 큰 집이었다. 김희순에게 자초지종을 얘기 들은 하인들이 그를 사랑으로 안내했다. 그리고 점심때가 되자 떡 벌어지게 차린 상이 들어왔고 늙은 하인이 그의 앞에 공손히 꿇어앉아 말했다.

"물에 빠지신 분은 이 집 도련님입니다. 삼대독자, 외아들인 도련님을 살려 주신 은혜 뭐라 감사 올릴지 모르겠습니다. 주인어른께서는 한 50리 되는 친구 양반 댁 생신잔치에 가셔서 곁두리 때나 돼야 돌아오십니다. 그동안 제게 술을 올리게 하라는 도련님의 분부이십니다. 하오니 잔을 드시지요."

김희순은 반주에다 고기며 저냐, 산채 등 진수성찬을 즐긴 뒤 이내 자리에서 일어나려 했으나 술 시중을 들던 노 하인이 극구 자리에서 일어나지도 못하게 하며 말했다.

"이대로 그냥 가시면 주인 양반께 제가 곤욕을 치르게 됩니다."

할 수 없이 다시 주저앉아 집안 걱정, 그동안에 일어났던 여러 일들을 생각하면서 시간을 죽이고 있는데 밖에서 말 울음소리가 나더니 한참 시끌벅적하다 조용해졌다. 그러고 나서도 한참이나 더 있다가 사랑방 문이 열리며 들어온 한 노인이 김희순에게 넙죽 큰절을 올리고 나서 말했다.

"제 가문에 삼대독자인 아들을 살려 주신 은혜 백골난망이로소이다."

고개를 드는 노인을 보니 다른 사람이 아니라 황금 개구리 연적을 돌려준 바로 그 영감이었다.

"하하, 이게 어찌 된 일입니까? 언제 어떻게 은혜를 갚나 걱정했더 니만……."

"옳거니 어제 고갯마루에서, 바로 그분이시군요."

이렇게 시작된 얘기가 자세하고도 길어져 황금 개구리가 삼대독자 외아들을 살리는 데 큰 역할을 했음을 알게 된 노인은 5백 냥을 풀어 그것을 찾게 했다.

황금 개구리는 금방 찾을 수 있었다. 노인에게 황금 개구리를 받은 김희순이 작별을 고하자 더 묵을 것을 간청했다. 양식 없는 식구들이 궁금하다는 말로 사양하자 노인은 2백 석가량 추수되는 토지 문서와 1천 냥의 돈을 내주며 손을 꽉 잡았다.

"약소하다니요? 이건 너무 과람합니다. 저는 못 받겠습니다."

"삼대독자 외아들, 우리 집안의 대가 끊기지 않게 해 주셨는데 어 찌 그 토지가 아깝고 또 그 돈이 아깝겠습니까? 제발 부탁이오니 받아 주십시오."

노인이 눈물까지 흘리며 애원했으므로 김희순은 더 사양할 수가 없 었다. 과연 황금 개구리 연적은 복을 불러들이는 희귀한 보물이었다.

쇠전에서 사돈 만난 것이……

이 얘기는 수사돈(사위 편의 사돈)과 암사돈(며느리 편의 사돈) 간에 벌어진 일이다.

이 첨지가 농우로 기르는 것은 황소였다. 몇 달 전부터 황소를 암소로 바꿔 기르고 싶다는 생각이 들었다. 부리는 데 무슨 흠이 있는 것도 아닌데 그냥 그러고 싶어졌다. 그래 그런 뜻을 마누라에게 말했더니 마누라는 별 관심이 없다는 태도였다.

"당신 맘대로 하시구려. 그런데 왜 갑자기 그런 생각을 했수?"

"너무 힘이 좋아 내가 부리기엔 좀 벅찰 때가 종종 있기는 해."

대답은 그렇게 했지만 그건 진짜 이유가 아니었다. 오래 부리다 보니 지루해졌다고나 할까, 실은 그것이 더 큰 이유였다.

읍내 장이 서는 날이었다. 늦은 아침, 이 첨지는 황소를 몰고 30리쯤 떨어진 읍내로 갔다.

쇠전이 가까워지자 소들의 울음소리며 거간들의 흥정 붙이는 소리들로 벌써부터 왁자지껄했다. 그런 쇠전 들머리에서 누군가 "사돈!"

하고 불러 바라보니 수사돈이 소고삐를 잡고 서 있었다. 수사돈과 암사돈은 서로 반가워 다가서며 안부 인사에 바빴다.

"그동안 무탈하셨어요?"

"네, 덕택에. 사돈댁도 별고 없으시죠?"

"그럼요."

"웬일로 나오셨어요?"

"이 황소를 암소로 개비하려고 왔어요. 사돈은?"

"하하, 이런 일이 다 있나! 난 이 암솔 황소로 개비할 생각인데, 이런 우연도 다 있군요."

"그럼 우리 이렇게 합시다. 우선 소들을 저기 한쪽에다가 매 놓고 설랑 쇠전을 한 바퀴 돌아봅시다. 시세도 알 겸. 그리고 나서 거간꾼들한테 좋은 일 할 것 없이 우리 서로 소를 바꾸면 되잖습니까!"

"그거 좋지요. 그렇게 합시다."

수사돈과 암사돈은 의기투합되어 소 시세도 자세히 알아보며 쇠전 구경을 한참 한 뒤 누가 먼저랄 것도 없이 한 주막으로 들어갔다. 점심때가 훨씬 기울어진 시간이라 둘 다 출출했기 때문이었다.

두 사람은 술국 한 뚝배기에 막걸리를 시켜 권커니 잣거니 했다. 주로 작년 농사 결과에 대한 얘기와 이제 곧 시작해야 될 농사 계획 등이 주된 내용이었다. 그런대로 서로 흠 잡히거나 실례되는 얘기는 없었다. 시세대로라면 황소가 조금 더 값이 나갔기 때문에 암사돈이 수사돈에게 그 돈을 건넸고 술값도 계산했다.

수사돈이 말했다.

"돈을 더 얹어 받은 데다 공술까지 마신 내가 미안해서 안 됩니다. 거간꾼들에게 뜯긴 돈이 없으니 이번에는 내가 한잔 사리다."

암사돈이 사양했으나 수사돈은 막무가내였다.

둘은 자기네 소들이 매여 있는 게 훤히 뵈는 다른 주막으로 들어가 자리를 잡았다. 거기서도 역시 식사는 않고 술국 한 뚝배기를 가운데 놓고 대폿잔을 기울이기 시작했다. 이미 거나하게 취기가 오른 데다 마시는 술이라 두 사람은 모두 호탕해졌을 뿐만 아니라 이제는 이미 그 어려운 사돈지간이 아니었다. 이런저런 얘기 끝에 암사돈이 물었다.

"아니 그동안 황소를 키워 그렇게 힘이 좋은 모양이지요?"

"이제 우리 황소를 데려가 키우면 사돈도 힘이 세지시게 된다오. 하하하, 술이 들어가 하는 흰소리가 아니라 난 요즘도 밤일로 마누랄 귀찮게 굴어 주책바가지라고 욕을 먹는다오. 내 참!"

"허허, 대단하십니다."

"아니, 사돈은 그거, 밤일 재미를 잃었나요?"

"나도 아직은 그 재밀 자주 보는 편이요. 하지만 아직 우리 마누라쟁이는 귀찮아 하지는 않아요."

초로의 두 사내 얘기를 귀담았는지 주막 주인은 한참 까르륵거리고 나서 말했다.

"해 떨어진 지 오래됐어유. 그런 마나님들을 생각하셔서 빨리들 일어나시유."

"하마 시간이 그렇게 됐남?"

"신선놀음에 도끼자루 썩는지 모른다더니만, 이거 원."

수사돈이 서둘러 계산을 하고 나서 말했다.

"아직 주전자가 묵직하네. 이 주전자나 다 비우고 일어납시다."

남은 술은 두 사람의 잔을 거의 다 채울 만치였다. 그 마지막 잔을 다 비우고 나서야 두 사람은 소를 매어 놓은 곳으로 갔다. 수사돈이 말했다.

"우리가 소 바꾼 건 아시지?"

"그럼요. 내가 황소, 사돈이 암소지요. 몰고 가는 거 보담은 타고 가는 게 낫겠어요."

암사돈이 황소 위에 먼저 올랐고 뒤따라 수사돈도 암소를 탔다. 초나흘 달빛이 흐릿하게 퍼져 있는 밤이었다. 두 사람은 거의 동시랄 수 있을 만치 손바닥으로 자기를 태운 소 엉덩이 짬을 탁탁 두드리며 길을 재촉했다. 그들은 서로 가는 길이 반대 방향이었다. 졸다 깨다 하면서 집에 도착한 것은 밤이 이슥해서였다.

마누라가 나와 소를 외양간에 몰아넣고 들어오는 사이 이 첨지는 벌써 알몸으로 펴져 있는 이불속으로 들어갔다. 마누라도 고쟁이 바

람으로 이불속을 파고들었다. 이내 두 사람은 한 몸이 되었고 밤일의
재미를 톡톡히 보았다.

날이 밝았다. 마누라는 벌써 부엌에 나간 모양이었다.

윗목에 벗어 던졌던 바지저고리와 조끼를 입고 이불을 개려는데
못 보던 이불이 보였다. 방 안을 살펴보니 세간이며 모든 것들이 눈에
설었다.

'소를 타고 왔는데, 아 그렇지! 바꾼 암소가 내 집을 알 수가 있나!
이거 큰일 났구나, 정말 큰 탈 났어!'

암사돈 집이 틀림없었다. 그렇다면 어제 밤일 재미를 본 게 사돈
마누라! 이 기막힌 노릇을 어쩌나, 궁리에 궁리를 거듭하고 있는데 뾰
족한 수가 있을 리 없었다. 고개도 못 들고 있는데 방문이 열리면서
아침상이 들어왔다.

"아버지 저희 집엔 웬일이세요?"

아침상을 내려놓던 딸이 기겁을 해 소리쳤다. 시아버지가 친정아
버지로 바뀌어 앉아 있었기 때문이었다.

'어제 암사돈이 얘기하는 푼수로 보아 내 마누라도 밤일 재미를 봤
겠군!'

"아버지 웬일이시냐니깐?"

"쇠전에서 네 시아버지를 만나지 않았어야 되는 건데……. 어휴
우!"

"아가, 네 시아버지 웬 한숨이라니?"

마루를 울리는 발소리가 유난히도 크게 들렸다.

출세 방법도 가지가지

무과武科에 급제를 하고도 직책을 받지 못해 한량閑良으로 지내는 사람들이 많았다. 호가 오백梧栢인 이주국李柱國도 그런 무리 중의 하나였다. 그는 기골이 장대하고 특히 활쏘기에 능했다.

그는 늘 산에 올라 사냥으로 소일하고 있었다. 그러던 어느 날, 삼청동 뒷산에 올랐다가 그의 기척에 놀라 푸두둑 날아오르는 장끼를 향해 화살을 날렸다. 장끼가 힘없는 날갯짓으로 떨어진 곳은 고래 등 같이 큰 기와집 안이었다. 단숨에 산에서 뛰어내려 눈여겨봐 뒀던 그 집 대문을 두드렸다.

하인이 나오자 다짜고짜 호통을 쳤다.

"내 꿩 내놔라!"

하인은 주인의 세력을 믿는지 무슨 꿩이냐고 시치미를 떼었다.

"이 녀석이 매맛을 봐야 정신을 차리겠군."

"쇤네는 모……."

이주국이 그 억센 손으로 하인의 멱살을 틀어쥐며 고함쳤다.

"내놓으라면 내놓을 것이지 웬 잔말이야!"

대문 앞에서 큰 소리가 나자 청지기가 달려 나와 말했다.

"뭔 일인지는 모르오나 대감님께서 들어와 말하랍니다."

대문 안으로 들어서자 대감이라는 사람이 이미 사랑채 대청에 나와 있었다. 이주국은 그에게 무사답게 군례軍禮를 올리고 나서, 뒷산에서 자신의 화살에 맞은 장끼가 분명 이 댁 안에 떨어져 그 장끼를 찾으러 왔건만 하인이 시치미를 뗀다고 그간의 사정을 얘기했다. 그러자 대감이 말했다.

"허어, 하늘이 네게 내리신 복인 줄 안 게로구나. 허허허."

"……."

하인은 아직도 내주기가 아까운지 대답을 머뭇거렸다.

대감이 하인을 나무랐다.

"남이 애써 사냥한 꿩을 무슨 연유로 내드리지 않는 것이냐? 네 잘못은 내 얼굴에 먹칠된다는 걸 왜 모르느냐!"

"죄송하옵니다. 쇤네 생각이 짧았습니다. 당장 내드리겠습니다."

하인은 급히 가 장끼를 들고 나왔다. 꿩은 목을 맞기는 했으나 아직 살아서 꿈틀거리고 있었다. 대감은 이주국의 활 솜씨에 놀랐고 또 장부다운 모습에 호감이 들어 그를 방으로 초청해 들여 주안상을 보게 했다. 그러자 이주국은 술안주 감으로 장끼를 내놓았다.

얼마 후, 주안상을 사이에 두고 통성명부터 시작해 이런저런 얘기들을 나누다 보니 주인인 대감은 세자의 장인 세도가 홍봉한^{洪鳳漢}이었다. 그는 마주앉은 이주복이 꿩 사냥이나 다니는 한가한 사람이 아니라 무과에 급제하고도 직책을 얻지 못해 한량으로 지낸다는 것을 알게 됐다.

주안상을 물리게 됐을 때, 홍 대감이 지필묵을 준비하라고 이르고 그것들이 다 마련이 되자 서찰을 작성했다. 그것을 아우인 이조판서 홍인한에게 급히 전하라고 분부했다.

주안상을 물리고 나서 차를 마시고 있는데 서찰을 전하러 갔던 하인이 답서를 가지고 왔다. 홍 대감이 그 답서 내용을 이주국에게 밝혔다. 내용인즉 '이번에는 보직을 줄 수가 없으니 다음을 기약하라.'는 것이라고 했다. 그 말을 듣자 이주국이 즉시 말했다.

"꿩 값을 내셔야 하겠습니다. 제 꿩은 살아 있는 꿩이었기 때문에 값을 몇 배로 쳐주셔야만 합니다."

홍 대감은 기분이 크게 상해 이주국에게 돈을 던져 주었다. 꿩 값을 몇 배나 올려 받아 간 이주국이 괘씸했고 또 아우인 이조판서가 형을 이렇듯 난처하게 만들다니 싶어 화도 났다. 그래 곧장 조금 전의 부탁은 없었던 것으로 하라는 서찰을 보냈다. 형의 역정을 풀어 주기 위해 이조판서는 무리하여 이주국에게 보직을 마련해 주었다.

이튿날, 보직이 정해졌다는 통보를 받자 이주국은 군복을 갖춰 입고 제일 먼저 홍 대감을 찾아갔다. 군례로 인사를 마치고 나서 그가 말했다.

"꿩 값으로 저에 대한 노여움이 이조판서께 전해지고 이조판서께서는 대감님의 노여움을 풀어 드리기 위해 제게 서둘러 보직을 주셨습니다. 꿩 값을 받아간 것은 뇌물이 아니지요?"

홍 대감은 속으로 '허허, 이 사람 출세를 위한 꿩 값이었군.' 하고 껄껄껄 너털웃음을 웃어 댈 수밖에 없었다.

피부병이 지은 원각사

세조는 등극한 이후 원인 모를 피부병으로 계속 고생했다. 차이는 컸으나 왕후 또한 그랬다. 왕에게 옮은 것이었다. 시녀들과 내시들은 왕과 왕후의 몸을 긁어 가려움을 덜어 주는 것이 큰일이었다.

누구에겐가 금강산 진주담眞珠潭에 가서 냉수욕을 하면 효과를 볼 것이라는 얘기를 듣고 한두 번 가서 냉수욕을 했더니만 훨씬 덜 가려운 듯도 했다. 하여 그해에도 진주담을 찾아갔다. 벌써 열흘도 넘게 진주담에서 냉수욕을 하고 있었다.

그날도 역시 냉수욕을 하고 있는데 이미 가을로 접어든 때이건만 물은 차지 않고 외려 여름 물보다 따스했다. 여름엔 차고 겨울엔 따뜻했다. 이 샘물은 참으로 조홧속이었다.

왕이 물소리를 요란스럽게 내며 냉수욕을 하고 있는데 샘 안 저쪽 멀지 않은 곳에서 한 소년이 걷히는 안개 속에서처럼 그 모습을 드러냈다. 미소년이었다. 그 소년이 합장合掌을 하며 정중히 인사를 올렸다. 왕이 물었다.

"웬 아인고?"

"문수보살이 현신하나이다."

왕은 깜짝 놀라 소년에게 고개를 숙여 예를 올렸다.

"그렇게 인사 않으셔도 좋아."

소년의 말은 계속되었다.

"참회하는 소리 여러 번 들었어. 불경도 많이 외우시더군. 그런데
어떡하나?"

왕은 소년의 말끝이 뭔가 좋지 않음을 느끼고는 덜컥 겁이 났다.
자신도 모르게 매달리듯 말했다.

"내 이 병만 나아 옛날같이만 된다면 무슨 말이라도 다 들으리다."

"이런 곳에서 목욕만 한다고 낫지는 않지."

"그럼 잘 좀 가르쳐 주오."

"절을 하나 지어. 큰 절 하나 지어."

소년, 아니 문수보살은 크게 외쳤다.

"말씀대로 하리다! 내 생각이 아직 거기까진 미치지 못했군."

"소문내시면 아니 돼. 아시겠지?"

이 한마디를 마지막으로 문수보살은 홀연히 사라졌다. 왕의 귀에
는 그 말, '절을 하나 지어. 큰 절 하나 지어.' 하는 소리가 오랫동안 가
득했다.

왕은 가까스로 제정신을 차리게 되어 혼잣말을 마치 옆에 있는 사

람에게 하듯 했다.

"그래, 옳아. 절을 짓는 공덕이 어느 왕에게나 있어 왔건만 내게
이르러서는 그걸 생각지도 못했구나!"

금강산에서 돌아온 왕은 항상 불안을 느껴 왔던 과거와는 달리 어
떤 자신감을 갖게 되었다. 그런데도 이따금 단종이 꿈에서처럼 나타
나 말했다. 그러면 왕은 엎드려 그 말을 들었다. 불쾌한 감정이 아니
었다. 전에는 단종의 생각만으로도 불쾌하기 짝이 없었지만 현신한
문수보살을 본 뒤부터는 그렇지 않았다.

단종은 자신이 미안한 듯 말했다.

'임금 자리가 그렇게 좋아? 조카인 내 자리를 그렇게 빼앗고?'

왕은 이런 소리를 들을 때면 진정으로 송구하고 견디기 어려웠다.

'그래서 그런 병을 앓는 거야.'

단종의 목소리 같기도 하고 문수보살의 말 같기도 했다. 왕은 전신
에 식은땀이 나며 자신도 모르게 말했다.

'지각이 없는 탓으로 큰 죄를 범하였으니 죽여 주시오소서. ······제
발 살려만 주옵소서. 그렇게만 해 주신다면 절을 큰 절을······.'

금강산에서 돌아온 지 한 달쯤 지나서 왕은 전국에 포고布告했다.

〈이제부터는 불교에 대하여 도성에 절을 지어도 좋고 승려들이 도
성으로 들어오거든 관대히 대접하라.〉

이렇듯 불교를 지지하는 포고령이 전국에 내려지자 여태까지 숨

도 제대로 못 쉬고 지냈던 불도佛徒는 모두들 환영하며 곳곳에서 수륙재(水陸齋: 물·뭍의 고혼을 공양하는 법회)를 올렸다. 반면, '이단異端이니 배척함이 마땅하다.'는 유생儒生들의 상소가 매일같이 빗발쳤다. 그러나 왕은 유생들의 상소를 물리침은 물론, 도성 한복판에 사찰 건립을 허가했다. 도성, 그것도 종로 한복판에 절터가 닦였다. 목수와 석수들이 대거 몰려들었고 장안의 불자들은 물론 경향 각지에서 불자들이 모금해 올리는 시주금이 엄청났다.

종로 한복판에 원각사圓覺寺가 완공되어 갈 무렵, 왕의 피부 질환도 상당히 많이 호전되었다.

원각사 법당 앞에 13층이나 되는 대리석 백탑白塔이 그 웅위를 자랑했고, 대웅보전의 거대한 지붕은 날아갈 듯했다. 그것을 보는 모든 백성들의 마음속에서는 어린 조카의 왕위를 찬탈했던 왕의 그 크나큰 죄업도 지워지는 듯했다.

* 원각사가 있던 자리에 지금은 대리석 백탑白塔만이 남아 있고 그곳을 우리는 파고다 공원이라는 이름으로 부르고 있다. 1504년 연산군 때 폐지됐으며 중종조를 거쳐 명종 시대인 1554년의 대화재로 인해 완전히 소실된 그 터에다 구한말 탁지부에서 초빙한 영국인 총세무사 브라운(Brown)에 의해 우리나라 최초의 공원으로 조성되면서 '탑이 있는 공원'이라는 뜻의 이름, 파고다 공원(Pogoda Park)이 됐지만 이제부터라도 우리 이름 탑골 공원으로 불러야 마땅하다.

봉이 김 선달이 된 내력

봉이鳳伊 김 선달先達의 봉이는 사람들이 붙여 준 별명이고 김 선달은 성이 김가요, 선달은 조선 시대에 문무과文武科에 급제는 했으나 아직 벼슬을 얻지 못한 사람을 이르는 말이었다.

김 서방, 그는 열심히 공부해 문과에 급제했으나 평안도 출신이라 한양에 별로 아는 사람도 없으려니와 집안도 좋지 않아 벼슬자리를 얻지 못했다. 그래 어떻게든 출세를 해 금의환향하겠다고 한양으로 올라와 지냈다. 그는 성격이 쾌활한 데다 언변이 좋고 임기응변에 능했다. 그러나 한양에 와 있느라고 얼마 안 되는 고향의 논밭을 다 날리고 말았다.

그는 어느 날, 같이 과거를 보는 동안에 알게 된 같은 또래의 양반집 아들을 찾아갔다. 그냥 놀러 간 것인데 마침 그 집에서 꿩을 기르고 있어 꿩 한 마리를 며칠 동안 빌렸다. 그는 그 꿩을 들고 오래 재상을 지내다가 이제는 늙어 벼슬을 내놓고 집에서 편히 쉬고 있는 노인을 찾아갔다.

"소인은 오랫동안 하는 일이 없이 지내는 터라 심심풀이로 꿩 사냥을 다녔는데 우연히 꿩을 산 채로 잡게 돼 대감께서 적적하실 테니 심심풀이로 길러 보시라고 가져왔습니다."

　"참으로 고맙네. 그런데 꿩 사냥만 다녀서야 되겠는가."

　"그러게 말입니다. 만사가 여의치 않아 이제 고향으로 내려갈까 합니다만 하찮은 감투 하나 써 본 일이 없어 이런 딱한 꼴로 갈 수가 없어 망설이고 있습니다."

　"그럼 내 서찰을 써 줄 테니 그걸 이조전랑에게 전하게."

　"네, 황송하옵니다."

　그는 곧 이조전랑에게 노 재상의 서찰을 전하고 뭔 좋은 소식이 있으리라고 한 열흘쯤 기다렸으나 그야말로 꿩 구워 먹은 소식이었다. 그는 노 재상집으로 가 전에 줬던 꿩을 도로 달라고 했다. 노 재상이 까닭을 물었다.

　"이조전랑이라는 자도 대감을 대수롭잖게 여기는데 그런 대감께 꿩을 갖다 드린 건 제 불찰입니다."

　그는 꿩을 도로 찾아와 임자에게 돌려주고는 그 이튿날 이조전랑을 찾아갔다. 그러자 이조전랑이 말했다.

　"대감께서 서찰을 보내 부탁하신 일을 깜박 잊고 있었는데 어제 대감께서 역정을 내시기에 그 즉시 선달 첩지를 써 놓았으니 가져가고 대감께 잘 좀 말씀을 올려 주게나."

그는 이렇게 선달 감투를 쓰고 고향으로 내려갈 수가 있었다. 그러나 땅마지기나 있던 것을 다 없앤 집안 살림은 말이 아니었다. 처자식이 불쌍해 곁에서 볼 수 없어 김 선달은 다시 한양으로 올라왔다. 한양에서도 그를 반겨 줄 사람은 없었고 돈도 없는 고생스런 생활이었다.

하는 일 없이 장터 구경을 하고 다니던 어느 날, 닭전 앞을 지나다가 꼬리가 길고 볏이 유난히 큰 수탉을 보게 됐다. 김 선달은 닭 장수에게 시치미를 뚝 떼고 물었다.

"여보. 저게 뭔 새요?"

닭 장수는 김 선달의 추레한 모습을 아래위로 훑어보더니 '뭐 저런 닭도 모르는 병신이 다 있어.'라고 생각하며 대답했다.

"봉이라는 아주 귀한 새요."

"허! 그럼 값도 비싸겠군요?"

"그럼요. 비싸고 말구요. 두 냥에 팔아도 내가 밑지는 장사외다."

닭 장수는 닭 값의 세 배도 넘게 말했다. 닭도 모르는 병신에게 바가지를 옴팡 씌울 작정이었다. 김 선달은 가진 돈을 톡톡 다 털어 그 수탉을 사 가지고 바로 영문으로 가 사령청 안으로 고개를 쑥 디밀었다. 문지기가 수상하게 생각하고 거칠게 물었다.

"왜 그래?"

"감사님 계시우?"

"감사님? 감사가 아니라 사또야! 그런데 왜 그래?"

"사또께 이 귀한 봉을 바치려고 왔소이다."

"허허, 이런 딱한 사람을 봤나! 닭을 가지고 와서 봉을 바치겠다고?"

김 선달이 고함치듯 말했다.

"닭이 아니라 봉이요, 봉! 내가 지금 두 냥이나 주고 샀는데 귀한 것이라 사또께 바치려고 왔소이다!"

"닭이든 봉이든 사또께 바치려고 왔다니 그냥 들여보내게나."

옆에 있던 다른 문지기가 말했다. 그래서 사또에게로 간 김 선달이 수탉을 바치며 귀한 봉이라고 말했다. 사또는 아무리 봐도 수탉이 분명한데 봉이라고 주장하는 게 이상해서 캐물어 사건의 진상을 알게 됐다.

얼마 뒤, 닭 장수가 불려 왔다.

"네가 이자에게 이 수탉을 봉이라고 속여 팔았느냐?"

닭 장수가 말했다.

"속여 판 것이 아니옵고 이 세상에 닭도 모르는 자가 어디에 있나 싶어 농담으로 한 얘깁니다. 이자도 닭으로 알고 샀겠지요."

김 선달이 화를 벌컥 냈다.

"아니, 이런! 당신이 봉이라고 해서 닭 값보다도 훨씬 비싼 두 냥이나 주지 않았소. 그래 봉을 사 들고 오다 가만히 생각하니 나 같은 천한 것에게 이런 귀한 봉이 어디에 소용이 되랴 싶어서 사또께 바치려다 일이 이 지경으로 된 것인데 내게 닭으로 팔았다니! 내가 귀하신 사또를 속인 게 되잖았소? 그러니까 사또를 속인 죄는 당신이 그 죗값을 치러야 하오!"

닭 장수가 기가 푹 죽어 말했다.

"제발 고정하시우. 내 그 두 냥 돌려드리리다."

"관가 안에서 소란을 피우지 말고 밖에 나가서들 화해하도록 해라."

사또는 이렇게 사령들에게 이르고는 자리에서 떠났다. 사령들에게 이끌려 나오면서 김 선달은 고래고래 소리를 질렀다.

"도로 두 냥만 준다고? 멀쩡한 사람을 이렇게 바보로 만들어 놓고, 개망신을 시켜 놓고, 그래 두 냥이 말이나 돼?"

"여보시우. 누가 딱 두 냥만 준다 했소? 두 냥은 닭 값으로 받은 돈이라……. 그래 얼마를 드리면 되겠소?"

"두 냥은 봉 값으로 받은 거니까 당연히 도로 내놔야 하고 거기에다 스무 냥은 더 얹어야 하오!"

결국 김 선달은 스물두 냥을 받아 냈고 그 일로 '봉이'라는 별명으로 불리게 되었다.

까마귀가 잡은 살인범

강동(江東: 평안도 제일 남쪽 지방) 현령으로 부임한 황갑정黃甲正은 밤중에 안삼문內三門 지붕에서 유별나게 우는 까마귀 소리에 동헌 대청으로 나왔다. 뭔가 억울함을 호소하는 듯한 울음이라 이상하게 생각하고 책방(冊房: 조선 시대 고을 현감의 비서직), 청지기, 하인을 데리고 까마귀가 울다 날아간 구룡산으로 올라갔다.

휘영청 밝은 달밤이었다. 산에 올라가 보니까 아까 그렇게도 애절하게 울던 까마귀 울음소리가 들려왔다. 그래 일행을 데리고 가 보니 땅에 내려앉은 까마귀가 한자리에서 빙빙 돌며 우짖다가 날아가 버렸다. 이상해서 그 자리를 자세히 보니 달밤인데도 누군가 땅을 팠다가 다시 메운 흔적이 역력했다. 데려간 하인을 시켜 파 보니 관棺도 쓰지 않고 염도 하지 않은 채 묻은 시체가 나왔다. 소지품은 하나도 없었다. 그래 다시 묻으려는데 말채찍 하나가 있었다.

현령은 그 말채찍을 가지고 일행과 함께 동헌으로 와 남들이 알아보지 못하게끔 표시를 해 두고 이튿날 이방을 불러 물었다.

"이 고을에 마방馬房이 몇이나 되느냐?"

"네, 이 읍내 안에 두 곳이 있습니다. 그리고 남쪽 시오리 밖에 또한 곳이 있사옵니다. 그곳은 동네 이름도 마방골입니다. 말품을 팔아 살아가는 사람들 동네입죠."

"그럼 당장 그 마방들에 포교를 보내 노소를 막론하고 모든 마부들을 잡아 하옥시키고 그자들이 지니고 있는 말채찍은 새것이거나 헌것 모두를 하나도 빠짐없이 거둬 와라. 알겠느냐?"

모든 마부들이 빠짐없이 잡혀 왔고 말채찍들도 빠짐없이 거둬들였다.

그날, 황 현령은 마부들을 죄 없이 잡아들여 부임 초부터 망신이나 당하는 게 아닐까 싶어 잠을 이루지 못하다가 새벽녘에 잠시 잠을 이룰 수 있었다. 그런데 그렇게 잠을 자다가 이상한 꿈을 꾸게 되었다. 한 사나이가 동헌으로 쑥 들어오더니 분명한 소리로 말했다.

'소인의 원수는 비도비행非桃非杏이옵고 또 비좌비행非座非行이옵니다.' 이렇게 말하고 사라졌는데 황 현령은 꿈에서 깨어났어도 그것이 뭘 뜻하는지 몰라 고민을 하다가 이렇게 결론을 내렸다. 복숭아도 아니고 살구도 아니면 오얏이니 이李가라는 얘기고 앉아 있지도 않고 다니지도 않는다면 서[立] 있는 상태니 성명이 이립李立이라는 얘기일지도 모른다. 그런 생각을 잠깐 하다가 동헌으로 나갔다.

황 현령은 마부들을 모두 옥에서 끌어내게 하고 거둬들인 말채찍

뭉치에 시체와 함께 묻혀 있었던 말채찍을 섞어 놓고는 모두들 자기 것을 찾아 들고 서 있게 했다. 모두가 자기 말채찍들을 다 찾아 들었는데 딱 하나가 남았다. 살펴보니 시체와 함께 묻혀 있던 것이었다. 일이 난감해져 잠시 궁리를 하고 있는데 퍼뜩 새벽꿈에 나타난 사내가 한 얘기가 떠올랐다. 그래 황 현령은 한번 물어나 보려는 심사로 말했다.

"이 중에 이씨 성을 가진 사람은 손을 들어라!"

거의 반이나 되는 사람들이 손을 들었다.

"그러면 외자 이름, 이립이라는 자가 있으면 나와라!"

한 젊은 마부가 주춤거리며 나왔다. 황 현령의 추상같은 호령이 떨어졌다.

"이놈! 네놈이 사람을 죽여 구룡산에 파묻을 때 같이 묻힌 네놈의 말채찍인데 왜 네놈 것이 아니라고 시치미를 뗀 것이냐?"

이립이라는 마부는 급히 부복하며 애원했다.

"죽을죄를 지었나이다. 목숨만은 살려 주옵소서."

"남의 목숨은 하찮고 네 목숨은 중하냐? 거의 다 알고 있으니 한 치도 거짓 없이 이번 일을 자백해라!"

이립이 자초지종을 낱낱이 고백했다.

"말을 쓰는 사람이 없어 하루 종일 놀았는데 어떤 한 사람이 무거운 짐을 지고 가기에 소인이 말했습니다. 술잔 값이나 주면 가시는 데까지 모셔다 드린다고요. 그랬더니 이 사람이 삼등 고을까지 가는데 날씨도 덥고 하니 말을 타겠다굽쇼. 그래 태우고 가는데 한 아이가 저쪽에서 오는데 그 아이 품에 안긴 까마귀 한 마리가 아주 애처롭게 울었습니다. 그 꼴을 본 그 사람이 말에서 내리더니 그 까마귀를 사서 날려 보냈습니다. 그러고는 그 사람이 까마귀 값을 치르려고 전대를 펼쳤는데 금과 은이 잔뜩 들어 있는 게 소인의 눈에 띄었습니다. 그때 소인이 제정신이 아니었습니다. 그래 한참 가다가 그 금과 은이 있으면 고생 않고 살겠다 싶어 소인이 똥이 마려우니 혼자 좀 가시면 제가 곧 뒤따라가겠노라고 말하고는 몽둥이로 쓸 만한 나무를 주워 뒤에서 후려쳐 죽였습니다. 그리고 파묻었습니다. 제 말채찍이 함께 묻힌 줄은 꿈에도 몰랐습니다. 이것이 전부입니다."

젊은 마부의 얘기가 끝나자마자 난데없이 까마귀 한 마리가 쏜살같이 날아오더니 마부의 눈을 쪼아 댔다. 양쪽 눈을 다 그렇게 해 앞을 못 보게 만들더니만 목에 붙어서 또 쪼아 댔다. 마부의 눈에서, 목덜미에서 피가 쏟아졌다. 마부는 곧 죽어 버렸다. 까마귀도 너무 힘에 겨웠는지 이내 죽어 버렸다.

조사해 보니 마부에게 죽임을 당한 사람은 삼등 고을에 사는 금은상金銀商 장은張恩이라는 사람이라 곧 가족들에게 연락하고 마부의 시체는 동헌 밖으로 끌어냈다. 그리고 황 현령은 판결을 내렸다.

〈금은상 장은은 마음이 어질어 까마귀를 사서 살렸고 이립은 흉악

해 재물을 탐해서 사람까지 죽였다. 까마귀가 장은을 만나지 못했다면 어떻게 원한을 풀었겠는가. 까마귀는 미물이라 하지만 그 은혜를 갚았으니 의리가 있고 이립은 오히려 사람을 죽였으니 살인죄로 매장을 해야만 한다.〉

이립의 시체는 그 가족에게 거두어 가게 했고 금은상인 장은은 가족들에 의해 선산에 묻히었다. 까마귀도 장은의 무덤 곁에다 사람처럼 수의를 입히고 입관하여 묻었다.

황 현령은 그 두 무덤 앞에 정자를 지어 현판을 '의오정義鳥亭'이라 만들어 달았다. 이 얘기는 널리 퍼져 사람들은 '삼장三壯'이라는 말을 오래도록 입에 달고 살았다. 삼장이란 까마귀를 살린 장은의 자비심이 장하다는 것이 그 첫째, 둘째는 의리 있는 까마귀가 장하다는 것이며, 셋째는 황 현감의 지혜가 장하다는 뜻이다.

| 서울의 지명 유래 |

　태조 이성계는 조선을 건국(1392)하고 수도를 한양(漢陽: 지금의 서울)으로 정하여 새로 궁궐을 세우고 도성都城을 쌓았다. 이 도성에 4대문과 3소문을 내어 지방과 장안의 교통을 이었다.

　4대문은 숭례문(崇禮門: 남대문), 흥인지문(興仁之門: 동대문), 돈의문(敦義門: 서대문), 창의문(彰義門: 북문)이라 이름 붙였다. 3소문은 혜화문惠化門, 소의문昭義門, 광희문光熙門이라 이름 했는데 이들은 지금 우리 귀에 익어 있는 동소문東小門, 서소문西小門, 수구문水口門이다. 그러니까 동서남북에 큰 문 하나씩을 내고 그 사이에 작은 문 하나씩을 보탠 것이 한양 도성의 문이다.

　성곽은 국방상 아주 중요한 시설이다. 그래서 전국 8도에서 모은

조선　305

19만 7,470여 백성의 힘으로 98일 동안, 5만 9,500척(1척은 약 30센티미터, 이里 수로 계산하면 4리 24정 1간)에 달하는 성곽을 쌓았다.

도성에서 제일 먼저 세운 것이 임금의 위패를 모시는 사당인 종묘宗廟와 토지 신, 곡식 신 그러니까 나라를 보살펴 주는 신께 제사 올리는 사직社稷이다. 그러고 나서 왕과 왕족 그리고 국사를 돌보는 곳, 궁궐을 지었다. 그중 경복궁景福宮을 제일 먼저 짓고 다음에 창덕궁昌德宮, 창경궁昌慶宮을 지으니 새 나라의 새 살림이 시작됐다고 할 수 있었다.

지금은 서울에 덕수궁德壽宮이 있으나 그때는 없었다. 덕수궁은 세조世祖의 첫 왕자인 월산대군月山大君의 사저로 지은 것인데 처음 이름은 명례궁明禮宮이었다. 이곳에서는 임진왜란 때 몽진했던 선조宣祖가 환도했으나 경복궁이 소실되었으므로 잠시 머물렀으며 그 후 왕실의 소유로서 경운궁慶運宮, 서궁西宮 등으로 이름이 바뀌었다. 광해군光海君 때는 선조의 왕후 인목대비仁穆大妃가 유폐됐던 곳이기도 하다. 또 인조仁祖는 이 궁 안의 즉위당卽位堂에서 왕위에 올랐고 조선조 말엽에는 고종황제高宗皇帝의 은거소로 쓰였다.

임금이 거처하는 궁궐은 왕후, 왕세자, 대왕, 왕의 사친私親, 후궁後宮, 숙빈淑嬪들이 거주하던 별궁別宮과 행궁行宮, 관館, 정亭 등을 일괄하여 말한다.

그 무렵 장안의 지형은 너무나도 기복이 심하였고 남, 서, 북 3방의 산지에 둘러싸인 분지여서 언덕이 많아 지금의 서울처럼 평탄치 못했을 것이다. 때문에 작은 언덕이 진 곳은 모두 '재(현峴)'라고 불렸다. 그런 곳이 30여 곳이나 되었고 지금의 '구區'는 '부部' 즉 동, 서, 남, 북, 중의 5개부로 나누어 지금의 동洞처럼 방坊을 두었다. 그러니까 5부 48방이었던 셈이다. 번지수는 통, 호로 무슨 부, 무슨 방, 몇 통, 몇 호로 집을 찾았다.

*

한양의 재 이름은 지금 서울 사람들에게도 그대로 이어져 내려오는 것이 많지만 이름의 유래에 대해서는 잘 모르는 이들이 많은 것 같다.

남부의 동쪽, 지금의 쌍림동雙林洞 위 높은 지대에 등선각登仙閣이라는 게 있었다. 거기서 서쪽이 충무로 5가인데 그 동쪽 끝 동국대학교 밑의 언덕을 '풀무고개(야현冶峴)' 또는 '대장고개'라 했었다. 대장간이 많이 모여 있었기 때문이다.

충무로를 건너 인현동仁峴洞으로 가자면 언덕길이 있어 그곳을 인성현人城峴이라 했었는데 선조宣祖의 일곱째 왕자 인성군 저택이 있었던 때문이다. 그래 그곳을 아직 인현동으로 부르는 것 같다.

그 지맥이 흐르는 을지로 4가에서 1가까지의 사이를 '구리개(동현

銅峴)'라 했다. 그러니까 을지로 1가 입구만을 구리개라 하는 건 잘못이다. 그리고 그 다른 한 줄기, 지금 남산 위에 있는 적십자사에서 명동 성당 앞을 지나 명동 입구까지 내려오는 언덕을 '북달재' 또는 '북고개', '북재(종현鐘峴)'라 했다. 임진왜란 때 청나라 구원병 양호楊鎬의 군대가 주둔했던 곳이 있었고 그들이 군사용으로 남대문에 달려 있던 종을 끌어내 사용해 '종현'으로 불렀다. 그래 명동 성당을 '종현 교회'라고도 했다.

또 다른 한 줄기인 충무로 일대를 '진고개(니현泥峴)'라 했다. 원래 이곳은 비가 조금이라도 내리면 한량없이 질었다. 한일병합 후 8척 정도 아래 속도랑을 파서 묻었으므로 그 뒤부터는 질지 않게 되었다. 장안에서 속도랑을 묻은 것은 이것이 처음이다.

회현동 1가에서 제일은행 본점을 지나 건너편 한국은행 옆으로 조선호텔 앞까지를 '송현松峴'이라 했다. 겸재謙齋 정선鄭敾의 '한양조감도'를 보면 그 부분이 울창한 솔밭이다. 그래 붙은 이름일 것이다. 그리고 조선호텔 맞은편 남쪽에 있었던 저경궁儲慶宮도 실은 송현궁이었다. 저경궁은 왕태자가 거주하던 궁인데 애석하게도 1926년경 왜놈들의 손에 헐리고 말았다.

남산 남쪽 기슭에 남묘南廟가 있었고 거기서 후암동으로 넘어가는 고개를 '남단고개(남단현南壇峴)'라 했다. 거기서 멀지 않은 용산역 앞에는 처음 도성을 쌓을 무렵 대궐에 쓰일 기와를 굽던 와서瓦署가 있었던 까닭으로 그 남쪽 언덕을 '와현瓦峴'이라 이름 했다.

원효로 1가 동쪽 끝의 언덕을 '당고개(당현堂峴)', 마포로 넘어가는 고개를 '큰당고개'라 했다. 서울에 오래 살았던 노인들 말에 따르면 무당들이 굿하는 당이 그곳에 많았다고 하니 그래서 붙여진 이름일 가능성이 많다.

봉래동 2가에서 아현으로 넘어가는 길을 '약현藥峴'이라 했다. 정조正祖 때 김욱金煜 대감의 별호가 '약현'이었고 그 저택이 중림동에 있어 약현 대감 때문에 붙은 이름이다. 또 서대문을 '새문'이라 한 것은 그곳에 있던 '새문고개' 때문이다. 아현고개턱을 '애오개' 또는 '큰고개(대현大峴)'라 했으며 만리동 2가에서 마포 형무소가 있던 자리까지를 '만리재(만리현萬里峴)'라 했다.

북부, 창경궁 정문에서 월근문月覲門까지의 사이는 도둑이 들끓었던 유명한 '박석고개(박석현礴石峴)'이다. '월근문'은 효성이 지극한 정조正祖가 불쌍하게 돌아가신 아버지 사도세자思悼世子였던 장조莊祖의 묘궁廟宮이었던 경모궁景慕宮에 상시 참배키 위해 특별히 만든 문이다.

지금의 종로 4가에서 2가까지 비스듬하게 경사진 언덕이 있었는데 그게 '배우개(이현梨峴)'였다. 근처에 아주 큰 배나무가 있었다고 한다. 그런데 일설에 의하면 개국 초기 그곳은 울창한 밀림지대여서 1백여 명이 한데 모여야 마음 놓고 다녔던 고로 '백고개(백현百峴)'라 했다고도 전한다.

가회동嘉會洞의 한 지맥으로 구 경기중학교 정문에 이르는 언덕을 '맹현孟峴', 거기서 서남으로 내려와 '홍현紅峴', 안국동 풍문여고가 있는 곳을 '안현安峴' 그 맞은편을 '송현松峴'이라 했는데 과거에 소나무가 많아 붙여진 것이지만 다른 곳에 같은 고개 이름이 있어 '윗송현'이라고 했단다.

서쪽, 인왕산 지맥이 되는 체부동體府洞, 청운동淸雲洞 사이 언덕길에도 이름이 있었을 테지만 전해지는 것이 확실치 않다.

당주동唐珠洞 부근을 '야주개(야주현夜珠峴)', 누상동樓上洞 부근을 '누각재(누각현樓閣峴)'라 하는데 옛 지명은 누각동이다.

인왕산 줄기에서 현저동峴底洞 북쪽 고개는 '모래재(사현沙峴)', 그 위의 큰 고개는 '무학재無學峴'이다. 예전에는 아주 높은 고개였지만 자꾸만 깎아 내리고 파내어 밋밋하다. '무학현'이라는 이름은 아마도 '모악현母岳峴'의 와전이 아닌가 한다. 그리고 덕수궁 뒷담 길에서 경기여고가 있던 자리로 이어지는 고갯길은 '서학재西學峴'인데 그것은 4학(四學: 조선시대 장안의 세가 자제들에게 중학, 동학, 남학, 서학 등을 가르치기 위해 세운 학교)의 하나인 서학이 그 부근에 있었기 때문일 것이다. 끝으로 '황토마루(황토현黃土峴)'는 지금의 세종로 네거리다.

위에서 밝힌 언덕들은 옛날의 그것에 비하면 아주 소수이지만 어쨌든 많은 언덕들을 피하고 주거지로서 적당한 곳을 택해 사람들이 모여 살았던 것은 확실하다. 거기에다 나라의 계획도 크게 작용했을 것이다.

　고려 말 한양의 상태를 살펴보면 경복궁 자리에 이궁離宮이 한 채 있었을 뿐 다른 궁궐과 관아는 없었다. 그러니 민가民家는 지금의 효제동 근처에 몰려 있어 그곳을 동촌東村 또는 양유촌楊柳村이라 했다. 그리고 탑골공원 자리에 고찰 흥복사興復寺가 있었고 충무로 4가와 필동 2가에 이르는 중간에 묵사동墨寺洞이라는 동학(洞壑: 동굴과 계곡)이 있었는데 거기 조그만 절, 묵사墨寺가 있었다.

　정도전鄭道傳은 태조太祖의 명을 받아 구역 정리를 하고 부部와 방坊을 이름 붙였다.

　사실은 숙종肅宗 9년 10월에 최사추崔思諏 등이 남경南京의 이궁離宮을 물색하기 위해 한양부에 왔을 때 일부러 동쪽 교외에서 가까운 노원역蘆原驛을 후보지로 내정했다. 또 태조가 천도 전에 한양에 여러 번 와서 그곳을 유심히 살펴보았다고도 한다. 때문에 정도전도 지방 전통을 근거로 도성의 면모를 꾸미기로 한 것이다.

　태조는 한양으로 천도 후 도성 내의 토지 전부를 전혀 사유로 인정한 곳이 없었다. 모두 국유화했다. 궁궐, 종묘, 사직, 관아, 도로, 구거(溝渠: 개울), 시장 등의 위치를 선택하고 남은 토지는 왕족 이하 서민들에게 사용권만 부여했다. 물론 지위와 신분에 따라 분배율은 달리 정해 놓았다.

　정도전은 한양의 시가지를 중앙, 동, 서, 남, 북으로 가르고 그것을 또 49방으로 나누었다. 동이니 정이니 하는 나눔은 한일병합 이후 왜가 한 짓이다. 어쨌든 조선조 초기에는 다음과 같이 나누어졌다.

동부	숭신崇信, 연화蓮花, 서운瑞雲, 덕성德成, 숭교崇敎, 연희燕喜, 관덕觀德, 천달泉達, 흥성興盛, 창선彰善, 달덕達德, 예성禮成 등 12방
서부	인달仁達, 적선積善, 여경餘慶, 황화皇華, 양생養生, 신화神化, 반석盤石, 반송盤松 등 8방
중부	징청澄淸, 서린瑞麟, 수진壽進, 견평堅平, 관인寬仁, 경행慶幸, 정선貞善, 장통長通 등 8방
남부	광통廣通, 호현好賢, 명례明禮, 태평太平, 훈도薰陶, 성명誠明, 낙희樂喜, 정심貞心, 명철明哲, 성신誠身, 예성禮成 등 11방
북부	광화廣化, 양덕陽德, 가회嘉會, 안국安國, 관광觀光, 진장鎭長, 명통明通, 준수俊秀, 순화順化, 의통義通 등 10방

도시를 5부로 나눈 것은 고려 시대부터 시행했던 것이다. 또 당시의 방명坊名은 그대로 현재의 동명으로 사용되는 경우도 많고, 당시의 방명 둘을 하나로 합쳐 만든 현재의 동명도 아주 많다.

조선조 국초의 성내 도로는 아주 정연한 편이었다. 황토마루에서 흥인지문까지는 지금의 종로, 대광통교에서 숭례문까지의 도로는 가장 폭넓은 국도로 폭이 50척이 넘는 국내의 대표적 도로라 할 수 있다.

『대전회통공전大典會通工典』에 의하면 대로는 폭이 56척, 중로는 16척, 소로는 11척으로 정해졌고 또 길 양쪽에는 2척의 뜰을 두었다.

천도 후 제2대 정종定宗 때는 한양의 시전(市廛: 점포)을 정비했는데 그 위치는 종로 1, 2가와 3가의 일부였다. 제3대 태종太宗 5년에는 그 규모를 확장해 남부의 훈도방薰陶坊, 북부의 안국방安國坊, 중부의 광통교廣通橋까지 연장했고 마소는 장통방의 천변에서 사육했다. 또 백성들이 몰려 사는 동네에서는 주민 집의 문 앞에서 장사를 했다.

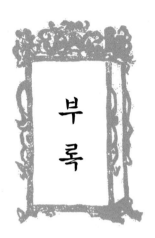

부 록

신화와 전설, 그리고 민담

설화는 여러 사람의 입에서 입으로 전해진 이야기로 크게 신화, 전설, 민담으로 나누어진다.

신화는 우주의 탄생과 기원을 담은 우주 신화와 천체 신화, 그리고 신격 주체의 부족 국가 건국 과정을 그린 건국 신화로 나누어 볼 수 있다. 건국 신화는 한 부족이나 국가 집단에게 나라 건국의 정당성과 정통성을 뒷받침해 주는 근간이 된다. 또한 사실로 믿는 부족에게는 종교적 의미를 갖는다.

전설은 태초와 현재 사이에 벌어진 기이한 이야기로, '어떤 일이 실제로 벌어졌음'을 믿는 것을 전제로 한다. 어느 고장의 향토적 특색이 묻어나는 것이 특징이며, 지명이나 사물의 유래와 관련된 이야기가 주를 이룬다.

민담은 민간에서 구전되던 이야기로 흔히 말하는 '옛이야기'이다. 민간에서 창작되어 전승되므로 화자의 개성이나 관점에 따라 이야기가 변하는 것이 특징이다. 신화나 전설이 장대하고 놀라운 이야기인 것과 달리 민담은 흥미와 재미가 강조되며 역사 일화, 우화, 우스갯소리, 외설담 등 폭넓은 주제를 담고 있다. 서로 다른 지방에서 비슷한 민담이 전해지는 것은 인간의 원형적 무의식을 내재하고 있는 민담의 특징이기도 하다.

설화가 문자로 정착된 것은 고려 때부터이다. 고조선부터 삼국 시대까지의 신화와 전설, 민담을 담은 『삼국유사』를 그 대표적인 예로 들 수 있다. 이 밖에 고려 전기에 박인량이 『수이전』을 엮었으나 현재까지 전해지지 않으며, 『대동운부군옥』, 『해동고승전』, 『태평통재』 등 남아 있는 설화집을 통해서 우리나라 고전 설화의 진면모를 찾아볼 수 있다.

이 책은 삼국 시대와 고려 시대, 조선 시대에 편찬된 역사서와 민담집을 바탕으로 하여 우리 설화를 재구성한 것이다. 정사正史가 왕을 비롯한 지배계층의 권익과 국가 기반의 정통성을 위해 씌어졌다면 이른바 야사와 야담은 민간에서 지어낸 역사 설화에 해당된다.

야사로는 통일신라 시대에 쓴 것으로 추정되는 김대문의 『화랑세기』 등이 대표적이며, 이승휴의 『제왕운기』, 이제현의 『역옹패설』 등이 있으나 오늘날까지 전해지지 않는 것이 많아 그 면모를 정확히 파악하기가 어렵다. 조선 전기에는 혁명으로 왕조가 들어섰으므로 왕의 명으로 역사서가 편찬되었으며 개인의 야사 편찬이 엄격히 금지되었다. 15세기에 이르러 서거정의 『필원잡기』와 성현의 『용재총화』가 나왔으며 관에서 주도하는 역사서와 달리 정파의 관계를 바르게 밝혀 이를 알리려는 노력이 행해졌다.

야담은 공인된 역사라기보다 역사 이면에 숨은 이야기로 궁중비화와 정치 뒷이야기가 주를 이룬다. 임진왜란을 소재로 한『임진록』과 같은 군담문학도 이에 포함된다. 야담에는 당대 피지배계층의 삶이 생생히 살아 있으며, 그들의 정서와 문화가 그대로 담겨 있다.

우리는 다양한 설화를 읽음으로써 옛 조상들이 남겨 준 사상과 지혜를 전수받을 수 있다. 또한 오늘날 당면한 사회 문제의 해결책을 그들이 겪었던 실패, 개혁, 통합 속에서 찾을 수 있을 것이다.

우리나라 역사서와 민담집

삼국사기

현존하는 가장 오래된 우리나라 역사서로 고려 인조의 명으로 1145년 김부식의 주도 아래 편찬되었다. 총 10인의 학자가 자료의 수집과 정리에 있어 함께 작업했으나 머리말, 논찬, 사료 채택, 인물 평가 등은 김부식이 직접 한 것으로 전해진다.

『삼국사기』는 본기本紀, 연표年表, 지志, 열전列傳으로 구성되어 있다. 이 중 본기는 총 28권으로 신라, 고구려, 백제의 역사가 서술되어 있다. 부여, 가야, 발해의 역사는 누락되어 있으나 삼국은 비교적 대등하게 다루어지고 있다.

연표는 총 3권으로 중국 역대 왕조의 연호를 기준으로 삼아 신라, 고구려, 백제의 연대를 작성하였다.

지는 총 9권으로 삼국의 제도와 지리, 문화 등을 서술하였는데, 신라의 삼국 통일을 중심적으로 다루었다.

열전은 인물 평가로 총 10권에서 69명의 인물을 다루었다. 김유신을 필두로 하여, 삼국의 무장 및 명신, 학자, 순국열사, 효녀 및 열녀, 반역인을 다루고 이들에 대한 인물 평가를 포함하였다.

전체적으로 유교주의와 사대적인 예절 등 유교 명분과 춘추대의를 견지하고 있으나 한국 역사의 독자성을 고려한 현실적 입장을 취하였다. 그러나 신라 위주로 서술된 점, 백제에 대한 기록이 적다는 점, 고조선, 가야, 동예, 옥저, 삼한, 발해의 역사가 빠진 점 등이 한계로 지적된다. 또한 사대주의적이며 농민 및 피지배층에 대한 서술이 없고 불교 및 전통사상을 소홀히 다루었다는 비판이 있다.

김부식 金富軾 1075~1151

신라 왕실의 후예로 1096년 과거에 급제하여 호부상서 한림학사 승지에 올랐다. 묘청 세력이 서경천도운동을 벌이자, 원수로서 삼군을 지휘하여 난을 제압하였다. 관직에서 물러난 뒤, 인조의 명을 받아 『삼국사기』 집필에 주도적 역할을 맡아 1145년 이를 완성하였다.

『삼국사기』(왼쪽)와 『삼국유사』(오른쪽)

삼국유사

고려 시대 때 일연이 한국 신화와 설화, 향가를 집대성하여 지은 역사서이다. 5권 2책으로 구성되어 있으며, 충렬왕 7~9년에 편찬된 것으로 추정된다.

『삼국유사』는 『삼국사기』와 더불어 현존하는 한국 고대 사적 중 최고로 꼽힌다. 『삼국사기』가 사관에 의해 집필되어 체재나 문장이 정제된 데 비하여 『삼국유사』는 일연이 엮은 이른바 야사이므로 체재나 문장이 자유로우나 방대한 고대 사료를 수록하고 있어 삼국 역사 연구의 귀중한 문헌으로 평가받고 있다.

특히 단군신화는 단군왕검을 우리나라 역사의 국조로 삼는 근거를 제시하여 주는 기록이며 고조선에 관한 서술로서 우리나라 반만년 역사의 정통성을 일깨운다. 건국 신화와 전설이 수록된 설화문학서이면서도 향찰로 표기된 신라 향가가 14수나 실려 있어 우리나라 고대 문학사 연구에 절대적 가치를 지닌다.

일연 一然 1206~1289

1206년 경북 경산에서 출생하여 전라도 해양 무량사에 들어가 승려가 되었다. 1227년 승과에 급제하여 삼중대사, 선사, 대선사를 거쳤다. 1261년 왕명으로 선월사 주지에 올랐으며, 운문사 주지가 되어 왕에게 직접 법을 강론하였고, 1283년 국존으로 추대되기에 이른다. 우리나라 고대 신화와 설화, 향가를 집대성한 『삼국유사』의 편찬을 비롯하여 『어록』, 『계승잡저』, 『중편조동오위』, 『제승법수』, 『대장수지록』 등을 남겼다.

고려사

조선 초기 김종서(1390~1453) 등이 세종의 명에 따라 지은 고려 시대 역사책으로 세가世家 46권, 지志 39권, 연표 2권, 열전 50권, 목록 2권, 총 139권으로 되어 있다.

1392년 10월 태조로부터 이전 왕조의 역사책을 만들라는 명을 받은 조준, 정도전 등이 1396년 37권의 『고려국사』를 만들어 바쳤다. 이들은 이제현의 『사략』, 이인복과 이색이 쓴 『금경록』, 민지의 『본조편년강목』을 참조하여 역대 『고려실록』과 고려 말의 사초를 기본 자료로 삼았다. 내용과 서술의 문제점이 지적되어 이를 바로잡고자 하는 노력이 있었다. 1419년 9월에 세종이 이를 신하들에게 맡겨 1421년 정월에 바로잡았다. 그러나 오히려 유교적이고 사대적인 관점이 강화되어 반포되지 못하였다.

세종은 1431년에 『태종실록』이 편찬된 것을 계기로 『고려사』를 다시 쓰는 작업을 추진하였다. 여러 번의 교정 끝에 1451년 8월 김종서가 이를 완성하였다. 이때 최항이 열전을, 노숙동 등이 기紀, 지志, 연표를, 김종서와 정인지가 교감을 맡았다. 열전에는 역사적 인물에 대한 평가가 내려져 있으므로 비판을 우려하여 1452년에 일부 인쇄하여 보관하다가 1454년 1월 비로소 널리 반포하였다.

『고려사』는 무엇보다 역사서로서의 명분을 확고히 하고, 인물 평가를 바로잡고자 하였다. 또한 제도를 나누고 문물을 헤아려 계통을 분명히 하였으며, 연대를 구분하고, 사적을 상세하게 설명함으로써 빠지고 잘못된 것을 바로잡고자 하였다. 우왕과 창왕을 거짓 왕조로 구분하여 열전으로 강등시켰으며, 이전부터 내려오던 이제현의 평론을 그대로 실었다.

서술 방식은 『원사元史』를 모방하여 첫머리에 왕의 출생과 즉위를 쓰고 끝에 사망, 장례 및 성품에 관하여 썼다. 『원사』에서는 왕이 실제 즉위한 해를 원년으로 했으나, 『고려사』에서는 즉위한 다음 해를 원년으로 하였다.

세가 다음에는 지志를 두어 천문, 역지, 오행, 지리, 예, 악, 여복, 선거, 백관, 식화, 병, 형법 등 12지 39권을 두었다. 지志 역시 『원사』에 준하여 분류하였으며, 『고금상정례』, 『식목편수록』 등 여러 문집을 참고

하여 빠진 부분을 정리하였다.

실제 고려의 제도는 당나라 것을 기본으로 삼고 송나라 것이 덧붙여졌으며, 그 아래에는 고려의 전통이 깔려 있었다. 원구, 사직 등 중국의 제도를 받아들이면서도 토속적인 연등회, 팔관회 의식이 중요시되었고, 중국의 아악과 당악을 사용하면서도 예로부터 속악이 성행하였다. 중국의 관제와 산관계를 이용하였으나 도병마사, 식목도감, 향직 등 독자적인 제도를 썼고, 당률을 채용하면서도 실제로는 고유의 관습법을 따랐다.

지의 첫머리에는 편찬자의 서문을 두었는데, 실제 사실에 대한 개괄을 넣었다. 태조 이후 문종 때까지의 고려 전기를 제도가 정비되고 국세가 번창한 시기로 보고, 무신란 이후 몽골 간섭기에 들어 쇠망한 것으로 설정하고 있다.

연표는 『삼국사기』를 따랐다. 처음에 간지를 쓰고, 그 아래에 중국과 고려의 연호를 썼으며 왕의 사망과 즉위 및 중국과의 관계 등을 간략히 기록하였다.

마지막 열전 편은 후비전, 종실전, 제신전, 양리전, 충의전, 효우전, 열녀전, 방기전, 환자전, 혹리전, 폐행전, 간신전, 반역전 등 총 50권으로, 1,009명이 등장한다. 반역전에 우왕 부자를 넣어 조선 건국을 정당화하였고, 문신 위주, 과거 위주로 인물을 선정하여 조선 유학자의 입장이 드러난다. 흥망사관에 입각하여 개국공신의 입장을 보여주나 개별 인물에 대해서는 이전 자료를 적극 취하여 비교적 공정하게 쓰고자 하

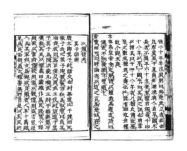

『고려사』(왼쪽)와 『동국통감』(오른쪽)

였다.

　『고려사』는 동양의 전통적인 왕조사 편찬방식과 같이 이전 사료를 선정 채록하여 재구성하였으므로 역사성이 엄격히 지켜졌다. 흥망사관에 의해 고려 전기를 긍정적으로 보고 후기를 부정적으로 이해함으로써 조선 건국을 긍정적으로 파악하였으며, 무신을 천대하는 관념과 왕권을 도둑질하였다는 정통론의 입장에서 무신정권을 부정적으로 쓰고 있다. 원나라를 섬긴 부분에 대하여 부정적으로 썼으며, 고려 말 개혁론자의 견해를 그대로 취한 점에 대해서는 고려 당대의 상황과 차이를 빚게 되었다.

김종서 金宗瑞 1390~1453

1390년 전남 순천에서 도총제로 봉직하던 김추의 아들로 태어났다. 1405년 문과에 급제, 1419년 사간원우정언으로 등용되었고, 이어 지평, 집의, 우부대언을 지냈다. 1440년 형조판서로 승진하고, 예조판서, 우참찬을 역임하다가 왕명으로 춘추관지사로서 『고려사』 개찬의 총책임을 맡아 1451년 완성하였다. 1452년 『세종실록』의 총재관이 되었으며, 『고려사절요』의 편찬을 감수하여 간행하였다.

문종이 재위 2년 만에 죽자, 영의정 황보인, 우의정 정분과 함께 좌의정으로서 12세인 단종을 보필하였다. 지용智勇을 겸비한 명신名臣이었으나, 왕위를 노리던 수양대군에 의하여 1453년 두 아들과 함께 집에서 격살되고 대역모반죄라는 누명을 쓰고 효시되었다. 1746년 복관되었으며, 시조 2수가 전해진다. 저서로 『제승방략』이 있다.

동국통감

신라 초부터 고려 말까지의 역사를 엮은 책으로, 56권 28책으로 구성된 활자본이다. 1485년에 서거정 등이 왕명을 받아 편찬하였다.

이 책의 편찬은 본래 세조 때부터 시작되었다. 세조는 우리나라의 기존 역사서가 탈락이 많고 자세하지 못할 뿐 아니라 국사 체계가 서 있지 못하기 때문에 체계적으로 정리할 목적으로 중국의 『자치통감』에 준하는 역사서를 만들고자 하였다. 1458년 세조의 명으로 편찬사업이 시작되었으나 세조의 죽음으로 중단되었다. 그후 성종 때 서거정의 발의로 다시 시작되어 1484년 일단 완성되었으나 찬자들의 사론을 덧붙여 1485년 56권으로 다시 편찬하였다. 당시 수사관은 서거정 등 10명이었다.

『동국통감』은 삼국 건국부터 신라 문무왕 9년(669)까지를 삼국기, 669년에서 고려 태조 18년(935)까지를 신라기, 935년부터 고려 말까지를 고려기로 구분하여 서술했다. 단군조선부터 삼한까지는 외기外紀로 다루었는데 이는 자료 부족으로 체계적인 서술이 불가능하였기 때문이며, 신라기를 독립시킨 것은 신라 통일의 의미를 부각시키기 위해서였다. 그러나 삼국 중 신라를 정통으로 내세우지는 않았고 대등하게 서술하였다. 연대 표기에 있어서도 삼국 당시의 제도대로 즉위년칭원법을 썼다.

삼국의 연기는 연호로 표기하지 않았고 중국과 삼국의 연기를 아울러 썼다. 범례는 『자치통감』에 따르고, 필삭의 정신은 『자치통감강목』을 따라 두 역사서의 체제를 절충하였다.

이 책에는 모두 382편의 사론이 실려 있다. 그중 178편은 기존 사서에서 뽑은 것이고, 나머지는 찬자들이 쓴 것인데, 절반이 넘는 118편은 최부가 쓴 것이다.

사론의 대부분은 중국의 사대명분을 중요시하는 입장에서 씌어졌고, 강상윤리를 존중하는 사론으로 이를 지킨 사람을 칭송하였다. 군신, 부자, 남녀의 위계질서를 정립하고 성종과 사림의 정치적 입장을 강화하려는 의도를 내포하고 있었다. 공리를 배격하고 절의를 숭상하는 사론으로 종래 인물에 대해 지절과 업적을 구별하여 평가하였고, 문무를 차별하고 이단을 배격하는 입장을 취하였다.

서거정 徐居正 1420~1488

조선 전기의 문신이자 학자였다. 1444년 식년문과에 급제하였다. 집현전박사를 거쳐

1456년 문과중시에 급제, 1457년 문신정시에 장원, 공조참 등을 역임했고, 45년 동안 여섯 왕을 섬겼다. 『경국대전』, 『동국통감』, 『동국여지승람』 편찬에 참여했으며, 왕명을 받고 『향약집성방』을 국역했다. 성리학을 비롯 천문, 지리, 의약 등에 정통하였다.

청구야담

민담과 야담을 소설 형식으로 기록한 조선 후기의 한문 야담집으로 작자와 연대는 미상이다. 1700년대에서 1800년대까지의 현실을 사실적으로 그려 당대의 언어와 풍속, 관습 등을 연구하는 데 귀중한 자료가 되고 있다.

대동야승

72권 72책으로 이루어진 조선 시대 문학서로 편자와 연대는 미상이다. 수록된 저서가 총 57종 130권에 이른다. 조선 개국부터 인조 때까지 약 250년 동안에 나온 역사 이야기, 설화, 민담, 열전, 수필, 우스갯소리 등이 광범위하게 수집되어 있다. 당파를 초월하여 다양하게 채집되어 있으므로 당시 여러 사화와 당파의 분열, 임진왜란, 병자호란을 연구하는 데 귀중한 사료이다.